臺灣歷史與文化 研究輯刊

十 五 編

第 16 冊

明鄭至日治時期古典詩中的
臺南地區書寫（上）

謝 淑 容 著

花木蘭文化事業有限公司

國家圖書館出版品預行編目資料

明鄭至日治時期古典詩中的臺南地區書寫（上）／謝淑容 著 ──
初版 ── 新北市：花木蘭文化事業有限公司，2019〔民108〕
目 6+216 面；19×26 公分
（臺灣歷史與文化研究輯刊 十五編；第 16 冊）
ISBN 978-986-485-618-3（精裝）
1. 臺灣詩 2. 詩評
733.08　　　　　　　　　　　　　　　　　108000397

ISBN-978-986-485-618-3

9 789864 856183

臺灣歷史與文化研究輯刊
十五編　第十六冊　　　　　　ISBN：978-986-485-618-3

明鄭至日治時期古典詩中的臺南地區書寫（上）

作　　者　謝淑容
總 編 輯　杜潔祥
副總編輯　楊嘉樂
編　　輯　許郁翎、王筑　美術編輯　陳逸婷
出　　版　花木蘭文化事業有限公司
發 行 人　高小娟
聯絡地址　235 新北市中和區中安街七二號十三樓
　　　　　電話：02-2923-1455／傳眞：02-2923-1452
網　　址　http://www.huamulan.tw 信箱 hml 810518@gmail.com
印　　刷　普羅文化出版廣告事業
初　　版　2019 年 3 月
全書字數　468187 字
定　　價　十五編 25 冊（精裝）台幣 60,000 元　　　版權所有·請勿翻印

明鄭至日治時期古典詩中的
臺南地區書寫(上)

謝淑容 著

作者簡介

謝淑容，1973 年生於台中，政治大學中文系畢，碩士、博士畢業於中山大學中文系。大學畢業後，在南臺灣任教 20 年，與南臺灣的陽光與熱情有不解之緣。叨天之幸，得以優游文海，怡然自得，不勝感荷。

提　　要

　　本文針對明鄭至日治時期（1661～1945）之間與臺南相關的古典詩作，加以爬梳、整理。從臺南地區的名稱、對清朝統治的態度、對日本統治的態度、現代化、海洋、名勝、習俗、飲食、信仰、休閒活動等在古典詩中的書寫，加以分析整理，以呈現近三百年間臺南地區在古典詩中的種種風貌。

誌　謝

　　感謝保生大帝及元尊古佛西王金母娘娘對我的慈悲照顧，感謝李沂錦老師的提攜、包容、指點，如果沒有他們，人生路上的坎坷早就讓我沉淪，無法前進。

　　感謝龔顯宗老師的教導，這一本論文若沒有他，不可能成形。

　　感謝所有教導過我的老師們，因為有你們，我才能有所進步。

　　感謝師兄、師姐們的扶助，讓我得以完整這一過程。

　　感謝家人的體諒，讓我無後顧之憂。

　　感謝同事、朋友的幫忙，讓我少了許多煩憂。

　　這一切的美好，都是由於你們。

目

次

第一章 緒 論

第一節 研究動機

　　筆者在臺灣南部生活近二十年，對臺灣南部懷有濃厚的情感。個人的工作生涯始於斯，成於斯，何其有幸，又在中山大學進修，遇到許許多多恩厚於我的老師，對於南部的土地，滿懷感恩之情。

　　個人的碩士論文主題為「詩話」，自然而然地，研究領域中，對於古典詩相對著較熟悉及喜愛。欣逢臺灣地區《全臺詩》刊行，在前人研究的基礎下，筆者有幸能目睹生長之地的古典詩作，內心的激動難以用言語說明。

　　臺灣自明鄭時期開始有系統的漢文化在此生根，而來臺的詩人在此留下他們的吟詠之作。隨著時代的變遷，古典詩的創作者除了宦遊的詩人，亦加入了在地的作者；主題內容由消極地滿懷的思鄉愁緒、奇特蠻荒之感，漸漸轉變為臺灣積極及以臺灣為原鄉的書寫。至日治時期，古典詩更是詩人表達民族精神、文化的載體。

　　臺南地區為臺灣開發最早的地方，在臺南市政府的網站標題「臺南，臺灣歷史的門戶，臺灣的歷史從這裡開始」〔註1〕，可以知道，臺南在臺灣歷史上的重要地位。自明鄭至清朝將臺灣府移往中、北部之前，「臺灣」是以臺南地區為核心的專有名詞。〔註2〕易言之，明鄭至清領中期所指涉的「臺灣」，

〔註1〕〈臺南市政府〉上網日期：20150520，網址：http://www.tainan.gov.tw/tainan/Intro.asp?nsub=L1A000。

〔註2〕《臺游日記・光緒十八年三月》：「臺南府本臺灣府，□郭縣曰安平，本臺灣縣，光緒十三年改建行省，析彰化縣地為省會，移置臺灣府臺灣縣，而故地並易今名。」卷一，頁14。又何培齊《日治時期的臺南》：「臺南地區是臺灣

即是以臺南地區為中心的臺灣。而在此種風氣的影響之下，臺南地區的人士
亦時有以此自許之志，例如現今臺南鯤瀛詩社社長吳登神在《鯤瀛詩文集‧
序》中說：

> 鯤者，鯤島也。瀛者，瀛海也。「鯤瀛」兩字即臺灣之意也。取「鯤
> 瀛」以名社者，或冀詩、文風影響於全臺耶！或非地方詩社之意，
> 乃係全國性、全省性、全縣性詩社之意乎！〔註3〕

慨然自許之心，其來有自。葉石濤（1925～2008）先生說：

> 在新文學運動發軔以前，漢詩漢文是臺灣的主要文學。大約從日本
> 據台到五四文學革命的影響波及到臺灣的這個期間，舊文學是滿足
> 臺灣民眾心靈要求的文學。島內無數的漢詩社在這期間中保存了民
> 族精神與文化，相當有效地排拒了日本語文的入侵。〔註4〕

由上可知，日治時期古典詩扮演著保存民族精神與文化的角色。黃美娥（1963
～）在〈日治時代臺灣詩社林立的社會考察〉中亦進一步地說明古典詩在日
治時期已溶入在人們的生常之中：

> 舊詩彷彿在無聲無息間早已溶入人們的生活之中或是日常間婚、
> 喪、喜、慶等瑣事，總會舉辦擊缽吟唱或徵詩的活動以資紀念，否
> 則似乎覺得諸事都不夠圓滿。……可見，舊詩成為日常生活中人際
> 往來的最佳應酬文字，也在無形中形塑「文學社會化」、「社會文學
> 化」的罕見社會現象及文學特殊性質。〔註5〕

臺南地區為臺灣歷史積澱最深厚之處，然而在現今在古典詩的研究中，以臺
南地區為主的研究主題目前是付之闕如。

　　由於時代的因素，在學習歷程中，筆者對於臺灣的歷史並沒有經過系統
地學習，因此對於臺南地區的發展過程，也只有一些模糊的概念。然而，基
於自身對臺灣的情感，個人對於代表臺灣地區歷史發展的源頭——臺南的探
索，有著強烈的動力，對於此地的發展中所伴隨的謳歌，無論是喜樂或悲傷、

　　　開發最早的地區，從荷據的 1624 年起，直至 1888（清光緒 14）年為止，一
　　　直是全臺的首府，有關道署、府署、鎮署、海防廳署、府學以及作為臺灣門
　　　戶的港口皆在臺南地區。即在 1887 年前，皆為全臺政治、軍事、文化和經濟
　　　的重心。」臺北市：國家圖書館出版，2007 年，頁 8。
〔註3〕吳登神編：《鯤瀛詩文集》，臺南縣：鯤瀛詩社，1994 年，頁 14。
〔註4〕葉石濤：《臺灣文學的悲情》，高雄，派色文化出版社，1990 年 1 月，頁 19。
〔註5〕黃美娥：《古典臺灣：文學史‧詩社‧作家論》，國立編譯館，2007 年 7 月，
　　　頁 184。

古老蠻荒、傳說仙鄉或者是現代先進，筆者皆有強烈的感受。不為其他，因為此地是我的家鄉的文化源頭。

　　來臺的詩人如何看待臺南，如何對臺南地區進行書寫？對於清朝政府的統治，又有何接受及反抗的書寫？對於日本政府的統治的觀感，又是如何的呈現在古典詩作中？臺南歷經現代化的過程，在古典詩作中又是如何表現？飲食、信仰、休閒活動等渡海來臺的過程中，有何體驗？臺南地區有何風俗？臺南地區的人有何習性？以上皆為筆者想要了解的部分，皆為筆者的研究動機。

第二節　研究範圍與方法

一、研究範圍

　　在研究範疇上，本人相當贊成楊松年（1941～）的意見：

> 怎樣才算是某一國度或地區的文學作者或文學活動者呢？我的意見是首先我們應當以寬大的胸懷來對待這個問題。……凡是在某個地方，努力文藝者，曾有文藝作品或文學活動貢獻于某個地方者，無疑地我們應該承認他是一個某個地方的地方作家或文學工作者。〔註6〕

楊松年從寬認定的方法，使得地區的文學活動成果更能較全面的呈現，使得當地的文學史能更清楚地被勾勒出來。

　　此外，彭瑞金（1947～）《高雄市文學史·自序》亦有相似的表達：

> 凡發生在「高雄市」這個生活空間裡的文學，都謂之高雄市文學史。……作為區域文學史撰述的《高雄市文學史》，並不適用種族、歷史、環境的文學發展觀察通則。以高雄市為出生地或長久居住、設籍與否，不是考量一個作家是否屬於高雄市作家的必要條件，作品是否屬於作家居住高雄市時所作，作品內容是否與高雄市的人、事、時、地、物相關，都不是本文學史設定的論述門檻。〔註7〕

因此，本文在作品的認定上，將採用此方式，凡是曾有與臺南相關連的文藝作品或文學活動者，皆在本文關注範圍之中。

〔註6〕　楊松年：〈文學史提一些意見：整理新馬華文文學史的經驗〉，原文發表於2002/11/22 至 24《台灣成功大學「台灣文學史書寫」國際學術研討會》。上網日期：20150501 網址：http://www.fgu.edu.tw/~literary/yeo1.htm。
〔註7〕　彭瑞金，《高雄市文學史》（高雄：高雄市文獻委員會，2007.12），未編頁碼。

本文亦贊成施懿琳主張區域性的文學史仍有其地域特色需要突顯之處：

> 欲突顯地域特色，最重要的是要能將該地的「土地」與「人民」的
> 歷史記憶緊密結合，以呈現它之所以異於其他地區之處。〔註8〕

是以在取材上，仍以臺南地區爲研究範疇，以突顯其與其他區域之特殊。惟臺南地區爲臺灣開發最早的區域，加以在明鄭及清領前、中期，臺南地區爲臺灣的核心地區，因此，本文認定：此時文獻上所指涉的臺灣，乃是以臺南地區爲核心的臺灣。準此，在詩作的蒐羅中，本文將此時期所指稱的臺灣詩作納入臺南地區作品。

本文在時間上以明鄭時期 1662 年至日治時期 1945 年爲範疇。黃美娥〈臺灣古典文學發展概述（1651～1945）〉曾說：

> 臺灣的古典文學，本就是漢文學之產物，其興起自與漢人／漢文化
> 攸關，明鄭時代是最重要的源頭。〔註9〕

因此，臺灣古典詩的時間斷限由鄭成功（1624～1662）驅逐荷蘭人，改臺灣爲東都開始，至 1945 年日本統治臺灣結束爲止。

本文在空間上則以 2010 年（民國 99 年）12 月 25 日臺南縣市合併後的「臺南市」爲探討範圍，共計轄 37 區，根據臺南市政府的資料，臺南地區的範圍有所變遷，爲了解此地歷史沿革，在此概述如下：

> 1661 年 4 月，鄭成功（1624～1662）率領 400 艘軍艦、2 萬 5000
> 兵員轉進臺灣，圍城迫使荷蘭簽下降書，建立鄭氏王國，以臺灣爲
> 東都，設承天府，以普羅民遮城爲府治，另以新港溪爲界設兩縣：
> 天興縣設治於佳里興（佳里區），管轄現今嘉義以北的地方，萬年縣
> 設治於二層行（仁德區），管轄現今高雄以南的地方，並且將熱蘭遮
> 城改爲安平鎮，並分兵屯墾，獎勵農耕，開拓南臺灣。1664 年，鄭
> 經（1643～1681）重新規劃行政區域，將東都改爲東寧，天興、萬
> 年 2 縣升爲州，並於南北路和澎湖設安撫司，同時將承天府分爲 4

〔註8〕 施懿琳、楊翠編著，《彰化縣文學發展史（上）》（彰化：彰化縣立文化中心，1997.05），頁 4。

〔註9〕 黃美娥：〈臺灣古典文學發展概述（1651～1945）〉，《海峽兩岸台灣史學術研討會論文》，上網日期：20150521 網址：http://data3.hgsh.hc.edu.tw/~teachfile99/uploads/tad_uploader/user_1/75_%E9%BB%83%E7%BE%8E%E5%A8%A5%EF%BC%9A%E5%8F%B0%E7%81%A3%E5%8F%A4%E5%85%B8%E6%96%87%E5%AD%B8%E7%99%BC%E5%B1%95%E6%A6%82%E8%BF%B0.pdf。

坊，分別爲東安、西定、寧南、鎮北（皆在現今臺南市區），另外規
畫 24 里，分布於現今臺南市及高雄市。

1683 年（清康熙 22 年），清政府派遣施琅（1621～1696）率領戰船
200 餘艘、官兵 2 萬餘人攻打臺灣，鄭軍大敗於澎湖。翌年台灣納
入清帝國版圖，4 月設立臺灣府，府治設於東安坊，隸屬於福建省
管轄，廢天興州、萬年州，將之改爲諸羅縣、臺灣縣與鳳山縣，隸
於臺灣府管轄。其後，雖因治安與國防考量，而於 1723 年（清雍正
元年）增設彰化縣、1731 年（清雍正 9 年）再設噶瑪蘭廳。〔註10〕

由上可知，在明鄭時期至清領初、中期，臺南地區一直是臺灣的核心區域。
在此段時期，文獻紀錄上所指涉的「臺灣」，皆是指臺南地區爲核心的地方。
清領後期臺灣府城由臺南移至臺中、臺北，因此，臺南地區首屈一指的地位
已不復見。到了日治時期，臺南地區所包涵的地方多有變動，但是多指臺灣
南部地區：

1894 年（清光緒 20 年），清日「甲午戰爭」，翌年，清國戰敗，將
臺澎割讓給日本。日本治臺之初，參照清領末期舊制，將臺北府、
臺灣府、臺南府改爲臺北縣、臺灣縣與臺南縣；臺南縣所轄包括現
今的雲林、嘉義、臺南、高雄、屏東等縣市。其後多次變革。〔註11〕

在國民政府播遷來臺之後，臺南地區分爲臺南縣及臺南市，其管轄範圍亦有
所變動：

1945 年（昭和 20 年）8 月 15 日，日本無條件投降，10 月 25 日，
國民政府臺灣行政長官公署陳儀來台接管臺灣。翌年（1946）1 月 7
日「臺南縣」成立，除原屬臺南州之臺南、嘉義兩市劃出獨立爲省
轄市外，其餘原屬臺南州下的 10 郡，仍爲臺南縣轄域，並改郡爲區，
改庄街爲鄉鎮：繼則將水上、太保 2 鄉劃歸嘉義市、安順鄉編入臺
南市，並增設林內、麥寮、褒忠、東勢等 4 鄉，復將原阿里山番界
改設吳鳳鄉，縣治設於新營，市治則設於臺南市區。

1950 年（民國 39 年）10 月 25 日，行政區域重新劃分，易大縣制爲

〔註10〕〈臺南市政府〉，上網日期：20150520，網址：http://www.tainan.gov.tw/tainan/
　　　　Intro.asp?nsub=L1A000。

〔註11〕〈臺南市政府〉，上網日期：20150520，網址：http://www.tainan.gov.tw/tainan/
　　　　Intro.asp?nsub=L1A000。

> 小縣制，今日臺南的範圍，縮為八掌溪以南、二仁溪以北之地，原
> 臺南縣部分轄有新營、曾文、北門、新化、新豐等5區31鄉鎮市，
> 其餘為臺南市範圍。〔註12〕
> 2010年（民國99年）12月25日，臺南縣市合併，稱「臺南市」，
> 計轄37區。〔註13〕

1950年後，臺南縣的範圍在一番變革之後，縮為八掌溪以南、二仁溪以北之間。至2010年，臺南縣市合併為直轄市，目前計有37區。衡量臺南地區的歷史發展，加之為了與現今行政轄區有所適用，因此本文空間上的範圍以現今臺南市為界限。

本文在古典詩作上以《全臺詩》為基本參考書，針對有關臺南地區的詩作，一一爬梳、分類，尋找作者原文，分析文本文意，推測作者原意，再進一步地探討這些詩作所呈現的臺南地區的樣貌。

此外，網路上亦有相關網站有臺灣古典詩的收錄，相當可觀，本文亦多所採用，其中下列二者助益尤多：

1、漢籍資料庫──臺灣文獻叢刊、臺灣方志
（http://hanji.sinica.edu.tw/）

目前已進入資訊化時代，是以除了紙本文獻可供研究參考外，許多數位化的網站資料庫相當可觀可採，已具有類書籍的效力，本人從「漢籍資料庫」中獲益良多，其中可分為「臺灣文獻叢刊」、「臺灣方志」二部分：

> 臺灣銀行經濟研究室於1950年代起陸續編印出版的「臺灣文獻叢
> 刊」對於臺灣史研究有其獨特性和重要性，故中央研究院臺灣史田
> 野研究室（今臺灣史研究所前身）特將本叢刊數位化，並建置資料
> 庫。
> 本資料庫隸屬於中央研究院「漢籍電子文獻」，收錄「臺灣文獻叢刊」
> 及「臺灣方志」兩部分。其中，「臺灣文獻叢刊」，共有309種，595
> 冊。內容涵蓋唐宋以降至日治時期與臺灣相關的官書和私家著述，
> 如臺灣方志、明鄭史料、清代檔案、南明史籍、詩文輯錄等研究臺

〔註12〕〈臺南市政府〉，上網日期：20150520，網址：http://www.tainan.gov.tw/tainan/
Intro.asp?nsub=L1A000。

〔註13〕〈臺南市政府〉，上網日期：20150520，網址：http://www.tainan.gov.tw/tainan/
Intro.asp?nsub=L1A000。

灣歷史、地理、風俗、民情、政治、經濟、社會、文化、法制等重
要文獻，是臺灣相關研究中使用頻率高、徵引廣的史料集叢。而「臺
灣方志」，共有 46 種，116 冊。特彙整「臺灣文獻叢刊」中方志類
書，自成獨立檢索的項目，內容豐富而詳盡，包含清領時期臺灣各
級行政區所編纂的志書，如臺灣通志、府志及各縣、廳志，各地採
訪錄、相關地區志書及輿圖，並有補方志之闕的紀略、資料。〔註14〕
此網站所建構之史料相當豐富、詳盡，筆者從中受益良多，深懷感謝。

2、智慧型全臺詩知識庫（http://xdcm.nmtl.gov.tw/twp/）

「智慧型全臺詩知識庫」乃是國家臺灣文學館主辦，委託專家學者所建
構的網站。此網站的貢獻為：積極整理臺灣文獻史料，廣泛地搜索明鄭至日
治時期各階段臺灣所有傳統漢詩，便利現代研究者參考使用，如下：

> 2001 年位於臺南的「國立文化資產保存中心籌備處」鑒於蒐集臺灣
> 文學史料的急迫性，積極推動各項文獻整理計劃。由施懿琳主持，
> 結合 10 位臺灣傳統文學研究者（許俊雅、吳福助、江寶釵、黃美娥、
> 廖振富、余美玲、黃哲永、楊永智、黃憲作）協力合作的「《全臺詩》
> 蒐集、整理、編輯、出版計畫」是當時的推展計畫之一，自從 2004
> 年《全臺詩》1 至 5 冊、2008 年《全臺詩》6 至 12 冊出版以後，學
> 術界已開始運用這筆資料。
>
> 「全臺詩──智慧型全臺詩知識庫網」，是由國家臺灣文學館委託各
> 界專家學者所架設的一個網站。國家臺灣文學館於 2005 年 3 月 1 日
> 至該年 12 月 31 日（共計 10 個月），推行「智慧型全臺詩知識庫計畫
> ──第一階段全臺詩全文檢索系統」，計畫主持人為元智大學中國語
> 文系羅鳳珠教授，參與的學者則分屬中研院、元智大學、「全臺詩蒐
> 集、整理、編輯出版計畫」工作團隊等，皆為一時之選。該網站的貢
> 獻在於積極整理臺灣文獻史料，地毯式地搜索明鄭、清領至日治時期
> 各階段臺灣所有傳統漢詩，加以重新標點、校勘、編輯，並配合網路
> 時代的來臨，將資料鍵入電腦，方便現代研究者參考使用。其創網的

〔註14〕〈「臺灣文獻叢刊資料庫」操作手冊〉，上網日期：20150525，網址：
http://archives.ith.sinica.edu.tw/Archives_File/File/%E8%87%BA%E7%81%A3%
E6%96%87%E7%8D%BB%E5%8F%A2%E5%88%8A%E8%B3%87%E6%96%
99%E5%BA%AB%E6%93%8D%E4%BD%9C%E6%89%8B%E5%86%8A.pdf。

目的與用心，所花費的心血與精力，著實令人敬佩，也讓臺灣鮮為人

知的傳統漢詩文學，得以廣大發揚和深遠流傳。〔註15〕

此網站目前已蒐羅數量相當龐大的臺灣古典詩，其中用心之處，令人感佩，
筆者受益良多，難以用言語表述。

二、研究方法

　　本論文擬採文本分析法、文獻研究法針對臺南地區的相關的古典詩作進
行分析，進而了解古典詩中的臺南書寫呈現何種面貌。

1、文本分析法

　　本文以《全臺詩》收錄的作品與臺南地區相關詩作，尋找原詩出處，根
據詩作文本並加以分析。

2、文獻研究法

　　除了直接從詩作文本探求臺南地區的風貌，本文亦由詩中所透露之意為
線索，加以探析臺南地區的時代景象，以了解當時的時空背景，是以本文採
取「文獻研究法」，研究全臺詩中的臺南地區的書寫：

　　　　文獻分析法乃是從既有的資料，以系統而客觀的界定、評鑑並綜括
　　　　證明的方法，以確定過去事件的確實性和結論。另外，也以匯集他
　　　　人所做之相關研究，分析其研究結果與建議，指出需要驗證的假設，
　　　　並說明這些建設性的假設是否有拿來當作研究基礎的價值。文獻分
　　　　析法是經由文獻資料所進行的研究方式，此種研究方法有助於研究
　　　　者瞭解過去、洞察現在及推測未來，以便研究進行。通常文獻的資
　　　　料來源有私人傳記、書信；政府機關文件；與媒體或學術刊物所發
　　　　表的文章等。〔註16〕

本文乃根據上述蒐羅詩作為基礎，進一步尋找臺灣方志及臺灣文獻叢刊中有
關臺南地區的相關資料，找出與詩作相符應之處，並試圖解析詩人在詩作中
所呈現的意圖，了解當時古典詩中所書寫的臺南地區的時空背景。

〔註15〕李育華、呂宜家：〈「全臺詩——智慧型全臺詩知識庫網」瀏覽記〉，上網日期：
　　　　20150525，網址：http://www.lib.thu.edu.tw/newsletter/113-201102/page07.1.htm。
〔註16〕曾孔良：〈緒論〉《俄羅斯普欽總統對歐盟政策之研究（1999～2005）》，上網
　　　　日期：20150525，網址：http://nccur.lib.nccu.edu.tw/bitstream/140.119/37028/5/
　　　　63005105.pdf。

第三節　前人研究概況

在專書方面，有龔顯宗（1943～）教授在 2000 年出版《鹿耳門詩選》，收錄與鹿耳門相關古典詩作，其中所收多為古代作家，近代則以已逝者為限，且不分作者省籍地域、本土流寓，概一以作品關連性為主，相當能呈現鹿耳門驚濤駭浪至沉沙成陸的滄桑變化。其於 2006 年又出版《臺南縣文學史·上編》，其中分別敘述了臺南地區自遠古至近古、明鄭時期、清代、日治、戰後的文學概況，其中有許多的田野調查、訪談耆老的部分，極具開創價值。另有吳毓琪 1999 年出版的《南社研究》，將南社在日治時期的發展歷程、社員名單、社員詩作盡力作出整理，甚為嚴謹可觀。

碩士論文，關於臺灣古典詩的研究方面，近來漸有許多探究，目前已累積了不少的著作：1986 年許俊雅《臺灣寫實詩作之抗日精神研究：光緒二十一年──民國三十四年之古典詩歌》，其中針對日治時期臺灣古典詩中抗日精神加以探討。2000 年吳品賢的《日治時期臺灣女性古典詩作研究》，針對「日治時期臺灣女性古典詩作」為研究，對當時臺灣女性古典詩作的發展概況有所論述。2002 年戴雅芬《臺灣天然災害類古典詩歌研究──清代至日據時代》針對在臺灣古典詩中天然災害類詩歌加以論述。2004 年吳淑娟《臺灣基隆地區古典詩歌研究》研究範圍以臺灣基隆地區古典詩為主。

2005 年有三本碩士論文，一為高雪卿《臺灣苗栗地區古典詩研究》將苗栗地區古典詩從清代、日治、臺灣光復後，做一番研究探討。另一為蔡清波《台灣古典詩自然寫作研究──明鄭時期至清朝時期》以自然寫作為主題。第三為許玉青《清代臺灣古典詩之地理書寫研究》，以地理書寫作為切入點，主要是以人文地理學為思考途徑，焦點在研究清代詩人地理書寫之空間意識。

2006 年有二本，一為林麗鳳《詩說噶瑪蘭，說噶瑪蘭詩──清代宜蘭地區古典詩研究》則是以清代宜蘭地區的古典詩為主題。二為吳青霞《台灣三大民變書寫研究──以古典詩文為主》探討清代台灣民變產生之背景、紛亂之因、「三大民變」名稱之形成與經過後，著手進行文本的分析。

2007 年，林巧崴《楊守愚古典詩意象研究》從楊守愚古典詩中的意象與意象群分析著手，深入地探究楊守愚古典詩歌所蘊含的情感與思考。

2008 年有二本，一為黃惠鈴《清領時期台灣古典詩山岳形象研究》以「清領時期台灣古典詩山岳形象」為研究主題。二為楊淑惠《臺灣古典詩中的玉山書寫》以「玉山」為對象，探討從清朝到日治時期臺灣古典詩中的玉山書寫。

　　2009 年有蔡秋蓮《清代左營地區古典詩研究》、2011 年王春庭《日治時期以來臺灣古典詩中的朴子書寫》對日治時期以來有關朴子的古典詩作探討；劉萱萱《海洋、歷史與風土——台灣古典詩中的澎湖書寫（1661～1945）》；廖珮吟《《臺灣古典詩雙月刊》之研究》；吳佩卿《台灣古典詩中之濁水溪書寫》；林忠民《千里沃野，萬民生息—台灣古典詩中的農作物書寫（1683～1945）》。2012 年王韻琛《編選、詮釋與展望：現階段台灣古典詩讀本的觀察》、2014 年陳凱琳《日治時期屏東古典詩研究》、張明正《臺灣古典詩選本的中部印象研究》。其中，古典詩在地方的展現已開始加以探究。

　　博士論文有 2009 年李知灝《戰後臺灣古典詩書寫場域之變遷及其創作研究》，亦探討臺灣戰後古典詩書寫中，受政治、社會之作用力影響之變化，且對書寫者在「場域」中，因族群、政治身份與立場之不同，所養成「習性」的不同，而產生的書寫差異，加以探析。2010 年余育婷《想像的系譜——清代臺灣古典詩歌知識論的建構》主題環繞著觀察在臺灣土生土長的本土文人，其詩歌知識是如何開始，又如何生成。當清代臺灣文人的詩歌知識，落實到具體的書寫實踐時，其創作態度與審美傾向，又呈現怎樣的面貌。2012 年陳愫汎《澎湖古典詩研究》以澎湖古典詩為主題進行探討。2013 年有姚蔓嬪《戰後臺灣古典詩發展考述》探究戰後迄今古典詩的發展面向與時代意義。

　　以上諸位前輩對臺灣古典詩的研究，對筆者都有很大的啟發。然而關於臺南地區的古典詩探索，目前仍有許多值得探討的空間。

第四節　本文章節概述

　　本文分為十一章，第一章為緒論。第二章為臺南名稱的書寫，臺南地區為臺灣最先開發地區，先前指稱臺灣的名稱皆可視為臺南地區的名稱，筆者在古典詩作中探究臺南地區相關的名號，藉以呈現詩人眼中臺南地區的各種面貌。第三章為對清朝統治的書寫，分別為明鄭時期和清領時期。明鄭時期可分為反清復明及隱居的書寫；清領時期分為接受清朝統治及反抗清朝統治的書寫。第四章為對日本統治的書寫，分為接受日本統治的書寫及反抗日本統治的書寫。第五章為探討臺南地區詩作中有關現代化的書寫，以了解時代在古典詩作所留下的軌跡。

　　第六章爲海洋的書寫，臺灣爲海島，對外交通必須海洋，來臺宦遊的詩
人往往沒有海上經驗，是以古典詩中有著大量與海洋相關的著作。此章分爲
明鄭時期和清領時期。海洋書寫是清初旅臺文人注目的焦點。清領時期中，
分爲黑水溝、臺江內海及各類海上奇景的書寫。

　　臺南地區爲臺灣最具有歷史文化積澱之處，名勝相當多，所以本書第七、
八章分別爲名勝的書寫（上）、（下）。臺南地區有許多重要的交通要道、休閒
活動景點、人潮匯聚之處，亦有許多題詠，因此，筆者在本書第七章中分爲
魁斗山和五妃廟、鹽水、虎頭埤、四寺（竹溪寺、法華寺、海會寺（開元寺）、
彌陀寺。）來加以探究。清代時臺灣八景詩景點的書寫乃以臺南地區爲核心：
康熙時高拱乾之後有臺郡八景的題詠，臺南地區具有五處：安平、鹿耳門、
七鯤身嶼、斐亭、澄臺；乾隆時錢琦之後有臺邑八景的題詠，臺南地區亦具
有五景：赤嵌樓、鹿耳門、七鯤身嶼、鯽魚潭、關廟。先民渡海來臺，臺南
地區爲首行之區。明鄭時期，此處爲詩人們暫棲之區，對臺南當地的謳歌甚
少。清領前期，宦遊詩人隻身遠渡重洋，所面臨的是歷經荷蘭及明鄭治理的
臺南地區，與中土大不相同的環境，感慨實深，詩作甚多。臺郡八景及臺邑
八景詩作足以說明臺南地區在臺灣發展時的輝煌地位。清領後期、日治時期，
臺江陸化，臺南沿海一帶地貌改變，臺南地區港口的機能優勢漸失，政治上
的地位被臺北取代。重以西風東漸，新帝國主義侵略，滄海桑田、政權改易，
臺南地區成爲詩人懷舊時的重要代表。筆者分別論述赤嵌城的名稱、安平、
赤嵌樓、鹿耳門、七鯤身島、澄臺、斐亭、鯽魚潭、魁斗山、關廟等各地方
在古典詩中的書寫，以呈現臺南地方自明鄭至日治時期中的轉變。

　　第九章爲臺南地區習俗的書寫，本章節將清領中期之前的臺人視爲以臺
南地區爲核心的人，因此，試圖從歲時節令及臺人習性的詩作中，勾勒出臺
南地區的生活，第十章爲飲食、信仰及休閒活動的書寫，以臺南地區的飲食、
信仰、休閒活動爲主題，發掘出相關古典詩作，加以分析，以了解臺南地區
居民的生活。第十一章爲結論。

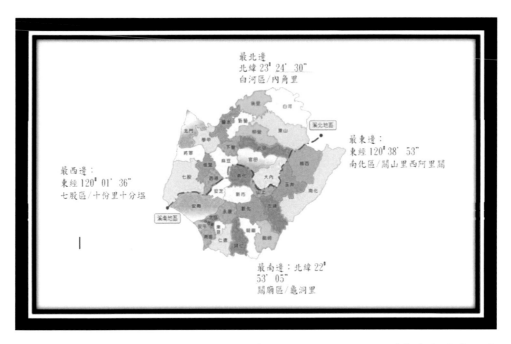

圖 1　2011 年迄今臺南市區劃，上網日期：20150615，網址：〈臺南市政府全球資訊網　簡介臺南〉http://www.tainan.gov.tw/tainan/Intro.asp?nsub=L1A000。

現今地名	地名舊稱／俗稱	現今地名	地名舊稱／俗稱	現今地名	地名舊稱／俗稱	現今地名	地名舊稱／俗稱
鹽水區	月港、月津	將軍區	歐汪社	東山區	哆囉國街	新市區	赤崁社
白河區	店仔口	北門區	北門嶼	麻豆區	蔴荳、蔴豆	山上區	山仔嶺
柳營區	查畝營	新化區	大穆降	官田區	官佃	玉井區	礁吧哖
後壁區	侯伯寮	善化區	目加溜灣	大內區	內庄	楠西區	茄拔
東山區	哆囉國街	新市區	赤崁社	佳里區	蕭壠	南化區	南庄
西港區	西港仔	左鎮區	拔馬	七股區	七股寮仔、七股寮	龍崎區	番社
歸仁區	紅瓦厝						

圖 2　臺南地名舊稱／俗稱對照表，上網日期：20150615，網址：〈臺南市政府全球資訊網　簡介臺南〉http://www.tainan.gov.tw/tainan/Intro.asp?nsub=L1A000。

第二章　臺南名稱的書寫

　　現今的臺南市位於西南部的嘉南平原上，地方特產相當豐富，根據 2015
年臺南市政府的官方網站上，臺南市的面積及人口爲 2191.6531 平方公里及
188 萬餘人，氣候皆爲亞熱帶氣候，水田、旱田、魚塭、鹽田、蓮田、菱角田
面積皆爲全國第一：

> 全市面積 2191.6531 平方公里，人口 188 萬餘人，依山傍海，居臺灣
> 西南部，地勢東部高聳，西部平坦，位於臺灣最大平原嘉南平原之中
> 心。東臨中央山脈的前山地帶，西臨臺灣海峽，北接嘉義縣、市，南
> 與高雄市爲界。全市位於北回歸線以南，屬亞熱帶，氣候溫和，農產
> 豐富，主要以稻米、甘蔗、雜糧爲主，地方特產極多，其中水田、旱
> 田、魚塭、鹽田、蓮田、菱角田面積均佔全國之冠。〔註1〕

如此富庶的臺南是臺灣地區最早開發的地方，而此區正是臺灣歷史積澱最深
厚之處。

　　自古以來臺南地區有許多不同的名稱，如臺灣府、毗舍耶國、大琉球、
東都、東寧等：

> 臺南府，故臺灣府。古稱毗舍耶國；前明時，稱大琉球。天啓初，
> 荷蘭人據其地，築城以居。本朝順治初，鄭成功逐荷蘭居之，置承
> 天府，名曰東都；鄭錦改東寧。康熙二十三年定臺，改置臺灣府。
> 光緒初，改臺南。〔註2〕

〔註 1〕　〈臺南市政府〉，上網日期：20150520，網址：http://www.tainan.gov.tw/tainan/
　　　　Intro.asp?nsub=L1A000。

〔註 2〕　馬冠群：《臺灣輿地彙鈔・臺灣地略》，臺灣文獻叢刊，第二一六種，頁 110。

　　迄至清領後期，臺南地區素爲臺灣發展的重心：荷治時期，雖然統治全臺，但其主要的開墾區乃是位於今日的臺南市附近。〔註3〕明鄭時期，開墾區亦是以臺南爲中心，向北延伸至嘉義，向南至今日高雄的鳳山。〔註4〕清初領臺，官治、軍防等最北止於臺灣中部的大肚溪。〔註5〕清朝臺灣政治中心北移之前，「臺灣」乃是指以臺南地區爲核心的地區〔註6〕。筆者以爲：凡在此之前，指涉「臺灣」皆以臺南地區爲核心，準此，臺灣島的種種異名，亦可視爲指稱臺南地區，茲就古典詩中論及臺南地區相關之地域名稱整理分述之。

第一節　流求

　　《隋書‧東夷列傳》有流求國相關紀錄：

> 流求國，居海島之中，當建安郡東，水行五日而至。土多山洞。……多鬥鏤樹，似橘而葉密，條纖如髮然下垂。國有四五帥，統諸洞，洞有小王。往往有村，村有鳥了帥，並以善戰者爲之，自相樹立，理一村之事。男女皆以白紵繩纏髮，從項後盤繞至額。其男子用鳥羽爲冠，裝以珠貝，飾以赤毛，形制不同。婦人以羅紋白布爲帽，其形正方。織鬥鏤皮並雜色紵宵及雜毛以爲衣，制裁不一。綴毛垂螺爲飾，雜色相間，下垂小貝，其聲如佩，綴璫施釧，懸珠於頸。織藤爲笠，飾以毛羽。……國人好相攻擊，人皆驍健善走，難死而耐創。……俗無文字，望月虧盈以紀時節，候草藥枯以爲年歲。〔註7〕

〔註3〕王御風：「在荷蘭時代，……對於農業生產剛與漢人結合起步，荷蘭時代的開墾區主要位於今日的臺南市附近，以舊臺南市爲中心，向北、東、南三側擴張，北至麻豆、北港；東邊接近今日的新化（當時稱大目降）；南到今日岡山附近（當時稱爲阿公店）。」見《一本就懂臺灣史》，臺中市：好讀出版有限公司，2015年初版4刷，頁30。

〔註4〕王御風：「到了明鄭時代，由於長年的征戰，明鄭政府需要大量糧食應付戰事及平時生活，開墾區逐步擴大，除了原來就已開墾的地區，向北主要伸展到今日嘉義、鹽水港，向南則是今日的高雄鳳山地區。」見《一本就懂臺灣史》，臺中市：好讀出版有限公司，2015年初版4刷，頁30。

〔註5〕林玉茹引用施添福〈清代台灣市街的分化與成長：行政、軍事和規模的分析（上）〉：「清廷初領台之時，官治、軍防與郵傳均止於大肚溪岸。」，見《清代臺灣港口的空間結構》，台北市：知書房出版社，2005年初版2刷，頁31。

〔註6〕參見第一章，頁1註2。

〔註7〕（唐）魏徵等：《隋書‧流求國》，卷81，維基文庫，上網日期：20150830，網址：https://zh.wikisource.org/zh-hant/%E9%9A%8B%E6%9B%B8%E5%8D%B781。

龔顯宗以爲陸游〈1125～1210〉〈感昔〉及〈步出萬里橋門至江上〉二詩所指的「流求」即是臺灣本島：

> 〈感昔〉詩云：「行年三十憶南游，穩駕滄溟萬斛舟。嘗記早秋雷田後，柁師指點說流求。」他所說的「流求」就是臺灣，而當時出入本島必以安平爲門户。〈步出萬里橋門至江上〉有云：「久坐意不懌，掩卷聊出遊。一筇吾事足，安用車與騾？浮生了無恨，兩踵踏百州。常憶航巨海，銀山卷濤頭。一日新雨霽，微茫見流求。」自注曰：「在福州泛海東望，見流求國。」從地理方位而言，流求確是臺灣。〔註8〕

乾隆時來臺的朱景英（？～？）於1772年所著《海東札記》的記載，可證上述說法：

> 臺地多用宋錢，如太平、元祐、天禧、至道等年號，錢質小薄，千錢貫之，長不盈尺，重不逾二觔。相傳初闢時，土中有掘出古錢千百甕者，或云來自粵東海舶。余往北路，家僮於笨港口海泥中得錢數百，肉好、深翠，古色可玩。乃知從前互市，未必不取道此間。果竟邈與世絕哉？然邇來中土不行小錢，洋舶亦多有載至者。〔註9〕

由「臺地多用宋錢」之句，可以推知：宋時不少商人曾到臺灣進行貿易。因此，陸游所言之「流求」即是臺灣。

連橫（1878～1936）直言：「流求」即臺灣，如下：

> 《隋書·流求傳》：「大業元年，煬帝命羽騎尉朱寬入海訪異俗，因至流求。言語不通，掠一人而反。明年，復命寬慰撫之，不從；寬取其甲布而還。時倭國使來朝；見之曰：『此夷耶久國人所用』」。按流求則今之臺灣，夷耶久在西表島近附。〔註10〕
>
> 隋大業六年，遣虎賁中郎將陳稜自義安浮海擊流求，至高華嶼，又東行二日至𪓰鼊嶼，又一日便至流求。夫琉求者，臺灣也。高華嶼則今之花嶼，而𪓰鼊嶼爲奎璧嶼，二者均在澎湖。〔註11〕

古典詩中亦有以「琉求即臺灣」的記錄，乾隆6年（1741）來臺擔任巡臺御史的張湄（？～？）〈雜感〉：

〔註8〕 龔顯宗：《臺灣文學研究》，臺北市：五南圖書出版有限公司，1988年，頁179。
〔註9〕 朱景英：《海東札記·記叢璅》，臺灣文獻叢刊，第一九種，卷四，頁52。
〔註10〕 連橫：《雅言》，臺灣文獻叢刊，第一六六種，頁78。
〔註11〕 連橫：《臺灣詩乘》，臺灣文獻叢刊，第六四種，卷四，頁167。

> 高決天墟括九州，茫茫一水認流求。風生鼇背重溟黑，雷奮鯤身巨
> 島浮。針路向空難問渡，鐵礁拔地不容舟。林顏幾輩蟲沙沒，落日
> 蒼涼赤嵌樓。〔註12〕

首二句「高決天墟括九州，茫茫一水認流求」書寫作者在乘船渡海來臺時的
情狀：廣大遼闊的天空涵括著廣大的中國領土，作者在茫茫大海之中指認目
的地——流求，臺灣。三、四句「風生鼇背重溟黑，雷奮鯤身巨島浮」描寫
大海之中風生浪起，眼前所見的景象是水色墨黑的黑水溝及遠處被雷擊的巨
島，在汪洋中如鯤身飄浮。「針路向空難問渡，鐵礁拔地不容舟」二句書寫自
內陸泛海至臺南鹿耳門的艱險，茫茫大海，容易遭遇水難，而進入鹿耳門的
水路亦是鐵礁處處，一觸即碎。「林顏幾輩蟲沙沒，落日蒼涼赤嵌樓」二句抒
發感慨：此處以往為林道乾、顏思齊等海盜在此棲息，而他們也隨著時間殞
落，現今只留下赤嵌樓在落日餘暉中蒼涼的矗立著。

第二節　毘舍耶

　　然而，琉球國旁毘舍耶國，亦被認為是臺灣。康熙末年來臺的黃叔璥（1682
～1758）在《臺海使槎錄》提到「毘舍耶國」：

> 「琉球國在泉州之東，有島曰彭湖；煙火相望，水行五日而至。旁
> 有毘舍耶（一作那）國，語言不通，袒裸盱睢，殆非人類。喜鐵器。
> 臨敵用鏢，鏢以繩十餘丈為操縱，蓋愛其鐵不忍棄」（文獻通考）。
> 按彭湖東南即今臺灣，其情狀相似，殆即毘舍耶國也。〔註13〕

由「彭湖東南即今臺灣，其情狀相似，殆即毘舍耶國也」，可見黃叔璥以為臺
灣即是毘舍耶國。古典詩中以毘舍耶來指稱臺南地區的作品不少，乾隆時來
臺的孫霖〈赤嵌竹枝詞〉曾有提及：

其六

> 禾間新搆認農家，遺意猶傳毘舍耶。報賽秋成聯士女，春來已驗刺
> 桐花。〔註14〕

〔註12〕張湄：〈雜感〉，《重修臺灣縣志·藝文志（二）·詩·雜感　張湄》，臺灣文獻
　　　　叢刊，第一一三種，卷十四，頁505。

〔註13〕黃叔璥：《臺海使槎錄·赤崁筆談·原始》，臺灣文獻叢刊，第四種，卷一，
　　　　頁1。

〔註14〕孫霖：〈赤嵌竹枝詞〉，《臺灣詩乘》，臺灣文獻叢刊，第六四種，卷二，頁82。

「禾間新搆認農家，遺意猶傳毘舍耶」二句，其中「毘舍耶」爲臺灣的代稱。禾間新搆乃指原住民堆放穀物的倉庫。表示上古之時的生活模式，在當時臺灣地區仍是可以感受一二。

朱景英（？～？）〈爲伯卿題山水障子〉提及毘舍耶予人的印象：

其四

三十六島外，置身毘舍耶。如何圖繪裏，清夢落雲沙。〔註15〕

此詩爲山水畫的的題詩，以臺灣地區爲主體，故言「三十六島外，置身毘舍耶」。「如何圖繪裏，清夢落雲沙」二句則是表達臺灣的山水給人虛無縹緲的感受，因此有蒼茫空闊、雲沙遙接之處的描繪。

錢琦（1704～？）〈泛海〉書寫渡海至臺南的感受：

媧皇斷鼇足，元氣洩混茫。散作長波潛□□□杳，不知其幾千萬里，蕩搖大地天爲盲。有時颶母胎長長鯨怒，星眸電齒雲車雷鼓風輪森開張。塵沙飛揚人鬼哭，往往白晝慘冽如幽荒。往時讀海賦，猶疑近荒唐。竭來鷺門一悵望，大叫絕奇狂夫狂。柁樓打鼓長魚立，船頭掛席西風涼。是時鬱儀忽走匿，但見天光水色一氣摩硍硍。大嶝路最近，小憩古禪房。彼岸倏不見【彼岸忽不見】，一葉隨波揚。南人自誇乘船慣，不比坐馬顛踣難收韁【不比生馬顛踣難收韁】。豈知波恬風靜浪息時，起勢一落猶有千丈強。長吉心肝盡嘔出，但無好句歸錦囊。忽然桃浪暖【忽然桃源暖】，紅影落星光。須臾墨雲捲【須臾黑雲捲】，四顧失青蒼。出海與亞班，神色俱倉皇。飛身上桅杪，指南憑針芒。謂言渡海此最險，呵口□欵下有蛟鼉，藏【呵口□欵下有蛟龍藏】。去年太守誤落漈，鶢如飛梟失侶天外周翱翔。今年將軍復遭毒，有如曹兵百萬赤壁遇周郎。羅經巽已偶錯位【羅經巽巳偶錯位】，北去弱水東扶桑。我聞此語了無怖，俗子所見皆粃糠。男兒桑弧懸矢志四方，徑須腰懸斗印提干將。出入玉門赴沙場【出入玉門走沙場】，直探虎穴掃欃槍。名勒鐘鼎勳旂常【名勒鐘鼎勳旂常】，回手抉漢分天章【回手扶漢分天章】。不然翻身跳出塵塊外【不然翻身跳出塵埃】，跨鼇騎鶴驂鷥凰【跨鼇騎鶴驂鸞凰】。朝遊碧落暮滄溟，須彌大界隨相羊。誰能瑟瑟縮縮如寒螿。坐令顏髻凋秋霜。

〔註15〕朱景英：〈爲伯卿題山水障子，四首之四〉，上網日期：20150830，網址：http://xdcm.nmtl.gov.tw/twp/b/b02.htm。

況聞蓬萊方丈咫尺塵隔斷，世乏仙骨誰梯航。因風誤到更可喜，底用禍福先周詳。臺陽一番島，宛在水中央。古稱毘舍耶，或云婆娑洋。自從歸入版圖後，穿胸儋耳咸循良。我來銜命持羽節，要將帝德勤宣揚。兼恐奇才遺海外，一一搜採貢明堂。水程志更更十一，蠡窺管測畢竟繩尺難參量。何奇不有怪不儲【何奇不有怪不備】，且復耳目恣探詳。茲遊之奇平生冠，東坡快事吾能償。舟師喘定笑絕倒，喜色轉露眉間黃。天雞一聲曉色白，百怪照影爭逃亡。不見澎湖見飛鳥，鳥飛多處山雲長。三十六島鬱相望，漁莊蟹舍紛低昂。收篷暫寄泊，呼童滿引觴。爾雅頹然不知身與世，恍忽栩栩瞬息歷九州遍八極，徜徉於無何有之鄉。〔註16〕

其中「臺陽一番島，宛在水中央。古稱毘舍耶，或云婆娑洋。自從歸入版圖後，穿胸儋耳咸循良」六句提及毘舍耶，表示臺灣是原住民居住的島嶼，自從收入版圖後，已成文明漸開發之區。

光緒年間馬清樞（？～？）〈臺陽雜興〉亦有提及「毘舍耶」：

二十九

天險生成鐵板沙，深山無虎野無鴉。健兒誰是麻丹畢（華言好漢），故國猶傳毘舍耶（見「文獻通考」）。年少社童能出草（捕鹿謂之「出草」），臘除鄰女共偷花（除夕竊花，謂得佳婿）。三冬無雪風常暖，獻歲盤登綠玉瓜。〔註17〕

此詩書寫當時臺灣的風土民情，其中「健兒誰是麻丹畢（華言好漢），故國猶傳毘舍耶」之句，點出臺灣舊時為「毘舍耶」國，具有自身獨特的地理環境及風俗習慣。

日治時期，施士洁（1856～1922）〈題楊止庭封翁遺照即和其自題韻〉：

（止庭五十五歲，自補題其三十三歲小影。是歲十一月三十日）

生不識關西，遺挂今寓目。因君堂構思，使我滄桑哭。回首毘舍耶，卵破巢亦覆。君已合浦還，我未荊州復。寧馨況跨竈，諒哉乃公福。來者視此圖，當作楢書讀。〔註18〕

〔註16〕 錢琦：〈泛海〉，上網日期：20150830，網址：http://xdcm.nmtl.gov.tw/twp/b/b02.htm。

〔註17〕 馬清樞：〈臺陽雜興〉，《臺灣雜詠合・臺陽雜興三十首（原註）》，臺灣文獻叢刊，第二八種，頁61。

〔註18〕 施士洁：〈題楊止庭封翁遺照即和其自題韻〉，《後蘇龕合集・古今體詩一百六

此詩寫於臺灣割讓之後，故有「回首毘舍耶，卵破巢亦覆」之句，表達臺灣人民覆巢之下無完卵的悲哀。

許南英（1855～1917）亦有〈夢蝶園懷李茂春先生〉之作提及「毘舍耶」：

> 喃喃口誦波羅蜜，避跡東來毘舍耶。名士晚年多好佛，古梅無主自開花。荒園蝶夢猶留址，瘴海龍潛未有家。二百餘年香火地，孤松蒼鬱有棲鴉。〔註19〕

李茂春（？～1675）為明鄭時期隨鄭經來臺的名士，與鄭經、陳永華相善，來臺後隱居於夢蝶園，身故後，夢蝶園改建為佛寺，後來成為臺南四大古寺之一──法華寺。首二句「喃喃口誦波羅蜜，避跡東來毘舍耶」書寫名士李茂春的來臺的緣由（避跡東來）及來臺之後的主要活動──唸佛（喃喃口誦波羅蜜）。其中「毘舍耶」即為臺灣的代稱。

許南英在癸丑（1913）年有〈壽李啓授令堂李太夫人之一〉之作：

> 蟠根仙李蔭瑤池，鍾毓坤靈作閫儀。天上星光輝婺夕，人間風景餞春時。賢郎久受熊丸訓，壽母齊賡燕喜詩。我是毘舍耶島客，延年上獻九莖芝。〔註20〕

此為賀壽之作。「我是毘舍耶島客，延年上獻九莖芝」二句書寫作者自身來歷，可知在清領末期至日治時期，仍有以毘舍耶稱代臺灣的情形。

楊爾材（1882～1953）在1935年左右有〈題賴子清社友出版臺灣詩醇〉之作：

> 三百餘年毘舍耶，衣冠文物賴稽查。吉光片羽搜多士，麗句千篇萃大家。東社山川增氣象，長天日月薄精華。興觀羣怨藏今日，學海津梁信可誇。〔註21〕

首二句「三百餘年毘舍耶，衣冠文物賴稽查」中，以毘舍耶借代臺灣，可知在表達臺灣歷史的久遠、自成一體系時，詩人們有使用「毘舍耶」的習慣。

十七首・題楊止庭封翁遺照即和其自題韻》，臺灣文獻叢刊，第二一五種，頁228～229。

〔註19〕 許南英：〈夢蝶園懷李茂春先生〉，上網日期：20150830，網址：http://xdcm.nmtl.gov.tw/twp/b/b02.htm。

〔註20〕 許南英：〈壽李啓授令堂李太夫人〉，《窺園留草・癸丑九十五首・壽李啓授令堂李太夫人》，臺灣文獻叢刊，第一四七種，卷一，頁143。

〔註21〕 楊爾材：〈題賴子清社友出版臺灣詩醇〉，上網日期：20150830，網址：http://xdcm.nmtl.gov.tw/twp/b/b02.htm。

第三節　雕題

　　高拱乾（？～？）《臺灣府志・風土志・漢人風俗》指出臺灣以往爲雕題黑齒、斷髮文身之鄉，至清領初期，風俗已趨敦厚，成爲習知禮義之區：

> 臺在昔，爲雕題黑齒之種、斷髮文身之鄉。迄今，風俗凡幾變矣。
> 其自内地來居於此者，始而不知禮義，再而方知禮義，三而習知禮
> 義。何言之？先爲紅毛所占，取其地而城之，與我商人交通貿易；
> 凡涉險阻而來者，倍蓰、什伯、千萬之利，在所必爭。夫但知爭利，
> 又安知禮義哉？嗣是而鄭氏竊據茲土，治以重典；法令嚴峻，盜賊
> 屏息。民間秀良子弟，頗知勵志詩書，俗尚偷安而已。國朝廟謨弘
> 遠，增其式廓；歷年負固，一旦削平。凡所以養士、治民者，漸次
> 修舉，易政刑而爲德禮；撫綏勞來之方，靡不備至。於是鄉之中，
> 士知孝弟、民皆力田，詩書絃誦之業、農工商賈之事，各無廢職。
> 夫士之子恆爲士、農之子恆爲農，非定論也；今臺士之彬雅者，其
> 父兄非農工、即商賈也。求其以世業相承者，百不一二。由其俗尚
> 勉學，咸知具脩脯、延塾師授經；故□□□□往往相聞，雖村落茅
> 簷間亦不絕焉。〔註22〕

所謂「雕題」，即是在額上刻畫。由上文可知，當屬原住民習俗之一，故言「雕題黑齒之種、斷髮文身之鄉」，即意指臺南地區屬於草昧蠻荒無文階段。

　　黃叔璥（1682～1758）《臺海使槎錄》直言臺灣地區幾乎都是原住民生活的地區：

> 臺盡番地也，雕題劗髮，蟻雜蜂屯；海外于役，實以綏輯爲難。恭
> 聆聖訓，以臺地士庶，盡閩之漳泉、粵之惠潮，無長子孫以世居者；
> 諸番迺土著之民，其令有司撫恤之。余始來此，見其盱睢渾噩，質
> 勝而野。迨歷其境、止其舍、目擊其飲食動息，與中土人民無二；
> 長跪送迎，悚然知惕。既以儳從兵弁，秋毫不犯，則又驩然交欣；
> 瀕行，毫孺攀依不忍舍；此固天性未漓，豈降才爾殊耶？近者，社
> 中間有讀四子書、習一經者，鼓舞化導，不可變狉榛而文物耶？番
> 社不一，俗尚各殊，比而同之不可也。〔註23〕

〔註22〕高拱乾：《臺灣府志・風土志・漢人風俗》，臺灣文獻叢刊，第六五種，卷七，
　　　　頁185～186。
〔註23〕黃叔璥：《臺海使槎錄・番俗六考》，臺灣文獻叢刊，第四種，卷五，頁94。

「臺盡番地也，雕題鬎髮，蟻雜蜂屯」之句說明臺灣爲蠻貊無文之區，然而經由教化之後，有些已成爲「長跪送迎，悚然知惕」所在。因而黃叔璥稱其「天生未漓」。

　　道光 17 年（1837）來臺吳子光（？－？）其《臺灣紀事》中記錄生活在高山的原住民女子仍有雕題鑿齒之風：

> 內山生番女，間有佳者，惟雕題鑿齒之風，百世弗改。按題者覭也，即額也，見許慎說文及爾雅。雕題者，刻其額、涅以丹青也，見史記越世家註。但古則刻於額端，此則刻於兩臉。不止煩上益三毫矣，更加之鑿齒，使狗竇中開口且戕口，是鬼方國一流人物，鍾馗小妹之思啖也宜哉（以上生番）。〔註24〕

由「雕題者，刻其額、涅以丹青也」，知其所言者乃爲原住民黥面的習俗。

　　古典詩作中，亦有論及雕題者，孫元衡（？～？）康熙 44 年（1705）任臺灣府海防同知，有〈裸人叢笑篇〉：

其四

> 齒耳夫何以皓爲？又奚取於漬汁而漆頤（雕題黑齒，非生而黑也，取草實染成，能除穢惡）？屬骨辟穢芳其脂，墨氏毋寧悲染絲！〔註25〕

「齒耳夫何以皓爲？又奚取於漬汁而漆頤？」二句說明：牙齒、耳朵爲什麼潔白無瑕？臺灣的原住民們又基於什麼根據，認爲將自己的臉及牙齒染黑能除穢惡？「屬骨辟穢芳其脂，墨氏毋寧悲染絲」二句表達墨子看到原住民的如此特殊習俗，也會慨嘆人們易受環境影響吧！

　　陸榮柜（？～？）有〈題黃侍御番社圖〉二首：

其一

> 日麗中天萬國環，八埏風俗版圖間；誰言黑齒雕題遠，只在麟洲小水灣。〔註26〕

「日麗中天萬國環，八埏風俗版圖間」二句歌頌清朝國力昌盛有如日麗中天，疆域可以涵蓋地之極的八方之區。「誰言黑齒雕題遠，只在麟洲小水灣」二句

〔註24〕吳子光：《臺灣紀事・紀番社風俗》，臺灣文獻叢刊，第三六種，卷一，頁 28。

〔註25〕孫元衡：〈裸人叢笑篇〉，《赤崁集・丙戌》，臺灣文獻叢刊，第一〇種，卷二，頁 25。

〔註26〕陸榮柜：〈題黃侍御番社圖〉，《臺海使槎錄・番俗雜記・附題》，臺灣文獻叢刊，第四種，卷八，頁 175。

表達臺灣並不遠，它位於仙境鳳麟州的小水灣裡。在詩人的書寫中，臺灣爲傳說中的仙鄉所在。

其二

清時絕島似仙鄉，密箐深林化日長；捉罷野牛還捕鹿，閒來飽噉夜舂糧。〔註27〕

詩人此作書寫當時臺灣人民的生活模式猶如仙鄉一般。「清時絕島似仙鄉，密箐深林化日長」之句摹寫臺灣是與世隔絕的仙鄉島嶼，其中茂密的竹林與茂密的樹林圍繞成一個悠閒愜意的環境。「捉罷野牛還捕鹿，閒來飽噉夜舂糧」二句摹寫臺地居民的生活：捉罷野牛之後，可以再捕鹿，閒來無事時可以飽餐連夜所舂的米。

夏之芳（？～？）雍正六年（1729）任巡臺御史兼學政，有〈臺灣紀巡詩〉：

其十

男拔髭鬚女繡頤，乍逢鑑貌儘多疑；雕題鑿齒徒矜尚，未解雙蛾夜畫眉。〔註28〕

「男拔髭鬚女繡頤，乍逢鑑貌儘多疑」二句書寫此時臺灣的原住民男子不留髭鬚，女子黥面，乍看之下，令人相當驚疑。「雕題鑿齒徒矜尚，未解雙蛾夜畫眉」二句表達此地的審美觀念與中原地區大不相同：這裡以黥面雕題、鑿齒爲風尚，不能理解中原地區畫的雙蛾眉形。此處的「雕題」亦是著重臺灣地區原住民獨特的審美風尚。

孫灝（？～？）有〈送范浣浦巡視臺灣〉三首其一，提及「雕題」：

其一

東瀛別島入雕題，豸史威稜使節持。荒服盡聯身臂指，重洋遙界國藩籬。六臺寵命雲邊下，一范先聲海外知。浩淼洪濤看此去，扶桑晴旭麗旌麾。〔註29〕

〔註27〕陸榮柜：〈題黃侍御番社圖〉，《臺海使槎錄‧番俗雜記‧附題》，臺灣文獻叢刊，第四種，卷八，頁175。

〔註28〕夏之芳：〈臺灣紀巡詩〉，《重修福建臺灣府志‧詩‧臺灣紀巡詩　夏之芳》，臺灣文獻叢刊，第七四種，頁590。

〔註29〕孫灝：〈送范浣浦巡視臺灣〉，《重修臺灣府志‧藝文（六）‧詩（三）‧送范浣浦巡視臺灣　孫灝》，臺灣文獻叢刊，第一〇五種，卷二十五，頁783。

范咸，號浣浦，1745 年任巡臺御史，孫灝此詩當作於此時前後。「東瀛別島入雕題，豸史威稜使節持。荒服盡聯身臂指，重洋遙界國藩籬」四句呈現臺灣仍有雕題之稱，且在國界極邊遠之區。

盧觀源（？～？）乾隆 26 年（1761）任諸羅縣教諭，其〈臺陽山川風物迥異中土因就遊覽所及誌之以詩〉：

> 瀛海汪洋環四面（臺為瀛海），突起層嵐開平衍。紅毛近峙赤嵌城
> （紅毛城，今安平鎮；赤嵌城，今府治：並紅夷所築），澎湖外口
> 相制牽。鹿耳、鯤身沙淺淤，海艘出入憑一線。南北悠悠二千里，
> 天府雄城控四縣。東南一派枕高山，岝崿雲端不可攀。山外海天知
> 何處，舟楫從無此往還（舊「府志」有之）。地勢蜿蜒儼屏翰，擁
> 護全臺曲且灣；面挹波濤臨廣岸，一望平原煙霧間。平原土壤美而
> 肥，海港交橫草菲菲；更有山溪資灌漑，桑麻萬頃映晴暉。涓涓細
> 流皆匯海，萬水朝宗並西歸；此在川流真罕見，南東其歟盡皆非。
> 洪鑪鼓濤果屬奇，有山如玉照玻璃；顯晦無常殊眾岫，皎光恆見冬
> 春時。玉案山腰水出火，源泉百沸燄如炊。並係中原稀有事，異見
> 異聞孰不疑？一區迥分南與北，雞籠山頭雪未蝕。鳳邑寒冬早放
> 犁，三月隴間收種植；果蔬花卉發先期，鋤耰隨地可覓食。歲豐足
> 抵三年耕，不知含鼓歌誰德！憶昔偽鄭據臺陽，居人番族走欲僵。
> 干戈組練填海岸，蕩平原野罷耕桑；橫征賈舶充軍餉，泊索富民及
> 酒漿。幸蒙聖朝誅反側，一朝清明景運昌。洎令休養屆百年，邦稱
> 庶富澤綿綿。膠庠文物遍郡縣，修竹圍中起誦絃（臺地房舍俱植竹
> 以繞之）；仕宦科名侔上國，拖青泥紫或占先。聲教覃敷及異類，
> 雕題、黑齒解耕田。雕黑本自彝人俗，舊與生番同族屬。於今部落
> 入編甿，火食安居植穀粟；夫唱婦隨勤操作（番俗貴女而賤男，出
> 入俱隨婦人），租稅公匄受約束。粗習經書暫有人，彈冠振衣寧踦
> 踦（番社設社師教番童，衣冠、誦讀與漢人無異）！復睹生番半歸
> 誠，甲螺、丁壯並隸名（甲螺，番頭目）。射獵啖腥竄山谷，歲輸
> 皮貢當薄徵。赤身無分寒與暑，聊蔽下體披棘荊。時隆不矜長駕術，
> 要使羈縻樂太平。洪惟盛世防範周，文臣武將競宣猷。水師船擺虯
> 龍勢，柳營玉帳驛路稠；牧民選用廉能吏，輯寧海國運良籌。即今
> 生眾日繁衍，皥熙有象德行流。鯫生才拙典閒曹，曠覽瀛壖興倍豪；

未聞竹箭鏢鎗悍（竹箭、鏢鎗，番人所用兵器），祇見渾灝氣象高。
海氛不染長天碧，潮汐晏如乏怒濤。敉寧是處歌樂土，發篋何須講
六韜。〔註30〕

「聲教覃敷及異類，雕題、黑齒解耕田。雕黑本自彝人俗，舊與生番同族屬」
四句乃在稱揚清廷的教化使得臺灣的原住民（雕題、黑齒）日子過得更好。
末四句「海氛不染長天碧，潮汐晏如乏怒濤。敉寧是處歌樂土，發篋何須講
六韜」則是在歌頌臺灣在清廷的統治之下，已成爲樂土世界。

　　劉家謀（1814～1853）〈海音詩〉亦有提及「雕題」：

一百首之三一

愛戀曾無出里閭，同行更喜賦同車；手牽何事輕相放，黑齒雕題恐
不如！「諸羅志」番俗考：「夫婦自相親暱，雖富無婢妾、僮僕。終
身不出里門，行攜手、坐同車，不知有生人離別之苦」。臺俗：夫婦
雖相得極歡，鮮不廣置妾媵，甚且出爲冶遊；反目，輒輕棄之。婦
被棄於夫，亦無顧戀；馬頭覆水，視爲故常。何乃少結髮情耶？內
地來臺者，每娶臺婦，久亦忘歸；及歸，則未作飛蓬之嗟，已違就
木之誓！地氣之薄也，抑人心之澆歟？番俗可以風矣。俗娶妻，曰
「牽手」；棄妻，曰「放手」。〔註31〕

此詩中的雕題乃專指臺灣原住民，並以當時臺灣——臺南地區的漢人相比，
指出：原住民夫婦恩愛，攜手同行、同車而坐，即使富貴仍無婢妾；漢人夫
婦則不然，即使相處甚歡，廣置妾媵者仍多，且常常流連於風月冶遊之中；
臺灣婦女被拋棄時，亦無甚留戀，所以作者發爲慨嘆：臺灣漢人夫妻情分不
如這些原住民夫婦啊。

　　周長庚（1847～1892）有〈唐維卿觀察督學臺澎率呈四律〉：

其二

連驛蠻銅夜有聲，輶車專閫寄書生。三邊轉餉新移節，六詔踰關急
匯兵。策馬直摩西賊壘，趠鳶爭避伏波營。桄榔影裏雕題侶，解話

〔註30〕盧觀源：〈臺陽山川風物迥異中土因就遊覽所及誌之以詩〉，《續修臺灣府志‧
　　　　藝文（七）‧詩（四）‧臺陽山川風物詩》，臺灣文獻叢刊，第一二一種，卷二
　　　　十六，頁976～977。
〔註31〕劉家謀：《海音詩》，《臺灣雜詠合刻‧海音詩》，臺灣文獻叢刊，第二八種，
　　　　頁13。

中朝宿將名。〔註32〕

唐維卿，即唐景崧（1841～1903），光緒 10 年（1884）率「景字軍」迎戰法軍有功，官升二品，11 年（1885）十月出任臺灣兵備道，兼理學政。周長庚此詩當作於 1885 年左右。「連驛螢銅夜有聲，輶車專聞寄書生。三邊轉饟新移節，六詔瑜關急匯兵」四句說明唐景崧具有軍事背景，前來臺灣專主權事。「桄榔影裏雕題侶，解話中朝宿將名」二句點出臺灣人民正在議論著這位已是飽經戰爭的朝中大將。此中「雕題」乃是代指臺灣人民，且有文化未開的矮化意味。

日治時期，臺南人趙鍾麒（1863～1936）有〈大正癸丑（1913）冬日歡迎內田民政長官閣下南巡恭承訓示復叨賜宴席上賦此用表謝忱並德政以垂不朽〉：

> 官山府海物華新，鑿齒雕題識聖仁。最是菁莪能造士，弦歌一路李桃春。〔註33〕

由詩題可知，此詩乃是對日本內田民政長官的頌揚之作。「官山府海物華新，鑿齒雕題識聖仁」二句表達了臺灣民眾在日本政府的統治之下體認了聖仁之治，而滿懷感激之情。其中「鑿齒雕題」四字意謂著臺灣相較於日本，仍屬文明未開之區。

第四節　北港

顧祖禹（1631～1692）《讀史方輿紀要》記載：

> 然議者謂彭湖為漳泉之門戶，而北港即彭湖之唇齒，失北港則唇亡而齒寒，不特彭湖可慮，漳泉亦可憂也。北港蓋在彭湖之東南，亦謂之台灣。天啟以後，皆為紅夷所據。〔註34〕

〔註32〕周長庚：〈唐維卿觀察督學臺澎率呈四律〉，上網日期：20150830，網址：http://xdcm.nmtl.gov.tw/twp/b/b02.htm。

〔註33〕趙鍾麒：〈大正癸丑（1913）冬日歡迎內田民政長官閣下南巡恭承訓示復叨賜宴席上賦此用表謝忱並德政以垂不朽〉，上網日期：20150830，網址：http://xdcm.nmtl.gov.tw/twp/b/b02.htm。

〔註34〕顧祖禹：《讀史方輿紀要·卷九十九》，上網日期：20150830，網址：https://zh.wikisource.org/wiki/%E8%AE%80%E5%8F%B2%E6%96%B9%E8%BC%BF%E7%B4%80%E8%A6%81/%E5%8D%B7%E4%B9%9D%E5%8D%81E4%B9%9D。

上述「北港蓋在彭湖之東南，亦謂之台灣。天啓以後，皆爲紅夷所據」之句，可知「北港」乃指稱臺南地區。

范咸（？～？）有〈題太守（祿）觀稼圖〉，亦是指出北港爲臺灣的舊稱：

> 北港（臺灣舊名北港）地肥沃，種植恆不時。四月刈新穀，六月開新菑；十月收大冬（晚稻，土人謂收大冬），洵有不斂穧。固知三年畜，轉販成漏卮。番兒學唐人（番謂中土爲唐），亦解把耡□。時清風日好，雞犬皆嬉嬉；檳榔簇鳳尾，猱採同兒戲。彎弓射生手，徒充他人饑。□侯河南後，跨海效一麾；動念仁民術，寫出「豳風」詩。美哉二千石，願更進微規：武侯治蜀嚴，寬猛常相持；既庶何以教，阿誰是良師？逋逃何以絕，窮黎何以肥？至治順大化，貴與羲皇期。何時道德同，四海仰風儀。〔註35〕

「北港（臺灣舊名北港）地肥沃，種植恆不時」首二句指出臺灣土地肥沃，因爲氣候溫暖，耕種時序與中原地區大不相同。「十月收大冬（晚稻，土人謂收大冬），洵有不斂穧」二句體現出豐收的景況。「至治順大化，貴與羲皇期。何時道德同，四海仰風儀」四句抒發對地方官的期許，希望能讓如此富庶之區也能蒙上教化。

第五節　臺灣

明朝萬曆三十年（1602 年～1603 年），福建連江的陳第（1541～1617）隨著沈有容（1557～1627）追捕倭寇至臺灣安平外海，歸後作《東番記》，其中提及東番的範圍：

> 東番夷人不知所自始，居彭湖外洋海島中。起魍港、加老灣，歷大員、堯港、打狗嶼、小淡水、雙溪口、加哩林、沙巴里、大幫坑，皆其居也，斷續凡千餘里。〔註36〕

文中所提到的「大員」即是臺南的安平地區。清朝康熙年間徐懷祖（？～？）著《臺灣隨筆》中提及明朝福建莆田人周嬰在其所著《遠遊篇》中引《東番記》稱臺灣爲「臺員」，即是以閩南語所稱：

〔註35〕范咸：〈題霍太守（祿）觀稼圖〉，臺灣文獻叢刊，第一○五種，《重修臺灣府志·藝文（六）·詩（三）·題霍太守（祿）觀稼圖》，頁 790。

〔註36〕陳第：〈東番記〉，上網日期：20150820，網址：https://zh.wikisource.org/zh-hant/%E6%9D%B1%E7%95%AA%E8%A8%98。

> 臺灣於古無考，惟明季莆田周嬰著《遠遊編》載《東番記》一篇，
> 稱臺灣爲「臺員」，蓋閩音也。〔註37〕

大員、台員，皆閩語音，這是最早出現在文獻上的「臺灣」，但指的僅僅是現在臺南「安平」一地。當時臺江未淤積，「臺員」乃一小島，也有稱之爲「一鯤鯓」。〔註38〕

朱景英《海東札記》主張先有「臺灣之名」，再有「臺員」之稱：

> 以海中荒島而置郡邑，實創所未有。其以臺灣名者，襲乎舊，第未
> 知昉自何時。或曰地在東隅，形似彎弓；或曰山橫海嶠，望之若臺，
> 民居廛市，又在沙曲水匯之處；地之得名以此。明末莆田周嬰東番
> 記又稱臺員，未知何據。大抵閩音「灣」、「員」相近，故涉筆者亦
> 因之混耳。〔註39〕

由「或曰地在東隅，形似彎弓；或曰山橫海嶠，望之若臺，民居廛市，又在沙曲水匯之處；地之得名以此」之句。

歷史上的臺南曾是政治、經濟重鎮的所在。在荷蘭時期時這裡建有大員市鎮，是臺灣最古老的市鎮，而「臺灣」之名也起源於「大員」（荷語：Tayouan），臺南可說是臺灣歷史的起源地。

1624 年，荷蘭人攻澎湖不成，被沈有容「諭退」至台員。1632 年，荷蘭人於島上築城並取名 Zeelandia（中文文獻稱「熱蘭遮城」）。1662 年延平王鄭成功趕走荷蘭人，設「東都明京」於赤崁，由於「台員」閩南語音同「埋完」，鄭氏以爲不祥，乃以故鄉「安平」命名。〔註40〕西元 1632 年，荷蘭人在此地蓋了座「普羅民遮城」（又名紅毛城，即現今赤嵌樓的前身），使臺南成爲全台最早發展的都市。後來，在明永曆十五年（西元 1661 年），鄭成功收復臺南，將臺灣改稱東都，而後鄭經即位，又將之改爲東寧，又設立了「承天府」，確定了府治的地位。

臺灣於 1684 年併入滿清版圖後，清朝將臺灣轄屬於福建省，設一府三縣，

〔註37〕徐懷祖：《臺灣隨筆》，上網日期：20150820，網址：https://zh.wikisource.org/zh-hant/%E8%87%BA%E7%81%A3%E9%9A%A8%E7%AD%86。

〔註38〕臺灣文獻叢刊，第十九種，臺灣銀行經濟研究室出版，頁 1。

〔註39〕朱景英：《海東札記》，臺灣文獻叢刊，第十九種，臺灣銀行經濟研究室出版，卷一，頁 1。

〔註40〕陳華民：《悅讀台灣俗諺》，臺北市：台灣書房。2011 年 12 月，頁 170 至 171，上網日期：20141202，網址：http://zh.wikipedia.org/wiki/%E5%A4%A7%E5%93%A1。

一府爲臺灣府，府治在臺南市東安坊，三縣分別爲：臺灣縣（縣治設在今臺南）、鳳山縣、及諸羅縣。臺南兼有臺灣府治及臺灣縣治，其爲當時臺灣的政治、經濟、及文化中心。當時的所稱的「臺灣府」、「臺灣縣」，所指的就是臺南地區。直到了清光緒十三年（西元 1887 年）建設臺灣省後，才又改爲「臺南府」，因此「臺南」這個地名一直沿用至今。

　　臺南爲臺灣第一個發展文明的都市，歷經了荷蘭、日本等異族的統治，此地有著臺灣其他城市所沒有的文化內涵，而其所留存的古蹟之多亦是全台首屈一指。〔註41〕

　　然而在明鄭時期，詩人盧若騰（1600～1664）〈東都行·序〉提及「臺灣」二字：

　　　　澎湖之東有島，前代未通中國，今謂之東番。其地之要害處名臺灣，
　　　　紅夷築城貿易垂四十年。近當事率師據其全島，議開墾立國，先號
　　　　爲「東都明京」云。〔註42〕

詩序中明白指出「臺灣」之名，乃因爲其要害之處的地名而來，此乃「臺灣」名稱第一次在古典詩中出現的紀錄。

　　盧若騰又有〈送人之台灣〉有云：

　　　　臺灣萬里外，此際事紛紜。物力耕漁裕，兵威戰伐勤。水低多見日，
　　　　涯遠欲無雲。指顧華夷合，歸來動聽聞。〔註43〕

他筆下所書寫的臺灣並非一個樂土，而是多事之地，雖有農耕、捕魚之利，卻是戰火猛烈之區，加以原住民的剽悍猙獰，亦時有駭人聽聞的事件傳出。

　　盧若騰有〈長蛇篇〉，亦是書寫臺灣具有可怕的長蛇，顯現其蠻荒不適合人居住的一面，可知其表示反對東取臺灣之意相當明顯，如下：

　　　　聞道海東之蛇百尋長，阿誰曾向蛇身量。蛇身伏藏不可見，來時但
　　　　覺勃窣腥風颺。人馬不能盈其吻，牛車安足礙其肮。鎧甲劍矛諸銅
　　　　鐵，嚼之糜碎似兔麈。遙傳此語疑盧誕，取證前事亦尋常。君不見
　　　　巴蛇瘞骨成邱岡，岳陽舁跡未銷亡。當時洞庭已有此異物，況於萬

〔註41〕〈府城懷古～台南市古蹟巡禮──四方通行〉，上網日期：20141202，網址：
　　　　http://www.easytravel.com.tw/action/tainan_history/page1.htm。
〔註42〕盧若騰：〈東都行〉，《臺灣詩鈔》，臺灣文獻叢刊，第二八〇種，臺灣銀行經
　　　　濟研究室出版，卷一，頁 23。
〔註43〕盧若騰：〈送人之臺灣〉，《臺灣詩鈔》，臺灣文獻叢刊，第二八〇種，臺灣銀
　　　　行經濟研究室出版，卷一，頁 24。

古閉塞之夷荒。夷荒久作長蛇窟，技非神羿孰能傷。天地不絕此種
類，人來爭之犯不祥。往往活葬長蛇腹，何不翩然還故鄉。〔註44〕

從「夷荒久作長蛇窟，技非神羿孰能傷。天地不絕此種類，人來爭之犯不祥」
之句，臺灣已成了長蛇匯聚的巢穴，所以他直言「往往活葬長蛇腹，何不翩
然還故鄉」。可見其筆下所書寫的臺灣堪比龍潭虎穴，幾乎等同於《山海經》
中蠻荒的世界，相當不適合人前往。

婁廣（？～？）於康熙四十四年（1705）任分巡臺廈道標守備，有〈臺
灣偶作〉二首，即是他到臺南地區時的印象書寫：

其一

蠅番姓土風偏，不識干支恍葛天。擇贅鳳□翻午夜，收成鼉鼓慶週
年。桀驁身臂黥花燦，男女腰肢削竹編。驛傳倩渠傳片檄，行追奔
馬似飛仙。〔註45〕

在詩人筆下的臺灣是一個異域，有著迥異於中土的風俗民情，此地的原住民猶
如上古時代葛天氏的人民，不識干支紀年，在午夜之時進行選擇配偶之事，在
收成之時，有著歌舞慶典活動。他們身上有紋身，不論男女都以細腰爲美，而
以竹束腰，在擔任傳遞消息的行動中，奔跑起來如同奔馬及仙人一般地快速。

其二

島彝越海附中原，節物驚心異故園。叢菊春開殊可意，荷花臘艷更
銷魂。佛頭碩果婆羅蜜，鵠面奇人傀儡番。擬續「齊諧」頻閣筆，
換豬怪事不堪論。〔註46〕

此地的氣候與物產與中原地區顯著的不同。春天時菊花開放，臘月時荷花盛
開皆相當奪人眼目。又有特殊的水果婆羅蜜及黥面未馴的原住民，使得詩人
都想要提起筆來寫類似《齊諧記》的故事了。

王禮（？～1721）的〈臺灣吟・其五〉詩中，亦是論及當時渡海來臺到
臺南地區編戶爲民的內地人，如下：

〔註44〕盧若騰：《島噫詩・七言古・長蛇篇》，臺灣文獻叢刊，第二四五種，臺灣銀
行經濟研究室出版，頁25。

〔註45〕婁廣：〈臺灣偶作〉，《重修臺灣府志・藝文志・詩》，臺灣文獻叢刊，第六六
種，臺灣銀行經濟研究室出版，卷十，頁409。

〔註46〕婁廣：〈臺灣偶作〉，《重修臺灣府志・藝文志・詩》，臺灣文獻叢刊，第六六
種，臺灣銀行經濟研究室出版，卷十，頁409。

> 唐人鼓枻涉風潮，坊裡雜居欣共招。雖是姓名編戶籍，算來土著正
> 寥寥。

上述詩句裡，描述的是西渡來臺的內地人，滿懷夢想，越過臺灣海峽來到臺灣。此時漢人與原住民雜居在臺南坊裡，但內心是喜悅的，因爲原住民人口稀少，尚有大好的田地等待自己開墾。

郁永河（1645～?）〈臺灣竹枝詞〉亦有類似的描述，如下：

> 臺灣西向俯汪洋，東望層巒千里長；一片平沙皆沃土，誰爲長慮教
> 耕桑。〔註47〕

臺灣島有著沃土，有誰能教導他們耕稼呢？在一個大好天地的美景誘惑下，許多人想盡辦法偷渡來臺，藍鼎元（1680～1733）有〈臺灣近詠十首呈巡使黃玉圃先生‧其六〉：

> 纍纍何爲者，西來偷渡人。銀鐺雜貫索，一隊一酸辛。嗟汝爲饑驅，
> 謂茲原隩昀。舟子任無咎，拮据買要津。寧知是偷渡，登岸禍及身。
> 可恨在舟子，殛死不足云。汝道經鷺島，稽察司馬門。司馬有印照，
> 一紙爲良民。汝愚乃至斯，我欲淚沾巾。哀哉此屬禁，犯者仍頻頻。
> 奸徒畏盤詰，持照竟莫嗔。茲法果息奸，雖冤亦宜勤。如其或未必，
> 寧施法外仁。〔註48〕

詩中所描述的即爲偷渡來臺的犯人，大多爲受家鄉饑荒之苦，而來此地另謀生路的人。在他們的想像世界中，臺灣一片沃土，適合農耕，只要努力，即可糧食豐收。因此雖然知道路途危險，仍有大批偷渡者蜂擁來臺。《重修鳳山縣志》有記載偷渡客的情形：

> 內地窮民，在臺營生，囊鮮餘積，旋歸無日。其父母妻子俯仰之資，
> 急欲赴臺就養，格於例禁，群賄船戶，冒頂水手姓名掛驗；女眷則用
> 小漁船夜載出口，私上大船，抵臺復有漁船乘夜接載，名曰灌水。一
> 經汛口覺察，奸梢照律問遣，固刑當其罪，而杖逐回籍之愚民，室廬
> 拋棄，器物一空矣。更有客頭，串同習水積匪，用濕漏小船，私載數
> 百人，擠入艙中，將艙蓋封釘，不使上下，乘黑夜出洋，偶值風濤，

〔註47〕 郁永河：《裨海紀遊》，臺灣文獻叢刊，第四四種，臺灣銀行經濟研究室出版，
卷上，頁15。

〔註48〕 藍鼎元：〈臺灣近詠十首呈巡使黃玉圃先生〉，《重修臺灣府志‧詩（二）》，臺灣文獻叢刊，第一○五種，臺灣銀行經濟研究室出版，頁760。

盡入魚腹。比到岸，恐人知覺，遇有沙汕，輒趕騙離船，名曰放生。
沙汕斷頭，距岸尚遠，行至深處，全身陷入泥淖中，名曰種芋。或潮
流適漲，通波漂溺，名曰餌魚。在奸梢惟利是嗜，何有天良；在窮民
迫於饑寒，罔顧行險；相率陷阱，言之痛心也。〔註49〕

以上為描述內地窮苦的平民因在內地無法謀生，前來臺灣尋求生計，由於尚
未存下積蓄，所以無法回鄉。而內地的父母及妻子因為無法謀生，所以不得
已必須冒險渡海來臺。偷渡者必須面臨種種苦境，「灌水」、「放生」、「種芋」、
「餌魚」等等，無非希望能在臺灣找到一個安身立命之處。

　　李欽文（？～？）的〈臺灣吟〉，亦是描繪來臺時將看到的種種景色，此
為入鹿耳門至安平到臺南府治的路線：

直從澎島渡臺灣，幾閱春秋倏忽間。海國奇觀岡號木，天涯勝蹟鳳
名山（木岡、鳳山，皆臺灣山名）。早潮鹿耳遊人偏，晚渡安平舟子
閒（鹿耳門入臺灣港道，安平鎮隔臺一水）。知是聖朝思澤遠，遐荒
久已闢賢關。〔註50〕

「早潮鹿耳遊人偏，晚渡安平舟子閒」可知目的地即為臺南地區，而且潮汐
若能配合得當，即可順利的由鹿耳門進入安平鎮。從「遐荒久已闢賢關」可
知臺灣在他們眼中仍為蠻荒，但已經是清朝政治開始經營、開墾之處。

　　清朝嘉慶時期，古典詩中對臺灣的印象，亦是多了樂土、仙鄉的書寫，
如在嘉慶時來臺的林松（？～？）有〈答客問臺灣之游〉：

其一

前古人稀到，重洋我獨經。頓忘幾潮汐，所見一空青。海外有餘地，
天東無盡星。直疑是員嶠，何處訪仙靈？〔註51〕

「前古人稀到，重洋我獨經」二句表示此地在嘉慶之前，來到臺灣的人並不
多。而臺灣對他們而言，仍屬於陌生之區，海洋的阻隔仍是一道明顯的障礙。
「頓忘幾潮汐，所見一空青」敘述在茫茫大海中已忘了經歷了多少的潮汐，

〔註49〕王瑛曾：《重修鳳山縣志·兵防志·海防（附潮信、風信、占驗、船政）·（附）
　　　　船政·附錄》，臺灣文獻叢刊，第一四六種，臺灣銀行經濟研究室出版，卷七，
　　　　頁212。
〔註50〕李欽文：〈臺灣吟〉，《續修臺灣縣志·藝文（三）·詩》，臺灣文獻叢刊，第一
　　　　四〇種，臺灣銀行經濟研究室出版，卷八，頁601。
〔註51〕林松：〈答客問臺灣之游〉，《臺灣詩乘》，臺灣文獻叢刊，第六四種，臺灣銀
　　　　行經濟研究室出版，卷三，頁146。

而眼前所見之景為上下皆為青色的海天一色。「海外有餘地，天東無盡星。直疑是員嶠，何處訪仙靈？」之句顯示了臺灣在海外東邊遙遠之處，讓作者直以為此處為傳說中的仙鄉，正在思索要到何處去拜訪仙人呢！

其二

> 燠多寒少處，天氣覺長晴。瓜自杪冬熟，日從中夜生。煙深烏鬼井，
> 潮逼赤崁城。誰見攜吟杖，珊瑚籬外行。〔註52〕

此詩書寫了臺地在氣候、物產、人文及自然景色的特質。「燠多寒少處，天氣覺長晴」二句書寫了臺南地區氣候迥異於內地之處：熱多寒少，常常都是晴天。「瓜自杪冬熟，日從中夜生」因為氣候之故，所以在冬季之時，瓜類之屬仍有出產。「煙深烏鬼井，潮逼赤崁城」二句書寫了臺南地區的名勝「烏鬼井」及「赤崁城」。而烏鬼井的地點：

> 烏鬼井，在鎮北坊。水源極盛，雖旱不竭。烏鬼，番國名，紅毛奴
> 也。其人遍體純黑，入水不沉，走海面若平地。先是紅毛命烏鬼鑿
> 井，砌以菻荼，亦名菻荼井。今改甃磚甓。舟人需水，咸取汲焉。
>
> 〔註53〕

「烏鬼井」，在臺南的鎮北坊。所謂的「烏鬼」，就是黑人。隨著荷蘭人來到臺灣，荷蘭人把他們當作奴隸，命令他們鑿井，因為當時是以菻荼砌成，所以又叫做菻荼井。「誰見攜吟杖，珊瑚籬外行」二句書寫了當時臺灣風景的特別：以「綠珊瑚」為籬笆。作者攜杖至郊外踏青吟詩時，眼前所見的就是以「綠珊瑚」為籬笆的景象。

胡承珙（1776～1832），於1821～1824年間任臺灣兵備道。1821年由鹿港登岸。有〈辛巳1821二月二十六日鹿港登岸〉一詩〔註54〕，顯示：臺南已不是入臺的唯一港口。他有〈衙齋偶成〉一詩，如下：

> 小庭風細蝶依花，日午黃蜂亦散衙。豈有不平鳴蜥蜴，未知何事鬧
> 蝦蟆。偶緣礙足思鋤草，莫為傷脾便毀茶。樹影微欹殘夢醒，渾忘

〔註52〕林松：〈答客問臺灣之游〉，《臺灣詩乘》，臺灣文獻叢刊，第六四種，臺灣銀行經濟研究室出版，卷三，頁146～147。

〔註53〕李元春輯：《臺灣志略·勝蹟》，臺灣文獻叢刊，第一八種，臺灣銀行經濟研究室出版，卷一，頁44。

〔註54〕胡承珙〈辛巳1821二月二十六日鹿港登岸〉：「千騎東方且莫論，牧童迎我海邊村。新畬雨足鬚尤茁，老樹風多頂盡髡。地下有懷輸蟻蛭，天涯無興寄鵬鯤。去年今日車箱夢，瘦馬頻嘶出國門。」《全臺詩》·第四冊，頁18。

身世在天涯。〔註55〕

詩中所呈現的是道光年間臺灣的衙署，在午後的悠閒時光。在首二句「小庭風細蝶依花，日午黃蜂亦散衙」中書寫日午散衙之時和風細細，蝴蝶翩翩，黃蜂悠悠之景。耳邊伴隨的是蜥蜴的鳴叫聲，散步時因為草太長而阻礙了行路，自己難免想要拿起鋤頭除草。在這樣樹影圍繞環境下，午睡醒來後的作者，都快忘了自己正身處於天涯之遠的地方。

姚瑩（1785～1853）於1819年調任臺灣知縣，1843年離臺。有〈留別臺中人士〉：

> 烏山赤嵌兩蒼蒼，鹿耳濤聲接混茫。崔鼠未平庭下艸，繭絲難樹宅邊桑。絕憐海外彈丸地，獨運天南數郡糧。户口日增民利盡，不知藏富幾千倉。〔註56〕

詩題為「留別臺中人士」，內容仍以臺南地區為核心，可見當時所稱的臺灣實指臺南。此詩為作者離開臺灣時所作，首二句「烏山赤嵌兩蒼蒼，鹿耳濤聲接混茫」點出臺南地區的景色，有山（烏山）有海（鹿耳門），景色蒼渾。「崔鼠未平庭下艸，繭絲難樹宅邊桑。絕憐海外彈丸地，獨運天南數郡糧」四句點出臺灣已為中原地區的糧倉所在，可惜仍有不平靜、可教化之處。「户口日增民利盡，不知藏富幾千倉」二句指出此地已日漸開發，可惜仍是受剝削的地區，以致於民利已盡，卻不知富藏何處。此點出清朝治臺的缺失。

同治年間，臺南的地位已有所改變。同治12年（1873），丁紹儀（？～？）所著《東瀛識略》〔註57〕論及臺南因為臺江陸化之故，其重要性不如已往，如下：

> 蓋安平昔為要隘，近年鹿耳、鯤身悉被沙淤，海舶到臺，非泊百里外之國寨港，即泊鳳山縣之旗後口，似毋庸重兵坐守矣。……艋舺參將不妨移駐彰化，而移臺灣道與駐彰之北路協副將同駐新設縣治；庶南北兩路，不致偏重。且滬尾距福州海口最近，風利則朝發夕至，信息易通，控制全臺，似無有要於此者。昔鹿洲太守議，即半線添置新縣；不十年，即如其議。又謂氣運將開，非人力所能過

〔註55〕胡承珙：〈衙齋偶成〉，《全臺詩》，第四冊，頁19。

〔註56〕姚瑩：〈留別臺中人士〉，《中復堂選集目錄・後湘二集・卷二・詩四首》，臺灣文獻叢刊，第八三種，頁201。

〔註57〕丁紹儀：《東瀛識略・自序》臺灣文獻叢刊，第二種，臺灣銀行經濟研究室出版，頁2。

抑，必有因其勢而利導之者，後此竹塹、八里坌亦將作縣。惜未至
者不能知，至者雖知而不能言。留心經濟之君子，當不以斯言爲河
漢。今竹塹已爲廳治，八里坌距艋舺止三十里，商賈之輻輳，昔推
八里坌、今推艋舺云。〔註58〕

丁紹儀以爲安平因爲鹿耳門及鯤身淤積，港口功能已不如以往，因此亦不需
重兵駐紮於此。而滬尾（淡水）距福州海口最近，只要風向及風速之便，一
天就可以到達，在訊息如此便利的情況下，在掌控全臺的據點中，沒有比它
更重要的。因而北部商業貿易的繁盛，亦以艋舺爲最。

　　在同治及光緒年間，題爲「臺灣竹枝詞」中的敘述，頗有緬懷先人開墾
辛勞及原住民風俗之語，署名爲周長庚（1847～1892）或丘逢甲（1864～1912）
的〈臺灣竹枝詞〉即是如此：

其一

黑海驚濤大小洋，朱明去後闢洪荒。一重苦霧一重瘴，人在腥風蜑
雨鄉。〔註59〕

由「一重苦霧一重瘴，人在腥風蜑雨鄉」之句，其緬懷先人開闢山林之辛勞
不言可喻。

　　馬清樞（？～？）在光緒 3 年（1877）與何澂、汪序東、林鶴蓀等人在
臺唱和，有〈臺陽雜興〉之作，亦是書寫了對臺地長久以來的印象：

其九

信有仙源可避秦，土番半是女眞人。一年海燕常重乳，四季林花不
斷春。倒掛山禽如鳳小，寄居沙蟹與螺親。敦厖未改鴻荒俗，丁壯
扶犁婦負薪。〔註60〕

由桃花源論及原住民及此處在氣候、物產上的特別之處，並歌詠臺地風俗之
淳厚，雖爲化外之區，卻也是和樂融融。

　　光緒 13 年（1887），臺灣改建行省，以臺中地區爲省會，原臺灣府縣地

〔註58〕 丁紹儀：《東瀛識略・建置　疆域・建置》臺灣文獻叢刊，第二種，臺灣銀行
　　　　經濟研究室出版，卷一，頁 5～6。

〔註59〕 連橫：《臺灣詩乘》，臺灣文獻叢刊，臺灣銀行經濟研究室出版，第六四種，
　　　　卷五，頁 220。

〔註60〕 連橫：《臺灣詩乘》，臺灣文獻叢刊，臺灣銀行經濟研究室出版，第六四種，
　　　　卷五，頁 197。

區改稱爲臺南府：

> 臺南府本臺灣府，□郭縣曰安平，本臺灣縣，光緒十三年改建行省，
> 析彰化縣地爲省會，移置臺灣府臺灣縣，而故地並易今名。〔註61〕

自此之後，行政上，「臺灣」之名，就不再直指臺南地區。不久，省會定在臺北，此後至日治時期，臺南的政治、經濟、文化的地位，漸漸轉移至臺北。

第六節　東都

鄭成功（1624～1662）取代荷蘭人管理臺灣，將之稱爲「東都」：

> 臺灣既平，成功改爲安平鎮，赤崁城爲承天府；設縣二：曰天興、
> 曰萬年，總號東都。〔註62〕

「東都」轄區以臺南地區爲核心。明鄭時期盧若騰〈東都行（有序）〉提及「東都明京」，此乃鄭氏開墾立國之處：

> 澎湖之東有島，前代未通中國，今謂之東番。其地之要害處名臺灣，
> 紅夷築城貿易垂四十年。近當事率師據其全島，議開墾立國，先號
> 爲「東都明京」云。
>
> 海東有巨島，華人舊不爭；南對惠、潮境，北儷溫麻程。紅夷浮大
> 舶，來築數雉城；稍有中國人，互市集經營。虜亂十餘載，中原事
> 變更；豪傑規速效，擁眾涉滄瀛：於此闢天荒，標立「東都」名。
> 或自東都來，備說東都情：官司嚴督趣，令人墾且耕。土壤非不腴，
> 區畫非不平；灌木蔽人視，蔓草冒人行。木杪懸蛇虺，草根穴狸鼪；
> 毒蟲同寢處，瘴泉供飪烹：病者十四、五，聒耳呻吟聲。況皆苦桎
> 腹，鍬鋪孰能擎！自夏而徂秋，尺土墾未成。紅夷怯戰鬥，獨恃火
> 器精；城中一砲發，城下百屍橫。林菁深密處，土夷更猙獰；射人
> 每命中，竹箭鐵鏢并。相期適樂土，受塵各爲氓；而今戰血濺，空
> 山燐火盈。浯島老杞人，聽此憂悻悻；到處逢殺運，何時見息兵！
> 天意雖然測，人謀自匪輕；苟能圖匡復，豈必務遠征！〔註63〕

〔註61〕蔣師轍：《臺游日記‧光緒十八年三月》，臺灣文獻叢刊，臺灣銀行經濟研究室出版，第六種，卷一，頁14。

〔註62〕夏琳：《閩海紀要‧壬寅、康熙元年》，臺灣文獻叢刊，第一一種，卷之上，頁29。

〔註63〕盧若騰：〈東都行〉，《臺灣詩鈔》，臺灣文獻叢刊，第二八〇種，臺灣銀行經

盧若騰書寫下的東都——臺灣，相當的落後蠻荒，灌木、蔓草橫肆，蔽人視線，阻人行走，兼有野獸毒蟲肆虐，瘴癘之氣叢聚，生活其中，不生病也難。所以他書寫「灌木蔽人視，蔓草冒人行。木杪懸蛇虺，草根穴狸鼪；毒蟲同寢處，瘴泉供飪烹：病者十四、五，聒耳呻吟聲。況皆苦柺腹，鍬鋪孰能擎！」之句，並表達在如此情況之下，如何進行農耕的憂慮。加以原住民相當強悍猙獰，傷人性命，所以他說「林箐深密處，土夷更猙獰；射人每命中，竹箭鐵鏢并。」原本人們以為的樂土，卻反成「空山燐火盈」的景象，並在詩的最後直言「苟能圖匡復，豈必務遠征」其對鄭成功東征臺灣持懷疑和反對的態度，表露無遺。

蔡德輝（？～1891）〈謁延平王廟〉中提及鄭成功在臺南設立東都：

其一

> 沙汕紛紛列舳艫，當年海上拓雄圖。鯨魚入夢生何異，龍種偕來類
> 不孤。人似武鄉籌北伐，地同洛邑建東都。也知矢志延明祚，絕島
> 偏安亦丈夫。〔註64〕

此詩旨在稱揚鄭成功志業。其中「人似武鄉籌北伐，地同洛邑建東都。也知矢志延明祚，絕島偏安亦丈夫」四句指出：鄭成功立志延續明朝國祚，因此在臺灣營建東都，期許能與周公營建東都洛邑一般，如此心志，使他即使身處孤絕臺灣島，偏安一隅，也如同偉岸的大丈夫一般受人景仰。

日治時期吳景箕（？～？）有〈寄東都諸子見問近況〉，其中「東都」所指的已是日本東京：

> 家情世道兩糊塗，欲擲功名且負弩。閒課群芳教女讀，倩妻時作美
> 人圖。〔註65〕

此詩作於作者遊學之時。〔註66〕「家情世道兩糊塗，欲擲功名且負弩」二句

濟研究室出版，卷一，頁23。

〔註64〕 蔡德輝：〈謁延平王廟〉，《臺灣詩乘》，臺灣文獻叢刊，第六四種，卷四，頁192。

〔註65〕 吳景箕：〈寄東都諸子見問近況〉，上網日期：20150820，網址：http://xdcm.nmtl.gov.tw/twp/b/b02.htm。

〔註66〕 「景箕幼從雲林進士黃紹謨習漢文，後東渡日本，就讀東京大學，其時，景箕弟景徽亦遊學日本京都（西京），景箕往返兩地，後其遊學期間諸作付梓，遂名以《兩京賸稿》，兩京即東京、西京。」出自〈智慧型全臺詩知識庫〉，上網日期：20150820，網址：http://xdcm.nmtl.gov.tw/twp/b/b02.htm。

顯示作者內心的無奈，在家情、世道之中皆不得順遂，也反應當時臺人的悲哀。

第七節　東寧

　　明鄭時期，鄭經（1642～1681）以諮議參軍陳永華（1634～1680）理國政，改東都為東寧，經營擘畫，臺灣儼然成為新天地：

　　　　經至東都，以諮議參軍陳永華理國政。改東都為東寧，置天興、萬
　　　　年二州。分諸將土地，課耕種、徵租賦、稅丁庸、興學校、通魚鹽，
　　　　安撫土民，貿易外國，儼然別一乾坤。〔註67〕

自此之後，東寧成為以臺南為核心的臺灣代稱。鄭經有〈題東寧勝境〉一詩，呈現朝氣蓬勃的氣象：

　　　　定鼎寧都大海東，千山百壑遠橫空。芳林迥出青雲外，綠水長流碧
　　　　澗中。兩岸人煙迎曉日，滿江漁棹乘朝風。曾聞先聖為難語，漢國
　　　　衣冠萬古同。〔註68〕

其中所書寫的東寧如同其題一般，具有勝景：有壯闊的千山百壑，美好的樹林綠水，人文亦相當鼎盛，迎曉日、乘朝風，皆是具有朝氣、具有希望，而他亦以恢復漢國衣冠為其職志，而直言「漢國衣冠萬古同」以自我期許。

　　身為明朝遺老的王忠孝（1593～1666）來到東寧之後，秉持著反清復明之思，是以〈東寧中秋有感〉有言：

　　　　今夜東州月，初升色皎皎。晴空杳無雲，碧曜當天炤。四顧望霽輝，
　　　　萬戶爭歡叫。爝火難為光，餘氛莫敢攪。天公似有意，明興為之兆。

　　　　〔註69〕

在中秋節的東寧，月色皎潔，「爝火難為光，餘氛莫敢攪」，為明興的預兆。在這美好的景色中，東寧為他的希望所在，因此，他詩中的東寧是美麗的、值得教化開發的。因此又有〈東寧風土沃美急需開濟詩勗同人〉一詩，如下：

　　　　巨手劈洪蒙，光華暖海東。耕耘師后稷，絃誦尊姬公。風俗憑徐化，
　　　　語音以漸通。年來喜豐稔，開濟藉文翁。

〔註67〕夏琳：《閩海紀要‧甲辰、三年》，臺灣文獻叢刊，第一一種，卷之上，頁36。
〔註68〕鄭經：〈題東寧勝境〉，龔顯宗選注《鄭經集》，臺南市，國立臺灣文學館，2013
　　　　年11月，頁161。
〔註69〕王忠孝：〈東寧中秋有感〉，《全臺詩》，第1冊，頁18。

在東寧有光華、有希望，因此在農事上，需用后稷之法；在教化上，需用周公絃歌教化之政。他主張以「徐化」的方式來移易風俗，期待能有如同漢景帝時文翁為蜀地郡守一樣的人，振興教育、選舉賢能、興修水利，開發臺灣。其於〈東郊行〉亦有言：

> 逸興踏芳郊，春風處處同。心煩傍岸柳，身弱怯繁霜。椎結多隨漢，衣冠半是唐。好將開濟手，文治接鴻蒙。〔註70〕

在他筆下所書寫的東郊是春光爛漫的，雖然自身仍「心煩」、「身弱」，但仍希冀，有一個開發教化的人，以「文治」來營建一個反清復明的基地。

徐孚遠（1599～1665）也有〈東寧詠〉一詩：

> 自從飄泊臻茲島，歷數飛蓬十八年。函谷誰占藏史氣，漢家空歎子卿賢。土民衣服真如古，荒嶼星河又一天。荷鋤帶笠安愚分，草木餘生任所便。〔註71〕

從「土民衣服真如古，荒嶼星河又一天」，可想見在詩人眼中東寧乃是一個尚未開化之區。而「荷鋤帶笠安愚分，草木餘生任所便」之句，可知他蓄積歸隱之意，不復當年的雄心壯志。

而沈光文（1612～1688）有〈仲春日友人招飲，不赴〉及〈郊遊，分得「青」字〉之詩：

〈仲春日友人招飲，不赴〉

> 並無一事慰相知，占住桃源亦頗宜。詩債屢稽明月夜，酒緣偏誤好花時。頻收靜致留春雨，忽發新思寄柳枝。卻訝漁人焉得到，遂令雞犬也生疑。〔註72〕

〈郊遊，分得「青」字〉

> 和風催我出郊去，好鳥還宜載酒聽。草色遙聯春樹綠，湖光倒映遠峰青。歌喉潤處花初落，詩韻拈來醉欲醒。逸興強尋豁目處，頹然獨立望滄溟。

此間他所書寫的臺灣乃具有「桃源」之意，其所具備的景物：和風、好鳥、

〔註70〕 王忠孝：〈東郊行〉，《全臺詩》，第1冊，頁19。

〔註71〕 徐孚遠：〈東寧詠〉，《臺灣詩乘》，臺灣文獻叢刊，第六四種，卷一，臺灣銀行經濟研究室出版，頁11。

〔註72〕 沈光文：〈仲春日友人招飲，不赴〉，《重修臺灣府志‧藝文（四）‧詩（一）》，臺灣文獻叢刊，第一〇五種，卷二十三，頁719。

草色、湖光、春雨、柳枝，春光紛呈人間。明顯地與明朝諸遺老大異其趣。

康熙時期，因爲臺灣新收入版圖不久，亦有去留的爭議，當時對於臺灣的統治就趨向消極。而此時在臺灣留下古典詩作的大多爲宦遊詩人，受到政策的規定，他們都是任期三年後職務就有所調動，且皆爲單身來臺，停留在臺灣的時間有限，因而都是一些比較概略性的印象，並懷有相當濃厚的懷鄉情調。而在清朝古典詩中所稱的臺灣，都是以現在的臺南地區爲核心的書寫，例如：康熙 31 年（1692 年）來臺的高拱乾（？～？），他所寫的〈東寧十詠〉，即爲其來到臺南時對臺灣整體印象，如下：

其一

天險悠悠海上山，東南半壁倚臺灣。敬宣帝澤安群島，愧乏邊才控百蠻；瘴霧掃開新氣宇，風沙吹改舊容顏。敢辭遠跡煙波外，博望曾經萬里還。〔註73〕

首二句乃書寫臺灣的地理位置位於大陸東南半壁之外的天險海島。收歸版圖後高拱乾乃是較早來臺的宦遊之人，在他的眼中，臺灣是遙遠的邊陲遠跡，具有天險、瘴霧瀰漫的海上島嶼。是以面對臺灣如此陌生、蠻荒的山水，他依然渴望能回鄉。在其二的詩作中，書寫曾經來到臺灣停留、生存的族群，如下：

其二

曉來吹角徹蒼茫，鹿耳門邊幾戰場！流毒猶傳日本國，偏安空比夜郎王（臺地先爲倭奴所踞，旋歸荷蘭，後屬鄭氏）。樓船將帥懸金印，郡縣官僚闢草堂。使者莫嫌風土惡，番兒到處繞車旁。〔註74〕

首二句說明臺灣曾是多國爭奪之區，鹿耳門已歷經了許多的戰爭。日本的海盜曾在此佔據，不久由荷蘭所統治，最後有鄭氏在此建立政權。現在由清朝派領官員在此駐守，臺灣知府也在此地設立草堂，以利於進行統治管理事項。而此處生活的原住民兒童，在詩人筆下則是呈現天眞爛漫、繞車而行的形象。其中，「闢草堂」三字顯示當時臺灣府治並沒有一個良好的辦公地點，《臺灣府志》記載如下：

〔註73〕高拱乾：〈東寧十詠〉，《臺灣府志・藝文志・詩》，臺灣文獻叢刊，第六五種，臺灣銀行經濟研究室出版，卷十，頁 276。

〔註74〕高拱乾：〈東寧十詠〉，《臺灣府志・藝文志・詩》，臺灣文獻叢刊，第六五種，臺灣銀行經濟研究室出版，卷十，頁 277。

初，府廳縣皆未建城。雍正初，請建未果。乾隆中，始立砲臺、樹城門，栽莿竹或九芎樹爲衛。民間莊堡亦有環植莿竹，且築銃樓以自固者。逮嘉慶、道光間，乃次第築磚石城。惜土鬆，又易震，未有數十年不傾圮者。〔註75〕

由「初，府廳縣皆未建城。雍正初，請建未果」之句，可知康熙、雍正朝時對於治理臺灣相當不積極。一直到乾隆中期，府城才建立砲臺、城門，並栽莿竹及九芎樹爲欄。到了嘉慶、道光年間臺灣府城才有磚石城。

高拱乾〈東寧詠・其十〉亦有論述來臺之後的感想，如下：

其十

誰言習俗亂絲同，攬轡澄清乏寸功！枎輯尚慚屏翰寄，更番何日戍樓空！擬攜片石安歸棹，聊訂新編當採風（臺郡無誌，余甫編輯）。此去中原詢異事，仙桃長對佛桑紅。〔註76〕

首二句表達此處習俗仍有需要再花心思才能有所成效。三、四句表達自己的管理、教化人民及準備戰事的部分，仍有待加強。五、六句提及作者有編輯臺灣府志之舉。末句則是表達了對臺灣花不應候，四季溫暖皆有花開的印象，而寫下了「仙桃長對佛桑紅」之句。

高拱乾又描述其於府治中的感興，如〈草堂漫興〉：

天外今知樂事偏，茅齋洒掃駐二年。連林蘭本飄金粟（珠蘭成樹），出屋蕉叢吐赤蓮。棋局傍觀無我相，醉鄉漸入有仙緣。蠻煙瘴雨何滋味，八尺風漪得穩眠。〔註77〕

首二句表述其到臺灣府治已有 2 年，而心情是相當愉悅的。三、四句則是描摹臺地特有的景觀——珠蘭成樹及蕉叢吐紅花。五、六句稱讚了臺灣令他漸有仙鄉的感受。末句表達了在這尚未開化之區，作者甘之如飴的表現，概因此地少有人事紛爭，而作者在此地亦心情平靜，得以睡得安穩。

於 1691 年來臺的齊體物（？～？）有〈東郊迎春〉之作，其所謂東郊，亦爲臺灣府治附近的東郊，如下：

〔註75〕丁紹儀：《東瀛識略・建置　疆域・疆域》臺灣文獻叢刊，第二種，臺灣銀行經濟研究室出版，卷一，頁11。
〔註76〕高拱乾：〈東寧十詠〉，《臺灣府志・藝文志・詩》，臺灣文獻叢刊，第六五種，臺灣銀行經濟研究室出版，卷十，頁279。
〔註77〕高拱乾：〈草堂漫興〉，臺灣文獻叢刊，第一一三種，《重修臺灣縣志・藝文志（二）・詩》，臺灣銀行經濟研究室出版，卷十四，頁500。

物候臨煙島，年華處處同。靈旗迎帝子，璆珮響春風；淑氣歸青柳，
餘寒付朔鴻。況逢晴此日，相慶卜年豐！〔註78〕

春自蓂階發，趨蹌鵷鷺行。明堂居左個，青玉祀勾芒。未耜先民力，
羲和馭日長。微臣天萬里，何以頌陶唐？〔註79〕

衰草含生意，郊原氣自新。願教青帝力，俾我有年春。不侈汙邪望，
惟祈雷雨勻！大田幸多稼，寧止樂吾民？〔註80〕

從以上三組詩中可以看出齊體物乃是以較樂觀、開朗的心態面對臺灣的山
水。「物候臨煙島，年華處處同」之句，表示臺灣的山水與清朝所統治的其他
區域並沒有不同，皆為同樣的節氣、同樣的年節。「靈旗迎帝子，璆珮響春風；
淑氣歸青柳，餘寒付朔鴻」意謂在如此佳節，因為奉大清帝國的正朔，春風
淑氣亦布滿了整個臺灣島。「況逢晴此日，相慶卜年豐」之句，則是充滿了對
此地豐收的祝福。第二組詩「微臣天萬里，何以頌陶唐」之句亦是以上古純
樸之民來贊頌此地的人。第三組「大田幸多稼，寧止樂吾民」之句，亦是滿
懷對此地人民豐年的預告。齊體物開朗地看待臺地之民的生活，與其他來臺
的宦遊人士羈旅鄉愁之思，有著顯著的差異。

黃佺（？～？）亦有〈東寧春興〉六首，舉要如下：

其二

三十年來新闢境，春城郊郭俗繁華。檳榔生哈客唇豔，麥穗橫簪女
鬢斜。茅屋人煙連瓦屋，漢家簫管雜番家。慚余數載為名利，辜負
寒園桃李花。〔註81〕

「三十年來新闢境，春城郊郭俗繁華」二句說明清領時期臺南地區已漸次開
發成繁華之區。「檳榔生哈客唇豔，麥穗橫簪女鬢斜。茅屋人煙連瓦屋，漢家
簫管雜番家」四句書寫臺南地區的風俗特色——漢人與原住民雜處，當地喜
嚼檳榔，婦女以麥穗為簪，音樂亦頗有原住民色彩。

〔註78〕齊體物：〈東郊迎春〉，《臺灣府志・藝文志・詩》，臺灣文獻叢刊，第六五種，
臺灣銀行經濟研究室出版，卷十，頁286。

〔註79〕齊體物：〈東郊迎春〉，《臺灣府志・藝文志・詩》，臺灣文獻叢刊，第六五種，
臺灣銀行經濟研究室出版，卷十，頁287。

〔註80〕齊體物：〈東郊迎春〉，《臺灣府志・藝文志・詩》，臺灣文獻叢刊，第六五種，
臺灣銀行經濟研究室出版，卷十，頁287。

〔註81〕臺灣文獻叢刊／一四〇，續修臺灣縣志／卷八，藝文（三）／詩／東寧春興
六首，黃佺，頁573。

其四

> 海角偏驚景物新，江城如畫草如茵。黃開映日林頭橡，綠長迎風水
> 面蘋。庭樹鳥啼迴旅夢，故園花發爲誰人？登樓在處堪成賦，何必
> 江陵獨愴神。〔註82〕

「海角偏驚景物新，江城如畫草如茵。黃開映日林頭橡，綠長迎風水面蘋」
四句點出客居臺灣的宦遊之人面對景物更新的驚詫：時光飛逝及景色宜人（江
草如茵、黃橡綠蘋、色彩鮮明）。「庭樹鳥啼迴旅夢，故園花發爲誰人？登樓
在處堪成賦，何必江陵獨愴神」四句書寫作者思鄉以及力圖振作之情。

其五

> 青山舒卻容姿，士女歡遊雜沓時。盡解園林看芍藥，誰從荊棘辨靈
> 芝！無名鳥雀呼還止，有節筼簹翠自宜。今古枯榮非一定，祗應醉
> 酒復吟詩。〔註83〕

「青山舒卻容姿，士女歡遊雜沓時」二句書寫東寧春興郊遊的熱鬧情況。「今
古枯榮非一定，祗應醉酒復吟詩」二句顯示作者內心淡然，寄情醉酒吟詩。

詔安謝聲鶴（？～？）有〈送吳生往東寧〉之詩，敘述來臺的艱險下：

> 吳生手攜一囊書，步行別我九鯉湖。嗟哉吳生何好游，扁舟欲上紅
> 毛樓。君不聞廈門七更到澎口，天風噴潮如雷吼；幽靈秘怪爭呈奇，
> 撐持銀屋滿江走。柁師到此亦改顏，陽侯弄舟如跳丸。側柁欹帆入
> 鹿耳，舟人始得慶平安。吳生胡爲亦踏此，問之不答祗長歎。吳生
> 吳生不須歎，世途何處不波瀾！〔註84〕

詩人對於臺灣東寧的印象並不美好，加以此詩的主題爲送別，詩句所呈現殷
殷叮囑的掛念。三、四兩句「嗟哉吳生何好游，扁舟欲上紅毛樓」感嘆吳生
喜好旅遊，竟然如此輕易地決定要到紅毛樓去遊歷。「君不聞廈門七更到澎
口，天風噴潮如雷吼；幽靈秘怪爭呈奇，撐持銀屋滿江走。柁師到此亦改顏，
陽侯弄舟如跳丸。側柁欹帆入鹿耳，舟人始得慶平安。」此八句書寫入臺所
經過海域的艱險，使得經驗老到的航海人都會膽顫心驚，直到眞的安全地進

〔註82〕 臺灣文獻叢刊／一四○，續修臺灣縣志／卷八，藝文（三）／詩／東寧春興
　　　　 六首，黃佺，頁573。
〔註83〕 臺灣文獻叢刊／一四○，續修臺灣縣志／卷八，藝文（三）／詩／東寧春興
　　　　 六首，黃佺，頁573。
〔註84〕 謝聲鶴：〈送吳生往東寧〉，《臺灣詩乘》，臺灣文獻叢刊，第六四種，臺灣銀
　　　　 行經濟研究室出版，卷四，頁171。

入鹿耳門，才能歡慶自己平安抵達。「吳生胡爲亦踏此，問之不答祇長歎。吳生吳生不須歎，世途何處不波瀾」此四句書寫了吳生來臺的原因，從問而不答，長聲嘆息，可見其心中之抑鬱。而作者以「世途何處不波瀾」相慰，可見吳生有不得志之處，所以才有遠至他鄉——東寧的決定。此詩反應了清初對臺灣（東寧）普徧印象不佳。

施士爆（？～？）〈東郊行〉亦是描寫臺南之郊區景色，卻已有幾分田園樂土的氣息，如下：

> 行行傍阡陌，獨立思躊躕。四望雲山陰，蕭蕭見裡閭。羊牛各依群，尋草過荒墟。野田有遺穗，鳥雀飽其餘。晚憩方塘岸，遊心狎群魚。鴛鳧與白鷺，翩翩飛向餘。落日荒郊外，竹樹轉蕭疏。徐徐步月歸，酌酒樂何如。〔註 85〕

「行行傍阡陌，獨立思躊躕」之句顯示作者內心頗有羈旅思鄉之意。然而接下來數句「四望雲山陰，蕭蕭見裡閭。羊牛各依群，尋草過荒墟。野田有遺穗，鳥雀飽其餘。晚憩方塘岸，遊心狎群魚。鴛鳧與白鷺，翩翩飛向餘。落日荒郊外，竹樹轉蕭疏」，則是就眼前之前加以描摹。雖是落日荒郊，但牛、羊依群，自在行動。野田裡有遺留下來的稻穀，足以使鳥雀飽食，顯示著此地的富庶。而作者於傍晚時徐步於池邊，眼前所見的是游魚、鴛鳧、白鷺，皆是如此自在自適。如此佳景，使得作者也將「徐徐步月歸」，想要「酌酒樂何如」了。在清朝前期的詩作中，臺南雖是尚未開墾之地，但卻是滿懷希望的樂土。

日治時期，東寧成爲指稱臺南地區的名稱，且成爲漢文化中的一個懷古代表符號。如陳錫金（1867～1935）有〈東寧〉詩，如下：

> 巢荒太古懷迂谷，鐘絕來今念斐亭。今古茫茫無限感，秋風秋雨弔東寧。〔註 86〕

首句「巢荒太古懷迂谷」乃是陳錫金對詩人陳維英（1811～1869）的緬懷，太古巢乃是陳維英讀書之處，地點在臺北劍潭。連橫（1878～1936）在《臺灣詩乘》有記載：

〔註 85〕施士爆：〈東郊行〉，《重修鳳山縣志・藝文志（下）・詩賦》，臺灣文獻叢刊，第一四六種，臺灣銀行經濟研究室出版，卷十二・下，頁 470～471。

〔註 86〕陳錫金：〈東寧〉，《全臺詩》，第 18 冊，頁 91。（此詩收於《詩報》第七十三號，「詩藪」欄，1934 年 1 月 1 日。）

> 臺北劍潭之濱，有太古巢，爲陳迂谷孝廉讀書處。孝廉名維英，淡
> 水大隆同莊人，舉咸豐九年鄉薦。〔註87〕

而第二句「鐘絕來今念斐亭」則是念及唐景崧（1841～1903）在臺南斐亭舉
行「詩鐘」之雅事：

> 唐薇卿方伯在道任時，於斐亭判牘、觀書、見賓、課子，三載有餘。
> 公暇，招客賦詩，如閩所謂詩鐘故事者。蓋仿古人「日辦公事、夜
> 接詞人」之意。一時賓朋文字之盛，爲海外二百年來所未有。〔註88〕

所謂「詩鐘」乃是一種限時對詩遊戲。由上述文字，其熱鬧之景，可以想見。
可惜的是「鐘聲已絕」一切早已不可復見。所以陳錫金又有「今古茫茫無限
感，秋風秋雨弔東寧」之句，呈現了詩人弔古傷今的家國之思。

蘇大山（1869～1957）亦有〈菽莊詠菊八首：題菱槎東寧百詠詩卷〉，如
下：

> 璓澆秋怨，鐙棲古魂，嘯答天吳，窺來罔兩，躬則悴矣。窮而後工，
> 或曰：噴血一斗，注湛若赤雅之篇，留髮數根，著之瑜水尾之集，
> 記事宛然，尋聲未墜也。巨蛇吞鹿之鄉、大鯨乘馬之地，觀音山在
> 羅漢門，荒懷古思麻丹畢，論交呼打刺酥，如何鹿耳鯤身棄於思，
> 黮難得蘭風竹雨待，夫東坡問韓陵，片石尚存，誰可與語，得孤山
> 同調爲伍，亦足以娛，袖裏自有明珠，囊中無非古錦歌哭，祇應自
> 弔，藉以補孫元衡之〈秋日雜詩〉，呻吟豈必無端，亦可續張柳漁之
> 《瀛壖百詠》。
> 落落一生容不得，橐筆飛過蛟螭宅。長歌醉踏合歡山，海外胭脂失
> 顏色。出門十事九坎軻，狂奴風骨終嵯峨。蒼狗白雲苦無賴，江山
> 如此天奈何。一一收入囊中去，倉頡大號鬼夜詛。始知破帽天下奇，
> 能呵魯陽叱日馭。歸來攜詩叩我門，海濤如鼓風吹豚。接引花枝得
> 雲轝，失意才人安足論。牛皮笑倒乾坤小，拂袖行行頭弗掉。葵羅
> 清紫好家居，留得青山付謝朓。悵絕鵑聲我未歸，瞻言陽羨願多違。
> 關河聞道嗷鴻滿，紇干又見凍雀飛。託意微茫幾人見，未許心肝鐵

〔註87〕連橫：《臺灣詩乘》，臺灣文獻叢刊，臺灣銀行經濟研究室出版，第六四種，
　　　　卷四，頁188～189。

〔註88〕唐贊袞：《臺陽見聞錄・勝景・斐亭澄臺》，臺灣文獻叢刊，臺灣銀行經濟研
　　　　究室出版，第三○種，卷下，頁128。

石變。繡君佳句應買絲，漫說文章塵土賤。浪跡年來白了頭，那堪
飄泊老湖州。分明一角刺桐路，落日城南憶冶遊。〔註89〕

詩序中「巨蛇吞鹿之鄉、大鯨乘馬之地，觀音山在羅漢門，荒懷古思麻丹覃，
論交呼打刺酥，如何鹿耳鯤身棄於思」之句道盡了臺灣在古典詩中呈現的歷
史印象，將詩人懷古傷今之情表露無遺。詩句中「出門十事九坎軻，狂奴風
骨終嵯峨。蒼狗白雲苦無賴，江山如此天奈何」四句，表達了對臺灣已屬日
本統治的無奈、傷感。「分明一角刺桐路，落日城南憶冶遊」此二句書寫了對
臺南地區的懷舊之情。

第八節　赤崁、赤嵌

　　赤崁地區為臺灣地區最早移民的渡口，原為平埔族原住民赤崁社的聚落
所在：

> 「赤崁文化園區」曾是台灣最早期移民的渡口，古稱「赤崁」為原
> 住民西拉雅平埔族「赤崁社」聚落所在，西濱廣闊的台江內海，西
> 元 1625 年台南赤崁台地已建立街市，荷蘭人、日本人和中國人都來
> 這裡做生意，當時以大井頭為港口發展出十字大街（今民權路與忠
> 義路十字路口）。所發展四坊已成形，迄清乾隆中期已是當時台灣最
> 熱鬧商業重心。〔註90〕

至清代中期時，此區為臺灣最熱鬧區域。故以赤崁、赤嵌稱代以臺南地區為
核心臺灣，古典詩作時有所見。赤崁，又稱赤嵌，筆者推測此與二者閩南語
發音相近之故，故清代方志文集資料，二者時常錯雜出現。孫元衡撰有《赤
崁集》，又有〈居赤嵌一載矣計日有感〉之作，如下：

> 心跡經年兩自嗤，一官寒瘦一編詩。躊躇生理流光速，展轉歸期去
> 日遲。瘴氣潛聞花放後，潮聲盈聽月明時。杜康功用真微妙，天地
> 蜉蝣總不知。〔註91〕

〔註89〕此詩收於蘇大山《紅蘭館詩鈔》之《鹿礁集》。上網日期：20141120 網址：
　　　　http://xdcm.nmtl.gov.tw/twp/b/b02.htm。
〔註90〕〈赤嵌文化園區——南故事文化生活圈〉，上網日期：20150831，網址：
　　　　http://www.tainanstory.com.tw/index.php/8-introducing-cultural-park/6-chiqian-cu
　　　　ltural-park。
〔註91〕孫元衡：〈居赤嵌一載矣計日有感〉，上網日期：20141120 網址：http://xdcm.nmtl.
　　　　gov.tw/twp/b/b02.htm。

此詩乃作者來臺已滿一年的感想，其心中陌生感雖不類初來乍到時明顯，卻仍然歸心似箭，故有「躊躇生理流光速，展轉歸期去日遲」之句。「瘴氣潛聞花放後，潮聲盈聽月明時」二句中「瘴氣」、「潮聲」四字加強臺灣的蠻荒、異域之感。「杜康功用真微妙，天地蜉蝣總不知」二句書寫作者居赤嵌時，時常藉助酒來忘卻自身飄泊天涯的無助、無奈。

孫霖（？～？）有〈赤嵌竹枝詞〉十首，詩名亦以赤嵌稱代臺灣——臺南：

其一

竹枝環繞木為城，海不揚波頌太平。滿眼珊瑚資護衛，人家籬落暮煙橫（臺郡以木柵為城，環植刺竹，迄今四十年矣。遇颶風劇，多摧折。是在守土者敷陳妙策，以石易之。綠珊瑚，一名綠玉樹。槎枒交錯，青蔥籬落間，洵異產也。）〔註92〕

「竹枝環繞木為城，海不揚波頌太平」之句呈現地是太平盛世的臺灣府城——海不揚波、以刺竹圍城。「滿眼珊瑚資護衛，人家籬落暮煙橫」二句則是書寫臺灣府城一般百姓人家以綠珊瑚當籬笆的景象，青蔥錯落，別具特色。

宋際春（？～？），福建莆田人。道光十五年（1835）舉人，曾任臺灣府學教官，其〈赤嵌城雜興〉的情感已不似孫元衡宦遊臺灣那樣的失意：

其一

客過長山幾歲歸，鄉書欲寄雁來稀。浮沈地勢蓬萊股，冷暖年光蛺蝶衣。千網集流堪咀嚼，百花違候自芳菲。秋間擬上澄臺望，葉葉桄榔帶夕暉。〔註93〕

由「千網集流堪咀嚼，百花違候自芳菲」二句「堪咀嚼」、「自芳菲」六字，可知作者眼中的臺灣地區仍有值得尋味的美好之處。

其二

赤嵌城圍自遠夷，綠繞珊瑚筆一枝。年光過半衣單袷，野景無多屋半籬。千舶去來都是客，百花開落不拘時。東溟控制資文武，試看

〔註92〕 孫霖：〈赤嵌竹枝詞〉，《臺灣詩乘》，臺灣文獻叢刊，第六四種，卷二，頁82。

〔註93〕 宋際春：〈赤嵌城雜興〉，上網日期：20141120 網址：http://xdcm.nmtl.gov.tw/twp/b/b02.htm。

風飄帥字旗。〔註94〕

「千舶去來都是客，百花開落不拘時」二句點出臺灣地區的特點：海上交通的熱絡、及因爲氣候溫暖使得百花開落不依時序。「東溟控制資文武，試看風飄帥字旗」之句指出只要將臺灣這樣的戰略地點經營妥善，掌握海域就不是難事，此二句呈現作者內心昂揚的士氣。

彰化陳肇興（1831～？）有〈赤嵌竹枝詞〉十首，其中亦有敘及臺南一帶的景色：

綠過羅山喜鵲呼，人家籬落綠珊瑚。朱甍碧瓦連茅屋，合作丹青水墨圖。〔註95〕

陳肇興爲臺灣彰化人，其詩作自然沒有羈旅懷鄉之情。此詩行進路線乃是自彰化至臺南，因而會經過嘉義諸羅山，故有「綠過羅山喜鵲呼，人家籬落綠珊瑚」之句。「朱甍碧瓦連茅屋，合作丹青水墨圖」二句則是進一步地藉由視覺摹寫的手法，給予讀者一個鄉村風景圖。詩裡洋溢著恬靜喜悅的氣息。

從上述明鄭時期至日治的古典詩作中對臺南名稱的書寫來看，「流求」、「毘舍耶」、「雕題」三個名稱皆帶有歷史感、原住民、未開化的特質。「北港」之名，則是較少用來指稱臺南地區，筆者推測可能易與雲林北港區域相混淆之故。而「臺灣」、「東都」、「東寧」、「赤嵌」之名中，又以「東都」爲名之詩作較少出現，或許是其性質與「東寧」相類，卻又不如「東寧」歷時之久之故。

從明鄭時期古典詩中「臺灣」、「東寧」的描述中，可見臺南地區爲臺灣的代稱之地，然而，在詩人的心中，此處仍屬偏遠、化外之區。在反對東進的盧若騰筆中呈現的臺灣是長蛇窟，所以有「夷荒久作長蛇窟」、「往往活葬長蛇腹，何不翩然還故鄉」之語。來到臺南的王忠孝則將此地視爲需要教化的地方，而有「風俗憑徐化，語音以漸通」之言。徐孚遠認爲此地「土民衣服眞如古，荒嶼星河又一天」，對於身處此地有無可奈何之感。沈光文是明鄭時期在臺灣居留最久的詩人，雖爲運會所至，卻也漸漸有安家落戶之感，因而有「並無一事慰相知，占住桃源亦頗宜」之語，其筆下的臺灣已是他心中

〔註94〕宋際春：〈赤嵌城雜興〉，上網日期：20141120 網址：http://xdcm.nmtl.gov.tw/ twp/b/b02.htm。

〔註95〕陳肇興：〈赤嵌竹枝詞〉，《陶村詩稿‧己未‧赤嵌竹枝詞》，臺灣文獻叢刊，第一四四種，頁47。

的桃花源。其中，只有鄭經以此為根據地，所以他詩中的東寧是充滿希望的勝境，有「漢國衣冠萬古同」之志，故有「千山百壑遠橫空」的壯闊之語。

至清朝康熙、雍正、乾隆前期，因為古典詩創作者大都為仕宦之人，重以此時朝廷治理臺灣並不積極，所以對於臺灣的書寫多為異域、化外之區，故筆下有「瘴霧掃開新氣宇，風沙吹改舊容顏」的掃除瘴霧、風沙吹襲的篳路藍縷的路程、有「敢辭遠跡煙波外，博望曾經萬里還」企望回鄉之感、亦有「使者莫嫌風土惡，番兒到處繞車旁」原住民兒童不解世務的化外之景。

到了清朝嘉慶時，胡承珙「小庭風細蝶依花，日午黃蜂亦散衙」之語，表達了詩人清散閒遠之意，亦顯露對臺地風物已不如以往有奇異、陌生之感。隨著時間的推移，臺地的墾植擴及北部、東北部一帶。對臺地的書寫則是多重複相類景象的描摹，如：瘴鄉、原住民習俗，如「一重苦霧一重瘴，人在腥風蜑雨鄉」、「敦厖未改鴻荒俗，丁壯扶犁婦負薪」，皆是此類。

日治時期，古典詩中的東寧是指稱臺南地區，且成為漢文化中的一個懷古代表符號，「今古茫茫無限感，秋風秋雨弔東寧」之句，即是書寫了古典詩的創作者對漢文化的懷念，亦隱約地表達對日本統治的不滿。

第三章　對清朝統治的書寫

第一節　明鄭時期

　　鄭成功在 1661 年到臺灣，意圖使臺灣成爲他反清復明的重要基地。因此明鄭時期古典詩人，對清朝的統治皆是站在反對的立場。在此根據明鄭時期古典詩中反抗清朝統治的部分的書寫加以分析，其中，可分爲反清復明及呈現隱逸心志二類進行討論，分述之。

一、反清復明的書寫

（一）鄭成功

鄭成功（1624～1662）有〈復臺〉，如下：

> 開闢荊榛逐荷夷，十年始克復先基。田橫尚有三千客，茹苦間關不
> 忍離。〔註1〕

「開闢荊榛逐荷夷，十年始克復先基」，首二句書寫爲了建立反清基地花了十年的工夫，而來到臺灣亦是需要克服難關——驅逐荷蘭人，並開闢荊棘。此地屬於當未完全開發的蠻荒地帶，因此前路仍有許多困苦艱難尚需面對。「田橫尚有三千客，茹苦間關不忍離」此二句爲對自己部下的肯定之語。鄭成功以田橫（？～202B.C.）自比，並將自己部下視爲追隨田橫的義士，有情有義，就算是吃盡千辛萬苦仍不忍離去。

〔註1〕　鄭成功：〈復臺〉，《鄭成功‧附錄‧附錄一　延平二王遺集》，臺灣文獻叢刊，
　　　　　第七種，頁 128。

　　而此詩中，鄭成功以田橫自比，期許自己與三千客共同戮力。田橫之事可由《史記‧田儋列傳中》可知：

> 田橫者，狄人也，故齊王田氏族。從兄儋，兄榮。……及項羽王，伐齊，榮敗走，爲平原人所殺。橫乃收齊散兵，得數萬人，反擊項羽於城陽。當是時，劉邦亦攻楚，羽首尾難顧，以故橫復得收齊城邑，乃立田榮子廣爲齊王，相之，專國政。……廣爲漢所虜。橫聞廣死，遂自立，亡走梁地投彭越。後歲餘，劉邦滅項羽，自立爲皇帝，使彭越王梁。田橫懼誅，而與其徒屬五百餘人入海，居島中。高祖聞之，以齊人賢者多附焉，今在海中不收，後恐爲亂，乃使使赦田橫罪而召之。田橫因謝曰：「臣烹陛下之使酈生，今聞其弟酈商爲漢將而賢，臣恐懼，不敢奉詔，請爲庶人，守海島中。」使還報，高祖乃詔衛尉酈商曰：「齊王田橫即至，人馬從者敢動搖者，致族夷！」乃復使使持節具告以詔商狀，曰：「田橫來，大者王，小者乃侯耳；不來，且舉兵加誅焉。」田橫乃與其客二人乘傳詣洛陽。且近，止使者曰：「人臣見天子當洗沐。」私謂其客曰：「橫始與漢王俱南面稱孤，今漢王爲天子，而橫乃爲亡虜而北面事之，其恥固已甚矣。且吾亨人之兄，與其弟並肩而事其主，縱彼畏天子之詔，不敢動我，我獨不愧於心乎？且陛下所以欲見我者，不過欲一見吾面貌耳。今陛下在洛陽，今斬吾頭，馳三十里間，形容尚未能敗，猶可觀也。」遂自剄，令客奉其頭，從使者馳奏之高祖。高祖歎，遂以王者禮葬之。既葬，二客穿其塚旁孔，皆自剄。高祖聞之，大驚，大田橫之客皆賢，使使召其餘客五百人於海島。使至，客聞田橫死，亦皆自殺。〔註2〕

司馬遷（135、145B.C.～86B.C.）在《史記‧田儋列傳》中曾慨嘆：「田橫之高節，賓客慕義而從橫死，豈非至聖，余因而列焉。不無善畫者，莫能圖，何哉？」〔註3〕以田橫的高節稱許之，並以義許其五百賓客。而後世論及田橫時，亦以此許其高節，其客高義。而鄭成功以此自許，可知其心中之節操。衡其

〔註2〕　司馬遷：《史記‧田儋列傳第三十四》，卷九十四，上網日期：20150628，網
　　　　　址：http://ctext.org/shiji/tian-dan-lie-zhuan1/zh。

〔註3〕　司馬遷：《史記‧田儋列傳第三十四》，卷九十四，上網日期：20150628，網
　　　　　址：http://ctext.org/shiji/tian-dan-lie-zhuan1/zh。

所作作爲，禮遇諸王，禮待諸縉紳之士，確然以反清復明爲職志：

奉監國魯王、盧溪王、寧靖王居金門，凡諸宗室，頗贍給之。禮待
諸縉紳避亂而至者，軍國大事時諮詢焉：王忠孝、盧若騰、沈佺期、
辜朝薦、徐孚遠、紀許國等皆其選也。凡有所便宜封拜，乃朝服北
向，遙拜帝座，疏而焚之。其所施爲，鼓動一世。〔註4〕

「凡諸宗室，頗贍給之」，此爲尊重明宗室之舉；「禮待諸縉紳避亂而至者，
軍國大事時諮詢焉」，此爲察納雅言，力圖振作；「凡有所便宜封拜，乃朝服
北向，遙拜帝座，疏而焚之」，皆爲心懷明室之意。如此作爲，可見其反清復
明之意甚爲堅定。

（二）王忠孝

王忠孝（1593～1667）爲渡海來臺之明朝遺臣，雖然來臺時永曆帝（1623
～1662）已經死亡，但他對於鄭經在臺灣建立的基地仍是心存反清復明的希
望，他所寫的〈東寧中秋有感〉即是如此，如下：

今夜東州月，初升月皎皎。晴空杳無雲，碧曜當天炤。四顧望霽輝，
萬戶爭歡叫。爝火難爲光，餘氛莫敢攬。天公似有意，明興爲之兆。

〔註5〕

從月光皎潔，聯想到「天公似有意，明興爲之兆」，可見其振興明朝之心是如
此迫切。又有〈居東首春遙祝聖躬〉之詩，如下：

紫極映黃道，垂裳奠異封。曆綿國步遠，地迥歲華濃。天意護漁藻，
臣心儼鎬雍。遐方布淑氣，海外猶朝宗。〔註6〕

從題目中可見此詩寫作時間在他渡海來臺的第一年，他心心念念地仍是「遙
祝聖躬」，打從心底期盼天意能護祐明朝，所以末句仍言「遐方布淑氣，海外
猶朝宗」，表示雖在海外但仍心繫大明。雖然歷經一番波折，但他的心裡依然
堅定不移，其〈東方首春有懷〉如下：

問余何事渡橫流，爲箇綱常割不休。歲曆忽頒懷舊闕，春英乍放警
新籌。江山別剏雄風壯，書劍猶存灝氣留。佇見陽和迴北谷，何愁
吾道付滄洲。〔註7〕

〔註4〕 川口長孺：《臺灣鄭氏紀事・卷之中》，臺灣文獻叢刊，第五種，頁36。
〔註5〕 王忠孝：〈東寧中秋有感〉，《全臺詩》，第1冊，頁18。
〔註6〕 王忠孝：〈居東首春遙祝聖躬〉，《全臺詩》，第1冊，頁18。
〔註7〕 王忠孝：〈東方首春有懷〉，《全臺詩》，第1冊，頁18～19。

在首春之後不久，再抒發心聲而爲詩：「問余何事渡橫流，爲箇綱常割不休」之句提及爲何東渡來臺的原因，直言「爲箇綱常割不休」，所爭的就是民族大義、華夷之別。「歲曆忽頒懷舊闕，春英乍放警新籌」，鄭經在臺的政權仍是奉明永曆帝的正朔，是以頒歲曆之時自然地會懷念起故國，在這春花盛放的季節裡，正好警惕自己爲新的一年開始做計劃。「江山別剏雄風壯，書劍猶存灝氣留」之句顯示王忠孝對於鄭經的政權帶著美好的期盼，雖然別創江山，但雄風依然壯盛；書和劍都留存著天地之間的浩然正氣。在這裡佇立已久，但仍看到春風暖和之氣迴盪著北方的山谷，如此美好的開始，又何必擔心自己終將遠離官場，而不能爲社稷盡心盡力。其中「何愁吾道付滄洲」乃是用了朱熹（1130～1200）〈水調歌頭〉「永棄人間事，吾道付滄州」典故。此詞作乃是朱熹回到考亭時所作，「永棄人間事，吾道付滄洲」表明自己將要永遠遠離官場世俗，意欲留在滄洲論學講道。因此「何愁吾道付滄洲」，即是表明對於反清復明是深具信心，且願意共同爲此理想付出努力。

因爲背負著如此的理想，努力的王忠孝有〈渡海羈棲〉：

> 奔忙歲月亦云深，鬢裡繁霜肅氣侵。既少隆中豫定略，如何梁甫作幽吟。殊方林壑驚嵬屼，故國黍苗嘆鬱森。年老羈棲知曷極，好堅末節不移心。〔註8〕

「奔忙歲月亦云深，鬢裡繁霜肅氣侵」之句顯示其渡海已有一段時間，白髮也漸多。「既少隆中豫定略，如何梁甫作幽吟」句中以諸葛亮爲例，舉出因爲自己沒有如同諸葛亮一般具有以弱勝強的謀略，又如何像他一般地幽歌〈梁甫吟〉？「殊方林壑驚嵬屼，故國黍苗嘆鬱森」句中表示在這個特殊的地方中林壑高深危險，因爲此地草木是如此蒼翠茂盛，而爲了故國要進行如同召公幫助周宣王完成整治謝邑而出現的黍苗之歌，是有難度的。「年老羈棲知曷極，好堅末節不移心」之句再次強調他的決心，雖然年紀已大，不知何時羈旅他鄉的日子才能結束，不過因爲自己堅強的復國信念將永不改變。此詩呈現作者來臺已經過一段時間了。雖然復國的基地建設有遇到困難，但是他的信念將永遠不變。其支持鄭經政權反清復明的旗幟相當鮮明。

（三）徐孚遠

徐孚遠（1599～1665）有〈陪寧靖集王愧兩齋中〉之詩，頗示其志：

〔註8〕 王忠孝：〈渡海羈棲〉，《全臺詩——智慧型全臺詩知識庫》，上網日期：20141102，網址：http://xdcm.nmtl.gov.tw/twp/b/b02.htm。

軒車夕過喜王孫，呼取黃衫共酒尊。入釣新魚堪一飽，小齋明燭好
深論。龍無雲雨神何恃？劍落淵潭氣自存。飲罷不須愁倒極，還期
珍重在中原。〔註9〕

詩題爲陪寧靖王朱術桂（1617～1683）及王忠孝二人在書齋中，當在金門之
時所作。「軒車夕過喜王孫，呼取黃衫共酒尊」之句與王孫朱術桂相遇而十分
欣喜地呼酒共飲。「入釣新魚堪一飽」之句表示以新釣的魚來宴客雖然簡略，
但也可以讓大家暫時感到不餓。由此句可知其所居之地應在海邊，且糧食取
得不易。「小齋明燭好深論」之句顯示作者開心地與朱術桂及王忠孝深入地談
論如何反清復明之事。「龍無雲雨神何恃？劍落淵潭氣自存」之句表示雖然現
在無法提供最佳的環境讓明朝皇室大展身手，如同「龍無雲雨」、「劍落深潭」，
但龍神、劍氣尚在，只要時機一到，仍有機會大展所能。因此詩人表示「飲
罷不須愁潦倒」，不須憂愁潦倒，大家仍須期待返回中原的那一天，故言「還
期珍重在中原」。

　　徐孚遠又有〈即事〉一詩，期許能有如同李牧一般的將領，能夠破敵：

李牧眞飛將，猶聞守趙邊。此時常笑怯，破敵乃稱賢。何假當三至，
應思入九淵。奇勳成脫兔，羈客且高眠。〔註10〕

此詩藉李牧守邊拒匈奴之事，譬喻滿清猶如北方外族，期待能將其擊破之事
能成眞。徐孚遠有〈東夷〉：

東夷仍小醜，南仲已專征。部落哀劉石，崩奔怯楚荊。況聞蒙面眾，
皆有反戈情。一舉清江漢，何難靖九京。〔註11〕

「東夷仍小醜」指荷蘭人佔據臺灣。「南仲已專征」句以南仲喻鄭成功。南仲
於周宣王時曾征討玁狁。此二句指鄭成功來台驅逐荷蘭人，並以臺灣作爲反
清復明基地之事。「部落哀劉石，崩奔怯楚荊」以劉琨爲典故，認爲鄭成功軍
隊足以使敵人崩潰恐懼。若鄭成功能以驍勇善戰之軍「一舉清江漢」，那靖平
九京又有何困難呢？由本詩觀之，徐孚遠對於鄭成功征臺，並不贊同。又有
〈北馬〉一詩，如下：

〔註9〕　徐孚遠：〈陪寧靖集王愧兩齋中〉，《臺灣詩鈔·徐孚遠·陪寧靖集王愧兩齋中》，
　　　　臺灣文獻叢刊，第二八〇種，卷一，頁13。

〔註10〕　徐孚遠：〈即事〉，《臺灣詩乘·臺灣詩乘卷一》，臺灣文獻叢刊，第六四種，
　　　　頁13。

〔註11〕　徐孚遠：〈東夷〉，《臺灣詩乘·臺灣詩乘卷一》，臺灣文獻叢刊，第六四種，
　　　　頁13。

> 北馬千群至，茲丘仍寂然。晉師今不出，漢過古無先。聞有交綏約，
>
> 何時多壘平？紅旗空自播，未許劚龍泉。〔註12〕

「北馬千群至，茲丘仍寂然」一句表示大量的北馬已到此地，但此地卻沒有動靜。猶如大批的人馬到此處，但這裡依然沒有行動。有反諷鄭成功沒有作為之意。「聞有交綏約，何時多壘平」之句表示雖有交戰的約定，但沒有征伐的動作，何時才能平定中原？「紅旗空自播，未許劚龍泉」，此處只餘紅旗獨自翻飛於空中，而如同晉代張華需要挖掘屬於他的龍泉劍，讓自己如虎添翼的行為，卻一直沒有出現。此詩對鄭成功不戮力向前配合戰事情形表示不滿。

（四）寧靖王朱術桂

朱術桂為明朝宗室而避居臺灣，其遺留下來的詩作只有二首，其中一首為〈佚題〉詩，如下：

> 慷慨空成報國身，厭聞東土說咸賓。二三知己惟群嬪，四十年來又
>
> 一人。宗姓有香留史冊，夜台無愧見君親。獨憐昔日圖南下，錯看
>
> 英雄可與倫。〔註13〕

「慷慨空成報國身」之中「空成」二字可見其內心之失落。在如此的心態之下，厭惡聽到有人跟他述說祖先昔日光榮之事，故言「厭聞東土說咸賓」，其中「咸賓」乃指明朝羅曰褧所著《咸賓錄》，此為地理資料集，書中以明王朝為「天下共主」，所有四方的「虜、夷」都要來覲見朝貢。而朱術桂言及「厭聞」可知其內心對於「復明」並沒有存有希望。「二三知己惟群嬪，四十年來又一人。宗姓有香留史冊，夜台無愧見君親」從開始參與反清的工作至羈旅於臺已有 40 年，知己只有身邊的嬪妃（當指五妃），而其間自己持身反對清朝的節操未曾改變，如此亦足以無愧於君親了。

除了上述的五妃之外，寧靖王在明鄭時期是否有其知己？從康熙時陳元圖（？～？）著有〈寧靖王傳〉云：

> 成功事王，禮意猶有可觀。成功死，授餐之典廢，視等編戶，無以
>
> 資衣食，乃就竹港墾田數十甲，以贍朝晡。鄭氏又從而征其田賦，
>
> 悉索募應，困甚。〔註14〕

〔註12〕徐孚遠：〈北馬〉，《臺灣詩乘·臺灣詩乘卷一》，臺灣文獻叢刊，第六四種，頁 13。

〔註13〕朱術桂：〈佚題〉，《全臺詩》，第 1 冊，頁 67～68。

〔註14〕陳元圖：〈明寧靖王傳〉，《臺灣府志·藝文志·傳》，臺灣文獻叢刊，第六五

從上述記載，「授餐之典廢，視等編戶」，可知朱術桂此時應爲一般平民的身分，因而至竹港墾田謀生，之後亦需繳賦稅，是以對於昔日祖先的榮耀，不願再聽聞的心情是可想而知。而「獨憐昔日圖南下，錯看英雄可與倫」之句，應爲憐惜其身旁妃嬪，因爲她們「錯看英雄可與倫」而致使自身亦將殉節而死。

朱術桂又有〈絕命辭〉一詩，作於鄭克塽降清，而其自經之時：

> 艱辛避海外，總爲幾根髮。於今事畢矣，祖宗應容納。〔註15〕

「艱辛避海外，總爲幾根髮」二句乃指清廷要求漢人薙髮，表示順服。而詩人在此表示不服從清廷的統治。「於今事畢矣，祖宗應容納」二句，乃指守節而死，亦可無愧於祖先，祖先們應該會接納我。言語簡白，卻以其生命呈現文字的力量。在當時亦有多人深深感佩，爲之落淚。如：夏琳《海紀輯要》記載：

> 遂從容自經；妾王氏、袁氏、梅姐、秀姑、荷姐皆從縊以殉。見聞
> 之人，莫不流涕感慕，謂其可與北地王爭烈云。〔註16〕

朱術桂及五妃的殉節，在當時感動了許多見聞的人，莫不流淚感慕，亦可想見其當時之壯烈。

（五）鄭經

鄭經（1642～1681）早年有跟隨其父征戰沙場之舉，當時「反清復明」爲其目標，有〈從軍行〉：

> 壯士喜從戎，年少橫胸臆。雕弓大羽箭，駿馬黃金勒。銳氣衝斗牛，
> 揚揚意自得。揮鞭逐隊去，前往盧龍域。風沙朝暮起，日光變無色。
> 霜雪飄飄下，山河盡填塞。弱冠從軍來，頭髮今半黑。不辭跋涉苦，
> 矢志在爲國。國仇不共戴，直搗轉北極。〔註17〕

「弱冠從軍來，頭髮今半黑。不辭跋涉苦，矢志在爲國。國仇不共戴，直搗轉北極」之句，書寫自20歲之後，即投身軍旅，爲了國家不辭勞苦，如此國仇不共戴天，直至掃蕩北方爲止，其反清復明之意甚明。鄭經初至臺灣之時，反清復明之心甚堅，如《續明紀事本末》所述：

　　種，臺灣銀行經濟研究室，卷十，254。
〔註15〕朱術桂：〈絕命辭〉，《閩海紀要・癸亥・二十二年》，臺灣文獻叢刊，第一一
　　種，臺灣銀行經濟研究室，卷之下，頁78。
〔註16〕（清）夏琳《海紀輯要・癸亥・明朔永曆三十七年》，臺灣文獻叢刊，第二二
　　種，臺灣銀行經濟研究室，卷三，頁78。
〔註17〕鄭經：〈從軍行〉，《全臺詩》，第1冊，頁73。

康熙八年（臺灣仍稱永曆）春，……遺李率泰書：「建國東寧，別立
乾坤，自謂將安於無事；不意閣下驅我叛將，再啓兵端，豈不聞蛇
足之喻？田橫，匹夫耳；猶守義。況世受國恩，承先王之訓者乎！
永世「襲封」之語，豈足移孤臣海外之心哉？」〔註18〕

此爲康熙招降鄭經時，鄭經對清朝使者李率泰（？～1666）的回覆，從「永
世『襲封』之語，豈足移孤臣海外之心哉」之句中，其自稱「孤臣」之語，
可見其仍以明室爲尊。鄭經有〈悲中原未復〉：

胡虜腥塵遍九州，忠臣義士懷悲愁。既無博浪子房擊，須效中流祖
逖舟。故國山河盡變色，舊京宮闕化成丘。復仇雪恥知何日，不斬
樓蘭誓不休。〔註19〕

詩中「胡虜腥塵遍九州」表示女眞的入侵，祖國河山因而殘破不堪。許多忠臣
義士因此滿懷悲憤。然而沒有如同張良一般尋找到大力士可以刺殺滿州皇帝，
因此更應效法祖逖擊楫立誓收復中原。「不斬樓蘭誓不休」之句宣示其反清復明
的決心永不停息。鄭經又有〈滿酋使來有不登岸不易服之說憤而賦之〉之詩：

王氣中原盡，衣冠海外留。雄圖終未已，日夕整戈矛。〔註20〕

此詩「王氣中原盡」表示王氣在中原已經斷絕，「衣冠海外留」意思爲自己的
政權爲中原文化的代表。「雄圖終未已，日夕整戈矛」此二句宣示其反清及收
復中原的雄心壯志並未停止，因此每天都枕戈待旦，直至收復中原爲止。此
詩中已將自己的政權視爲中原衣冠的代表。味其言，其復明之意已弱。

鄭經亦有〈自嘆〉一詩：

自嘆深居在閣中，此心尚欲乘長風。餘閒便舞雙飛劍，無事常彎兩
石弓。龍伏紫淵猶未出，鳳棲碧樹且謾衶。待時若遇紅雲起，奮翼
高騰大海東。〔註21〕

「自嘆深居在閣中，此心尚欲乘長風。餘閒便舞雙飛劍，無事常彎兩石弓」
此四句表達其有遠大志向，然而環境尚未允許，只能在餘閒時勤練武事，以

〔註18〕 倪在田：《續明紀事本末・閩海遺兵》，臺灣文獻叢刊，第一三三種，卷之七，
頁 183～184。
〔註19〕 鄭經：〈悲中原未復〉，《全臺詩——智慧型全臺詩知識庫》，上網日期：
20141102，網址：http://xdcm.nmtl.gov.tw/twp/b/b02.htm。
〔註20〕 鄭經：〈滿酋使來有不登岸不易服之說憤而賦之〉，《全臺詩——智慧型全臺詩
知識庫》，上網日期：20141102，網址：http://xdcm.nmtl.gov.tw/twp/b/b02.htm。
〔註21〕 鄭經：〈自嘆〉《全臺詩》，第 1 冊，頁 130。

待他日不時之需。「龍伏紫淵猶未出，鳳棲碧樹且謏翀。待時若遇紅雲起，奮翼高騰大海東」四句以龍伏紫淵、鳳棲碧樹自喻，只待時機到，將奮翼高飛。由此詩看來，其反清之意甚重，但已較偏重於自己的志向。其〈不寐〉之詩亦表達其因爲反清的憂思，而難以入眠，如下：

　　　寂寞常不寐，中夜獨長吁。腥氛滿天地，中原盡狼胡。政令出群小，

　　　誅戮皆無辜。萬姓遭狼毒，誰能振臂呼。聞風常起舞，對月問錕鋙。

　　　聽潮思擊楫，夜雪憶平吳。遵養待時勤，組練十萬夫。〔註22〕

「寂寞常不寐，中夜獨長吁」獨自不寐，顯示其心中之憂思難以言喻、亦難對人言。「腥氛滿天地，中原盡狼胡」表現中原地區爲滿州人所佔的書寫。「政令出群小，誅戮皆無辜」書寫明朝末年小人當道，無辜的忠臣被殺，以致於中原地區失守。此句隱含對晚明政局的不滿。「萬姓遭狼毒，誰能振臂呼」之句顯示眾多百姓皆在受苦之際，誰是振臂高呼、救百姓於水火之中的人呢？此句有慨然自任之意。「聞風常起舞，對月問錕鋙。聽潮思擊楫，夜雪憶平吳。遵養待時勤，組練十萬夫」此六句意謂自己將如祖逖一般枕戈待旦、聞雞起舞，在這段等待的時間裡，組練十萬大軍，揮軍北上。此詩鄭經以祖逖自比，其反清之意甚爲堅定。惟詩中對於明朝皇室已有隱責之語。

　　鄭經〈臨江〉之詩，亦呈現其個人抱負之意：

　　　俯臨長江水，洋洋萬里波。星辰若維繫，天地盡包羅。蛟龍翻浪舞，

　　　乘朝拜白鼉。無限秋景色，起詠大風歌。〔註23〕

「俯臨長江水，洋洋萬里波。星辰若維繫，天地盡包羅。蛟龍翻浪舞，乘朝拜白鼉」此六句，乃其自樓上望臺江內海之景，海景壯闊，浪濤洶湧，使其豪興大發，而下接「無限秋景色，起詠大風歌」之句。如此遼闊的秋天景觀，使得鄭經起詠「大風歌」。「大風歌」爲劉邦所唱，其內容爲：「大風起兮雲飛揚，威加海內兮歸故鄉。安得猛士兮守四方？」詩中前二句盡顯其王霸之氣，而第3句表現其渴求猛將以安邦定國之意。而鄭經在此詩中吟詠「大風歌」，其稱王之意甚明。又有〈贊漢高帝〉：

　　　群英起逐鹿，壯志出從戎。手執斷蛇劍，身跨追電驄。瑞雲芒澤上，

　　　紫霧碭山中。破楚還豐沛，狂歌聲氣雄。〔註24〕

<hr>

〔註22〕鄭經：〈不寐〉，《全臺詩》，第1冊，頁85。

〔註23〕鄭經：〈臨江〉，《全臺詩》，第1冊，頁81。

〔註24〕鄭經：〈贊漢高帝〉，《全臺詩》，第1冊，頁110。

其詩中稱揚漢高祖（247B.C.～195B.C.）逐鹿天下，手持寶劍、身跨駿馬，破楚歸鄉，狂歌聲雄之舉，亦可視爲鄭經內心欲爲之事。其「狂歌聲氣雄」，所歌者即爲「大風歌」，其自立爲主的心甚明。鄭經〈詠史〉：

> 屏列左右皆圖史，俱備古今臧與否。春秋直筆魯仲尼，百事三皇五
> 帝起。大舜殛鯀於羽山，夏禹勳成藏父鄙。桀虐肉林酒爲池，成湯
> 放桀誅妹喜。殷受始作炮烙刑，周武會師殺妲己。漢高豐沛興義師，
> 群英蜂起逐鹿麂。三國分爭鼎足成，司馬篡位奪玉璽。晉朝諸子孫，
> 皆可爲犬豕。晉末五胡亂中原，太宗始出冒鋒矢。唐後五代多篡弒，
> 人君猶如朝露水。宋祖陳橋袍加身，息兵杯酒不多齒。高宗南渡將
> 如林，甘心臣貢而不恥。奸臣誤國害忠良，信讒不悟信到死。歷代
> 興亡盡於茲，爲君可不寒骨髓。〔註25〕

「屏列左右皆圖史，俱備古今臧與否」之句表示在其書房之中有列有歷代之史書，以供自己臧否，引爲借鏡。之後列舉各代皇帝，並加以品評。「奸臣誤國害忠良，信讒不悟信到死」之句，總結亡國之君爲何會亡國的結論，就是誤信讒言而害死忠臣。而「歷代興亡盡於茲，爲君可不寒骨髓」之句，則是以君王立場來自我警惕。鄭經〈讀喜達集有感依諸公韻成篇〉，亦有相同立場：

> 避塵島上春十更，諸人半屬朝公卿。空落天子死社稷，廷臣惟有歎
> 數聲。風波不歷徒言苦，百折未經何忠貞。亦有松柏終歲暮，半如
> 蜉蝣求此生。安危未至先人望，患難臨頭已自行。人言反覆偏無定，
> 蓋棺纔定死後名。〔註26〕

《喜達集》今已不存，惟盧若騰《島噫詩》一書中有〈喜達集序〉：

> 夫君臣之義，率土莫逃。然有白其心，即已盡其事者；有未成其事，
> 終不可謂盡其心者：所處之地不同也。書生未沾一命，而苦節爲貞，
> 十年不字、間關萬里以酬從王之願，其於綱常名教，裨益宏多。若
> 夫大河者，可謂之能白其心也已、可謂能盡其事也已！〔註27〕

其內容乃敘及君臣之義，約可分爲有白其心者，有盡其事者，亦有未成其事，亦難以稱其盡其心者。而鄭經讀《喜達集》心中有所感而賦詩，所感者何？

〔註25〕鄭經：〈詠史〉，《全臺詩》，第1冊，頁100。
〔註26〕鄭經：〈讀喜達集有感依諸公韻成篇〉，《全臺詩》，第1冊，頁106。
〔註27〕吳島校釋，盧若騰著：《島噫詩校釋》，〈喜達集序〉，台灣書房出版有限公司，
2003年，頁312。

即此在臺灣時所見聞的君臣之義，「避塵島上春十更，諸人半屬朝公卿。空落天子死社稷，廷臣惟有歎數聲」開頭四句，說明居臺已 10 年，許多人都是明朝晚期的官員。當時天子殉節，朝廷之臣卻只有數聲長嘆。「風波不歷徒言苦，百折未經何忠貞。亦有松柏終歲暮，半如蜉蝣求此生。安危未至先人望，患難臨頭已自行」六句中言及有些人如松柏後凋，節操可表；而大半的人卻如同蜉蝣求短暫此生安飽即可。往往患難臨頭時，拋下同袍而自行離去。「人言反覆偏無定，蓋棺纔定死後名」之句說明鄭經心中的感慨：人言不可信，一切必須等到日後蓋棺才能論定。從鄭經論此詩的立場，似站在高處而論身邊諸臣，且其中對於諸臣仍充滿強烈的不信任感。無怪其於詩集中時常流露出孤獨寂寞之感。

二、隱居

隱居是一種生活型態的選擇，是一種消極處世的態度，自伯夷、叔齊隱居於首陽山而死之後，亦是一種政治態度中對於當權者不合作、不贊同的表態。南明諸遺老及鄭經皆有此類隱居詩的書寫。茲分別探討。

（一）徐孚遠隱居的書寫

徐孚遠有〈書懷〉一首，書寫居島已久的消極感受：

> 昔日衣冠今渺茫，島居一紀又寒裳。移家不惜鄉千里，種秫何嫌水一方。地理未經神禹畫，醫書應簡華佗囊。餘年從此遊天外，知是劉郎是阮郎。〔註28〕

「昔日衣冠今渺茫，島居一紀又寒裳」之句顯示其離鄉已達 12 年，在此當中，感覺昔日作官之景已離現在很遙遠，只能在島上過著相當拮据的生活。「地理未經神禹畫」之句顯示此處非在中國原先版圖之中。「餘年從此遊天外，知是劉郎是阮郎」之句，以劉晨、阮肇來譬喻自己，遠遊仙鄉，為化外之民。其歸隱之意甚明。

徐孚遠有〈懷雪嵩〉：

> 海外之海邊人稀，家人散盡獨居夷。估客疊來懷抱惡，小樓坐去歲華馳。

〔註28〕徐孚遠：〈書懷〉，《全臺詩——智慧型全臺詩知識庫》，上網日期：20141102，
網址：http://xdcm.nmtl.gov.tw/twp/b/b02.htm。

夙昔嗟君心膽壯，鷹驅鶩擊不相讓。太分清濁保身疏，惠恕譴死仲翔放。〔註29〕

雪嵩即常壽寧（？～？），爲徐孚遠同鄉，後爲鄭成功之察言官，被遣至臺灣，如下：

> （丁酉，順治十四年、海上稱永曆十一年）察言官常壽寧（原刊爲陸察常壽密）啓户官鄭泰乾沒洋船銀一萬，查皆失實。泰言此人必係奸細，往往離間藩下左右用事之人；又聞其受賄形狀。賜姓大怒；念其嵩江世胄，一家四十餘口起義被殺，憐其年老，免刑，幽置而死。〔註30〕

常壽寧因諫鄭泰（？～1663）私吞洋船銀一萬，被鄭成功查爲失實，而遣至臺灣，其幽置而死。徐孚遠有詩句「太分清濁保身疏，惠恕譴死仲翔放」，其中惠恕即三國張溫（？～191），爲孫吳立功，卻被孫權（182～252）所忌，而被譴回家鄉，隔年病死。仲翔爲三國虞翻（164～233），因剛直犯顏直諫而被孫權流放。徐孚遠以此二人比喻常壽寧，一方面爲其抱屈，一方面也表達了對鄭氏不滿。

徐孚遠〈東寧詠〉一詩，亦表達其隱逸之意：

> 自從飄泊臻茲島，歷數飛蓬十八年。函谷誰占藏史氣，漢家空歎子卿賢。土民衣服眞如古，荒嶼星河又一天。荷鋤帶笠安愚分，草木餘生任所便。〔註31〕

「歷數飛蓬十八年」之句，顯示其未回家鄉已達 18 年之久。「漢家空歎子卿賢」，顯示己身亦無用於當世。「荷鋤帶笠安愚分，草木餘生任所便」之句，亦是呈現消極應世之態。其〈陪飲賦懷〉表達隱居之意：

> 問余東向亦何爲，屢與王侯泛酒卮。夙昔襟期空自許，於今行跡有誰知。年衰難入驅羊夢，衣敝常多捫蝨時。明歲土膏應早發，好隨陶亮共扶犁。〔註32〕

〔註29〕徐孚遠：〈懷雪嵩〉，《臺灣詩乘・臺灣詩乘》，臺灣文獻叢刊，第六四種，卷一，頁 12。

〔註30〕阮旻錫：《海上見聞錄・海上見聞錄卷一・順治十四年》，臺灣文獻叢刊，第二四種，卷一，頁 24。

〔註31〕徐孚遠：〈東寧詠〉，《臺灣詩乘・臺灣詩乘卷一》，臺灣文獻叢刊，第六四種，頁 11。

〔註32〕徐孚遠：〈陪飲賦懷〉，《臺灣詩鈔・徐孚遠・陪飲賦懷》，臺灣文獻叢刊，第二八〇種，卷一，頁 11。

「夙昔襟期空自許，於今行跡有誰知」之句顯示其對於以往恢復明朝的雄心
壯志已不懷希望，自己現今的行踪去向亦不被關心。「明歲土膏應早發，好隨
陶亮共扶犁」，雖然過著貧苦的生活，作者於末句之中，仍以陶淵明耕讀生活
來自喻，顯現其仍有獨善其身之襟懷。

（二）鄭經隱居的書寫

　　鄭經雖爲臺灣的當權者，然而他的寂寞在詩歌裡經常出現。如〈東壁樓〉
中曾說過：「聽政餘閒覺寂寞，寄情山水墨翰筵」〔註33〕，在聽政餘閒仍深覺
寂寞，只好寄情於山水及墨翰之間來抒懷。其〈秋夕書懷〉「排解憂鬱情，煙
月籠菡萏」〔註34〕、〈遣憤〉「閒行遣興聊排解，鬱抑餘懷一筆刪」〔註35〕皆
是如此的呈現。然而有時仍需藉酒以消愁，故有〈寄興〉「更闌獨坐生愁緒，
酒短悲長臥翠屏」〔註36〕之句。爲何徜徉山水之間，可以消愁？其詩〈花柳
更無私〉「人情偏不定，花柳更無欺」〔註37〕或許可以視爲其中一解。因爲人
情反覆不定，只有花柳等自然美景不會偏私、不會背反，徜徉其中，可以解
憂忘愁。其間，所呈現的是鄭經對於人的不信任感相當強烈，因爲認爲人不
可信，是以寂寞，終而想要遠離不可信、糾葛繁擾的人事之中。其詩〈夜坐　得
吟字〉，即是徜徉於自然美景之中，心中所得到的超脫，如下：

> 夜深常獨坐，寂寞自長吟。草閣依青渚，紗窗對碧潯。柳枝梳宿靄，
> 桐葉結重陰。雲暗杏梅嶺，雨霏松竹林。風霾煙漠漠，天黑氣沉沉。
> 雨霽若堪見，雲歸何處尋。清流浮遠漢，明月掛高岑。虛籟依空勤，
> 輕輝入座臨。水亭蓮馥度，山室月痕侵。汲澗燃新茗，開窗撫古琴。
> 幽香蘭蕙馥，清響石泉音。坐久夜將永，露滋更已深。草光濕襪履，
> 嵐氣透衣襟。山水夜多寂，醇醪我獨斟。因風忽有感，對景覺難禁。
> 世事惟朝暮，風光無古今。欲消塵俗念，一醉洗吾心。〔註38〕

因爲不寐而起身到戶外行走，得到的結論是：「世事惟朝暮，風光無古今。欲
消塵俗念，一醉洗吾心」，在山水之中，一切都顯得單純，所以，鄭經喜歡遠
離人群的紛擾。其又有〈卜居〉一詩：

〔註33〕鄭經：〈東壁樓〉，《全臺詩》，第 1 冊，頁 137。
〔註34〕鄭經：〈秋夕書懷〉，《全臺詩》，第 1 冊，頁 77。
〔註35〕鄭經：〈遣憤〉，《全臺詩》，第 1 冊，頁 138。
〔註36〕鄭經：〈寄興〉，《全臺詩》，第 1 冊，頁 76。
〔註37〕鄭經：〈花柳更無私〉，《全臺詩》，第 1 冊，頁 119。
〔註38〕鄭經：〈夜坐　得吟字〉，《全臺詩》，第 1 冊，頁 153。

世情日趨下，風景異古初。習俗多驕悍，善道弗艦檔。朋黨互相稱，
崛強者揮鋤。兵革無休息，仰天徒欷歔。焦思常不寐，一夜三起予。
欲得庶事稱，宜先擇人居。〔註39〕

因為世風日下，而臺灣此地習俗仍有驕悍之氣，動輒暴力相向，在此環境下，
時常因為心焦而無法睡覺。因而深覺若要日常庶事稱心如意，應當要選擇一
個好居處。其〈一室〉一詩，則是書寫到山中找到一個幽靜之地，如下：

世俗真堪避，空山結茅區。竹床橫紙被，席簾蔽桑椹。吟來聊騁寄，
酒盡還賒酤。醉狂自掉臂，白首與天徒。家無一日積，甑中多生塵。
生來山水癖，風月作四鄰。蟋蟀鳴聲恣，芳林鳥呼頻。放縱無所畏，
窮愁讀殘書。讀倦常假寐，醒來望清虛。流星四野墜，狂風吹敝廬。
驟雨忽傾注，屋漏無安棲。寒風侵葛帔，渾身覺淒淒。垂足無乾地，
一室盡濘泥。欲睡不得睡，疏茅透朝曦。紅日收紫眾，披衣開竹門。

〔註40〕

由「世俗真堪避，空山結茅區」，可知其意欲於山中居住之緣由在於要躲避世
俗的煩擾。其接下來的仔細地細述在山居生活中的所見所感、所居所處。生
動地呈現避世生活的各個面向。其〈幽居〉一詩，亦是如此敘述，如下：

避塵隱深山，出入扶藜杖。歧路荒草掩，親朋無相訪。靜坐幽谷裏，
日在碧流傍。青山橫聳起，環列如屏嶂。杉松萬重翠，惟聞鳥聲唱。
孤山人到少，麋鹿堪為伉。瀟灑雲煙外，登臨憑四望。長嘯巖谷應，
心清任曠放。草廬橫石床，寄傲島安暢。景幽絕世塵，日日獨醉忘。

〔註41〕

「避塵隱深山，出入扶藜杖」，從以上二句的描述，若不知作者為鄭經，或真
以為作者年紀已大，是以需要藜杖作為行走出入的頭髮斑白、頹頹老矣的老
者。顯示鄭經心境已蒼涼，顯得暮氣沉沉。「歧路荒草掩，親朋無相訪。靜坐
幽谷裏，日在碧流傍」如此地描述雖然幽靜，卻也淒清。「青山橫聳起，環列
如屏嶂。杉松萬重翠，惟聞鳥聲唱。孤山人到少，麋鹿堪為伉」，書寫山中所
處的環境為人煙罕至，麋鹿為群。「瀟灑雲煙外，登臨憑四望。長嘯巖谷應，
心清任曠放。草廬橫石床，寄傲島安暢。景幽絕世塵，日日獨醉」，此八句敘

〔註39〕 鄭經：〈卜居〉，《全臺詩》，第1冊，頁82。
〔註40〕 鄭經：〈一室〉，《全臺詩》，第1冊，頁83。
〔註41〕 鄭經：〈幽居〉，《全臺詩》，第1冊，頁74。

寫人的活動，因為與世隔絕，是以「心清任曠放」，悠遊於大自然中，可以解
憂忘俗。其〈野居〉亦表達同等的心境：

> 野外結幽居，臨流復倚樹。高低雜峰巒，靄靄皆雲霧。山徑少車馬，
> 惟有牧樵度。泉多瀑布飛，天晴聞風雨。瀠洄動龍蛇，遊鱗常逆泝。
> 來往漁人舟，終年住歲暮。漁父與樵童，時時頻相顧。興起閒遊行，
> 到處成佳句。自得意悠悠，休與俗者晤。〔註42〕

「野外結幽居，臨流復倚樹。高低雜峰巒，靄靄皆雲霧。山徑少車馬，惟有
牧樵度」此六句書寫其幽居於山林之中，所環繞的乃是河流與樹林、山巒與
雲霧。會到此處的人只有牧人及樵夫，相當幽靜。「泉多瀑布飛，天晴聞風雨。
瀠洄動龍蛇，遊鱗常逆泝。來往漁人舟，終年住歲暮」六句書寫河邊有瀑布，
是以天晴時仍有風雨水氣相伴，在河水中有魚、蛇等水中生物在游動。而捕
魚的漁夫亦有時會乘著漁舟來到此處。「漁父與樵童，時時頻相顧。興起閒遊
行，到處成佳句。自得意悠悠，休與俗者晤」此六句書寫往來的人只有漁父
及樵童，而幽居山中的作者，在此生活，悠然自在。〈山水有清音〉之詩，亦
是陳述獨居的清幽：

> 結草絕塵外，心與白雲閒。幽靜人到少，竹門時不關。林深多鳥囀，
> 風松出空山。濯足臨清流，坐石聽潺湲。群籟奏清響，近出山水間。
> 側耳聆幽韻，日夕不知還。〔註43〕

「結草絕塵外，心與白雲閒。幽靜人到少，竹門時不關」書寫山居生活中不
需防備於人的悠閒自在。「林深多鳥囀，風松出空山。濯足臨清流，坐石聽潺
湲」寫人的行動，「濯足」與「坐石」都是幽隱的常見意象。其〈遣興〉一詩，
則以嶺上雲松作知音，可見其人世之中，並無可信賴的對象：

> 遣興閒行遶芳徑，輕風拂樹落花深。紛紛賸馥微吹散，蝴蝶翩翩亂
> 重尋。亭外碧溪流大壑，樓前白雲落故岑。日入將昏明霞接，夜靜
> 焚香拂素琴。清聲獨向空山裏，嶺上雲松作知音。石室幽房人到少，
> 碧窗惟許月痕侵。〔註44〕

末四句「清聲獨向空山裏，嶺上雲松作知音。石室幽房人到少，碧窗惟許月
痕侵」，呈現作者心中的蕭條淒清之景。其〈感遇〉一詩，亦表達歸隱之意，

〔註42〕鄭經：〈野居〉，《全臺詩》，第1冊，頁88。
〔註43〕鄭經：〈山水有清音〉，《全臺詩》，第1冊，頁87。
〔註44〕鄭經：〈遣興〉，《全臺詩》，第1冊，頁93。

如下：

> 彈鋏歸來臥素林，幽閒聊以清吾心。山空地僻絕塵事，泉咽鳥暄和
> 雅琴。興起逍遙任步履，景添風韻遂題吟。寄辭爲謝利名客，何若
> 投簪坐綠陰。〔註45〕

「彈鋏歸來臥素林」以馮諼之典，呈現其不被重用的心緒，其幽隱仍須遣憂，
是以「山空地僻絕塵事，泉咽鳥暄和雅琴。興起逍遙任步履，景添風韻遂題
吟」之句爲其遣憂之舉。「寄辭爲謝利名客，何若投簪坐綠陰」則是表達了謝
絕只爲名利而奔走的客人，自此之後當坐綠陰之下的隱居之人。而隱逸生活
中最常見的的人物爲漁父與樵父，此二者皆爲鄭經詩中吟詠的對象：

樵父詞

> 惟見一樵父，暮暮礪斧斤。朝出入雲霧，長友麋鹿群。丁丁聲不息，
> 落葉何繽紛。山深樹叢杳，幽泉時聽聞。閒去濯青澗，倦來臥綠芬。
> 樵路無遠邇，多在山岨巖。歌聲出幽林，日暮歸田里。世事任安危，
> 歲月相終始。〔註46〕

漁浦

> 江浦青青江水洋，兩岸錯落漁人鄉。竹籬荒徑映晚日，江村草舍宿
> 春光。遠出漁舟暮還集，楊柳垂陰半遮藏。雲澹風輕水自靜，溪深
> 流漫月與長。世事紛紛朝夕改，莫若泛舟作漁郎。〔註47〕

樵父徜徉山林，而可以有「世事任安危，歲月相終始」的生活；漁父徘徊水
澤之上，亦是過著「雲澹風輕水自靜，溪深流漫月與長」的日子。對於身處
「世事紛紛朝夕改」的人事紛擾糾葛中的鄭經，是如何的欣羨。而歸隱山林
的妙處乃在於可以讓人忘卻俗念，是以鄭經有〈洗心〉：

> 高臥幽山裏，日與林木窘。懸崖垂雙澗，千峰隱白雲。遣興步溪石，
> 清流激湍聞。樹陰乘晚涼，百鳥聲呼群。形留同巖谷，方寸絕塵氛。
>
> 〔註48〕

「高臥幽山裏，日與林木窘。懸崖垂雙澗，千峰隱白雲」四句書寫身處山林，

〔註45〕鄭經：〈感遇〉，《全臺詩——智慧型全臺詩知識庫》，上網日期：20141102，
　　　　網址：http://xdcm.nmtl.gov.tw/twp/b/b02.htm。
〔註46〕鄭經：〈樵父詞〉，《全臺詩》，第1冊，頁87。
〔註47〕鄭經：〈漁浦〉，《全臺詩》，第1冊，頁104。
〔註48〕鄭經：〈洗心〉《全臺詩》，第1冊，頁77。

鎮日所見爲幽山林木、懸嶺瀑布、白雲繚繞之景。「遣興步溪石，清流激湍聞。樹陰乘晚涼，百鳥聲呼群」四句則是書寫其悠遊其中的快樂，可以散步、乘涼、聆聽鳥鳴及流水的樂章。是以最後「形留同巖谷，方寸絕塵氣」二句書寫心中俗慮已被滌除之樂。鄭經又有借用唐人詩句以爲詩題，如〈坐看雲起時〉：

> 日日閒坐釣月磯，終朝惟把雲作衣。深谷重霧密舒卷，盡蔽晨光而熹微。芳林靉靆傍根起，高山碧翠搖煙霏。千峰縹緲連霄漢，去留無定孰是非。〔註49〕

此詩題爲「坐看雲起時」，乃是王維名句，其上句爲「行到水窮處」。詩人以此爲題，當爲行到水窮處之時，內心有所紛擾，是以藉由坐看雲的變幻萬千，以解自己心中之憂。故其末句言「去留無定孰是非」，亦指自身無意再去管孰是孰非。其〈獨釣寒江〉，亦是化用柳宗元（773～819）詩句以名其詩：

> 笠簑漁父駕孤艎，淅瀝秋風荻絮颺。戲水群魚隨桂槳，語人雙燕遶牙檣。飄飄鼓棹入雲霧，渺渺垂絲冒雪霜。滿載歸來明月浦，逍遙酌罷詠滄浪。〔註50〕

柳宗元〈江雪〉一詩全句爲「獨釣寒江雪」，鄭經刻意隱去此字，製造出一種令人深思的波折，頗耐人尋味。其所釣者爲何？「淅瀝秋風荻絮颺」點出爲秋季，當不爲雪。「戲水群魚隨桂槳，語人雙燕遶牙檣」之句的書寫，可知魚兒甚夥，不至於毫無收穫。「逍遙酌罷詠滄浪」以滄浪來喻歸隱之心，亦甚明晰。

　　鄭經身爲領導者，一方面具有反清自任的雄心壯志，一方面卻有大量的隱逸之詩，其性格之矛盾與多元，頗令人同情、玩味。

（三）沈光文隱居的書寫

　　沈光文是晚明遺老中早到達臺灣的人。然而，因爲1663年對於鄭經在臺的政權有所批評，而不見容於南明政權。在流寓他鄉的生涯中，沈光文表達堅持節操的行止。他在1654年有〈隩草（戊戌1654仲冬和韻）〉之作，其中呈現其離鄉卻堅持節操的志節，如：

> 一自椎秦後，同人在海山；冠裳不可毀，節義敢輕刪！受凍頻堅骨，

〔註49〕鄭經：〈坐看雲起時〉《全臺詩》，第1冊，頁95。
〔註50〕鄭經：〈獨釣寒江〉，《全臺詩》，第1冊，頁138。

櫻霜茂長顏。南陽高臥穩，罔識世途艱。〔註51〕

「一自椎秦後，同人在海山」一句表示在參與抗清的起義事件後，遠離他鄉，居住出海外山中。「冠裳不可毀，節義敢輕刪！受凍頻堅骨，櫻霜茂長顏」四句書寫其心中的節操不因挨餓受凍而有所改變。「南陽高臥穩，罔識世途艱」書寫在高山之中，不管世途是否艱險，依然持志如故。

沈光文1659年亦有相類的詩，如〈己亥除夕〉：

修門遙遙路難通，古來擊楫更誰同？也憐簞空嗟無告，猶鋤堅持冰雪操。〔註52〕

「修門遙遙路難通，古來擊楫更誰同？」二句表達其羈旅他鄉，意欲投身抗清行列的焦灼、無奈，也在慨嘆同伴之難尋。「也憐簞空嗟無告，猶鋤堅持冰雪操」二句書寫其內心的節操不會因為貧窮飢餓而猶所改變。其悲壯無奈，溢於言表。

沈光文書寫隱逸之詩，時常伴隨著飢餓的書寫，可見其艱難的處境，如〈慨賦〉一詩，如下：

憶自南來征邁移，催人頭白強扶持。樂同泌水風何冷，飲學秋蟬露不時。最幸家貧眠亦穩，堪憐歲熟我仍飢。仰天自笑渾無策，欲向西山問伯夷。〔註53〕

「樂同泌水風何冷，飲學秋蟬露不時」之句中，「樂同」意謂樂在其中，卻又接續「風何冷」，而學秋蟬飲露之句皆有清高之意，亦有苦中作樂之感。「最幸家貧眠亦穩，堪憐歲熟我仍飢」，二句亦延續著上二句的苦中作樂，卻深有飢餓難耐之苦。末句「欲向西山問伯夷」之句，表明其堅持節操，卻又難忍飢餓的無奈。

後來，沈光文因避鄭經政權而隱於加目灣，而有〈至灣匝月矣〉：

閉門只是愛深山，夢裡家鄉夜夜還；士學西山羞不死，民非洛邑敢居頑。羈棲塵市依人老，檢點詩書匝月閒。究竟此身無處著，每因散步到禪關。〔註54〕

〔註51〕沈光文：〈隩草（戊戌1654仲冬和韻）〉，《臺灣詩鈔·沈光文·隩草》，臺灣文獻叢刊，第二八○種，卷一，頁3。
〔註52〕沈光文：〈己亥除夕〉，《全臺詩——智慧型全臺詩知識庫》，上網日期：20141102，網址：http://xdcm.nmtl.gov.tw/twp/b/b02.htm。
〔註53〕沈光文：〈慨賦〉，《臺灣詩乘》，臺灣文獻叢刊，第六四種，卷一，頁3。
〔註54〕沈光文：〈至灣匝月矣〉，《重修臺灣府志·藝文（四）·詩（一）·至灣匝月矣》，

「閉門只是愛深山，夢裡家鄉夜夜還」敘其避居深山，只是因為深山之幽靜，而心中心心念念地只是想回故鄉。味此言，其於當權者是誰，已無意見，只要能回家鄉即可。薙髮對他而言，已沒有太大意義，因為此時的他是以「僧」的外貌面對人世。「士學西山羞不死」之句，顯示其心中之悲傷，無法與伯夷、叔齊等一般守節而死，對他來說亦有著莫名的尷尬。如此隱居，有著根著無處的憂傷。

其有〈大醉示洪七峰〉一詩，亦呈現心中的悔恨：

> 今日蠱休文，大不合時宜；只知作桀犬，降表竟莫爲。蹈海苦不死，
> 患難徒相隨。信友本事親，絕裾悔難追。家亦有薄田，棄之來受饑。
> 何敢與人爭，志氣似難隳。天水有名臣，北海使節持；厥孫居此地，
> 堅操更標奇。我欣與之交，廿六載於茲。兔園誰賦雪，平原會可期！
> 欲學樊將軍，巵酒安足辭！浮白笑難老，醉言自覺癡。問途已若此，
> 且讀「谷風」詩。〔註55〕

面對現實人生中的尷尬，沈光文自嘲地說：「且讀「谷風」詩」。〈谷風〉詩爲《詩經・國風・邶風》的篇名，爲一首棄婦之詩。可知沈光文自比爲棄婦，內心仍有許多悲涼。在滿清的政權下，雖不用躲躲藏藏，然而畢竟是故國的敵對方。是以，其內心的矛盾、哀傷是無法言喻。

清人季麒光（？～？）在《蓉洲文稿》中曾提及沈光文：

> 余自甲子（1684）冬月渡海，僦居僧舍，即晤斯菴先生。見其修髯
> 古貌，骨勁神越，雖野服僧冠，自非風塵物色。叩之，知爲四明舊
> 同卿，當酉戍以後（1645～1646）播遷鎖尾，辛乃遁跡海外，以寄
> 其去國之孤蹤者也。……在斯菴三十年來飄零番島，故人凋謝，地
> 無同志，以余非聾非瞽，能伸紙濡毫，略知古今遺事，遂不我遐棄，
> 忘年締好。余亦以海天荒陋，人鮮知音，得斯菴於山雲海月瘴雨蠻
> 煙之外，以未謝之先型，訂同心於異地。自是兩人之交日深，情好
> 日篤，而倡訓思慕之句，亦日往來不輟。〔註56〕

因爲意氣相投，詩人成立「東吟社」，與時人相唱和。季麒光之後亦有言：

　　　臺灣文獻叢刊，第一〇五種，卷二十三，頁729。

〔註55〕沈光文：〈大醉示洪七峰〉，《重修臺灣府志・藝文（四）・詩（一）・大醉示洪
　　　七峰》，臺灣文獻叢刊，第一〇五種，卷二十三，頁726。

〔註56〕季麒光：〈《沈斯菴詩》敘〉，《蓉洲詩文稿選輯》，（香港：香港人民出版社，
　　　2006年），頁91～92。

　　　從來臺灣無人也，斯菴來而始有人矣。臺灣無文也，斯菴來而始有
　　　文矣。〔註57〕

其推崇若許。而沈光文之身世遭遇，亦甚奇特，其身處異朝之尷尬無奈的心
境，讓日治時期的古典詩人時常心有戚戚焉，而有憶懷沈光文之詩作。

第二節　清領時期

一、接受

　　清朝於康熙 22 年收復臺灣，臺灣自此康熙 22 年（1683）至乙未割臺
（1895）進入清領時期。古典詩的創作者多爲宦遊詩人，是以詩中對清朝統
治的接受自是時時可見。可概分爲對清王朝的歌頌及對明鄭的批評。茲舉要
分別論述之。

（一）對清王朝的歌頌

　　對清王朝的歌頌，多是表現在稱讚王師、王朝、王朝聲教、太平盛世的詞
語。在清領初期及中期的詩人，多半都是採取這樣的立場，茲舉要分述如下。

　　江日昇（？～？），《臺灣外記》的作者，他在〈評臺灣收入版圖永爲海
外文物富饒之邦〉，表達了對清統治的擁護之意：

　　　新聞天南海外方，人民安堵不須忙。雨順風調昇平福，一統山河帝
　　　祚長。〔註58〕

由「雨順風調昇平福，一統山河帝祚長」之句，可見江日昇對清王朝的推崇。
他又有〈甲子（1684）仲冬至臺灣詩〉：

　　　霸氣已消王氣興，荒夷圖入版圖名。升沉有數干戈息，禮樂無私教
　　　化行。月冷雄魂應墜淚，史香吊鬼豈虛聲。看來世事皆前定，白日
　　　寒雲不勝情。〔註59〕

〔註57〕季麒光：《諸羅縣志·藝文志·題沈斯菴雜記詩·季麒光》，臺灣文獻叢刊，
　　　　第一四一種，卷十一，頁 263。

〔註58〕江日昇：〈評臺灣收入版圖永爲海外文物富饒之邦〉，《全臺詩——智慧型全臺
　　　　詩知識庫》，上網日期：20150502，網址：http://xdcm.nmtl.gov.tw/twp/b/b02.htm。
　　　　詩作收於《臺灣外記》。此詩又載陳漢光《臺灣詩錄》。

〔註59〕江日昇：〈甲子（1684）仲冬至臺灣詩〉，《全臺詩——智慧型全臺詩知識庫》，
　　　　上網日期：20150502，網址：http://xdcm.nmtl.gov.tw/twp/b/b02.htm。詩作收於
　　　　《臺灣外記》。

「霸氣已消王氣興，荒夷圖入版圖名。升沉有數干戈息，禮樂無私教化行」之句，可見他將明鄭的政權比喻爲「霸氣」，將清王朝比喻爲「王氣」，其中孰高孰低，不言可喻。

張琮（？～？）由興化莆田縣丞調補臺灣縣丞，康熙48年（1709）上任。有〈沙鯤漁火〉：

> 臺陽勝概數沙汀，極目煙波夜未冥；岸岸漁舟依淺碧，層層燈火映遙青。光分鹿耳重門燧，影倒滄洲滿地星。幕府無勞巡羽騎，貢球久已奉王庭。〔註60〕

本詩前六句摹寫臺南沿海一帶的夜景，此爲入臺時最先接觸、且迥異於中土的美景。末二句「幕府無勞巡羽騎，貢球久已奉王庭」之句，點出作者對清朝統治下太平盛世的讚美之意。

曾源昌（？～？）有〈登紅毛城〉：

> 巨海水奔流，安平鎮最要。斯地古荷蘭，□城築何巧！暮角聲清淒，震天萬疊砲。自誇不拔基，伊誰敢與較？詎知鄭氏藩，劍芒日邊耀；吞併氣正雄，鳩巢鵲所造。割據三十年，舳艫城下繞。門戶鍵澎湖，臺彝奉僞詔。夫何振王師，海氛倏已掃。揚帆窮絕域，波臣樂前導。皇恩何汪濊，殘黎遍慰勞。酋長納款多，諸社齊歡笑。今我渡江來，城高恣憑眺。層層磴紆迴，靄靄雲籠罩。潔井泉猶甘，地洞路仍拗。牆宇嗟傾頹；庫藏憐破耗。庭角黑沙堆，□頭殘月照。忽聽潮聲喧，西風晚狂叫。鯤身七點浮，戍卒嚴水道。羽旂巡殘堞；鼓鼙無亂噪。愛此清晏時，遊情隨處好。〔註61〕

「詎知鄭氏藩，劍芒日邊耀；吞併氣正雄，鳩巢鵲所造。割據三十年，舳艫城下繞。門戶鍵澎湖，臺彝奉僞詔」之句批評鄭氏竊據荷蘭人所經營的臺灣，約有三十年的時間。而「夫何振王師，海氛倏已掃。揚帆窮絕域，波臣樂前導。皇恩何汪濊，殘黎遍慰勞。酋長納款多，諸社齊歡笑」之句，亦可見作者主張在清王朝的統治之下，臺灣原住民可以尋回以往安和樂利的生活。

韓必昌（？～？），臺南人。清嘉慶10年、11年間（1805～1806），蔡牽

〔註60〕張琮：〈沙鯤漁火〉，《全臺詩——智慧型全臺詩知識庫》，上網日期：20150502，
　　　　網址：http://xdcm.nmtl.gov.tw/twp/b/b02.htm。此詩收於周元文《重修臺灣府志》
　　　　〈藝文〉，又載陳漢光《臺灣詩錄》。

〔註61〕曾源昌：〈登紅毛城〉，《重修臺灣縣志·雜紀·古蹟（附宅墓）·赤嵌城·同
　　　　安歲貢曾源昌詩》，臺灣文獻叢刊，第一一三種，卷十五，頁533～534。

入鹿耳門時，曾募義民守城。有〈有客問臺灣土風者以此答之〉：

> 瀛壖久已沾聲教，耕鑿共安飲食天。漁火紅搖官渡月，樵擔綠破雉
> 墻煙。誰沉鐵網將奇採，空把靈犀向海燃。夜夜花邨雞犬散，太平
> 時世任高眠。〔註62〕

「瀛壖久已沾聲教，耕鑿共安飲食天」及「夜夜花邨雞犬散，太平時世任高
眠」之句可以見出對清王朝統治的歌頌，亦是表達對臺灣風土的擁護。

（二）對明鄭的批評——偽鄭、草雞

在清領初期的《臺海使槎錄》中有紀錄鄭成功的傳聞：

> 明崇禎庚辰，閩僧貫一，居鷺門（即今廈門）夜坐，見籬外陂陀有
> 光，連三夕，怪之。因掘地得古磚，背印兩圓花突起，面刻古隸四
> 行；其文曰：「草雞夜鳴，長耳大尾，干頭銜鼠，拍水而起；殺人如
> 麻，血成海水。起年滅年，六甲更始；庚小熙皞，太和千紀」；凡四
> 十字。閩縣陳衍盤生明末，著槎上老舌一書，備記其語；至今癸亥，
> 四十四年矣。識者曰：雞，「酉」字也；加草頭、大尾、長耳，「鄭」
> 字也。干頭，「甲」字；鼠，「子」字也；謂鄭芝龍以天啟甲子起海
> 中為群盜也。明年甲子，距前甲子六十年矣。庚小熙皞，寓年號也。
> 前年萬正色克復金門、廈門，今年施琅克彭湖，鄭克塽上表乞降，
> 臺灣悉平。六十年海氣，一朝盪滌，此固國家靈長之福，而天數已
> 預定矣，異哉。〔註63〕

由上可知：在明朝崇禎時，有一個和尚在廈門挖掘到一個古瓦，上有字：「草
雞夜鳴，長耳大尾，干頭銜鼠，拍水而起；殺人如麻，血成海水。起年滅年，
六甲更始；庚小熙皞，太和千紀」，作者以為指鄭芝龍、鄭成功、鄭經、鄭克
塽在臺海為亂之事。之後，「草雞」等批判之語就伴隨著鄭成功等政權而來。

張湄（？～？）有〈臺灣雜感〉四首，其中有批評鄭成功的詩句：

其二

> 干頭真聽草雞鳴，石上流言識早成（廈門僧掘地得古甄，上有隸文
> 曰，草雞夜鳴，長耳大尾，干街鼠，拍水而起，起年滅年，六甲更

〔註62〕 韓必昌：〈有客問臺灣土風者以此答之〉，《全臺詩——智慧型全臺詩知識庫》，
上網日期：20150502，網址：http://xdcm.nmtl.gov.tw/twp/b/b02.htm。

〔註63〕 黃叔璥：《臺海使槎錄·赤崁筆談·紀異》，臺灣文獻叢刊，第四種，卷四，
頁77。

始，康小熙魄，太和千紀，凡四十字，者曰：草雞大尾長耳，鄭宇
也。干頭銜鼠，甲子也。謂鄭芝龍以天啓甲子起中爲盜，至康熙甲
子（1684）而滅，康小熙魄，寓年號也。）七郡逋囚充臂才有，三
江戰艦劇縱橫。火飛龍碩紅毛盡（鄭成功掘得銅礮，曰龍碩，無禦
之者。），颷涌羊山白下驚。刦運不曾逾甲子，俄看東海腐長鯨（成
功肆毒，濱海民患之，有善知識者云，此東海長鯨也。）〔註64〕
「干頭眞聽草雞鳴，石上流言識早成」及「刦運不曾逾甲子，俄看東海腐長
鯨」等句皆是在批判鄭成功爲害之意。此乃立於擁護清政權的立場，對鄭氏
所發的批評之語。

范咸（？～？）有〈再疊臺江雜詠原韻，十二首之三〉：

西天小寺禮彌陀（作者註：「府治有小西天寺。」），僞鄭園亭日漸蹉。
（作者註：「悉改寺。」）【故鄭園亭日漸蹉】。銅砲風雷金甲動，（作
者註：「《僞鄭逸事》：『龍碩者，大銅砲也。鄭成功見水底有光上騰
使善汩者入海縛之以出』。」）鯨魚冠帶海門過。（作者註：「鄭成功
攻臺時，紅毛先望見一人，冠帶騎鯨，從鹿耳門入。功諸舟，隨由
是港以進。」）虎鯊夜集貪牽罟，（作者註：「虎鯊，沙魚之大者。《志》
稱：『漁人夜深捕魚，懸燈以待。結陣入舟中，甚至舟力不勝，滅燈
以避』。」），鸚武朝遊寄負螺。（作者註：「鸚武螺常脫殼而朝遊，寄
居之蟲入其中。」）堪笑揭竿稱鴨母，空嗤海外夜郎多。（作者註：「朱
一貴素飼鴨，土人稱爲鴨母。」）〔註65〕

由「僞鄭園亭日漸蹉」中的「僞鄭」之語，可見對鄭氏的批判，其擁護清王
朝政權之意甚明。作者在註中引「《僞鄭逸事》」，表示在當時對鄭氏的反叛事
蹟的批判立場，是當時的社會的共識。

盧觀源（？～？）有〈臺陽山川風物迥異中土因就遊覽所及誌之以詩〉，
對清王朝的統治多所稱讚：

瀛海汪洋環四面，（作者註：「臺爲瀛海。」）突起層嵐開平衍。紅毛

〔註64〕 張湄：〈臺灣雜感〉，《全臺詩——智慧型全臺詩知識庫》，上網日期：20150502，
網址：http://xdcm.nmtl.gov.tw/twp/b/b02.htm。以《柳漁詩鈔》爲底本。
〔註65〕 范咸：〈再疊臺江雜詠原韻〉，《全臺詩——智慧型全臺詩知識庫》，上網日期：
20150502，網址：http://xdcm.nmtl.gov.tw/twp/b/b02.htm。此組詩收於六十七《使
署閒情》，又載陳漢光《臺灣詩錄》。此詩又載王瑛曾《重修鳳縣志》（藝文）、
盧德嘉《鳳山縣采訪冊》（藝文）、連橫《臺灣詩乘》。

近崎赤嵌城，（作者註：「紅毛城，今安平鎮。赤嵌城，今府治，並紅夷所築。」）澎湖外口相制牽。鹿耳鯤身沙淺淤【鹿耳鯤身沙濺淤】，海艘出入憑一線。南北悠悠二千里，天府雄城控四縣。東南一派枕高山，屴崱雲端不可攀。山外海天知何處，舟楫從無此往還。（作者註：「舊《府志》有之。」）地勢蜿蜒儼屏翰，擁護全臺曲且灣。面挹波濤臨廣岸，一望平原煙霧間。平原土壤美而肥，海港交橫草菲菲。更有山溪資灌溉，桑麻萬頃映晴暉。涓涓細流皆匯海，萬水朝宗並西歸此在川流真罕見，南東其敵盡皆非。洪鑪鼓濤果屬奇【洪鑪鼓鑄果屬奇】，有山如玉照玻璃。顯晦無常殊眾岫，皎光恆見冬春時。玉案山腰水出火，源泉百沸燄如炊【源泉百沸燄如吹】。並係中原稀有事，異見異聞孰不疑。一區迥分南與北，雞籠山頭雪未蝕。鳳邑寒冬早放犂，三月隴間收種植。果蔬花卉發先期，鋤耰隨地可覓食。歲豐足抵三年耕，不知含鼓歌誰德。憶昔偽鄭據臺陽，居人番族走欲僵。干戈組練填海岸，蕩平原野罷耕桑。橫征賈舶充軍餉，洎索富民及酒漿【索索富民及酒漿】。幸蒙聖朝誅反側，一朝清明景運昌。洎令休養屆百年，邦稱庶富澤綿綿。膠庠文物遍郡縣，修竹圍中起誦絃。仕宦科名伴上國，拖青泥紫或占先。聲教覃敷及異類，雕題黑齒解耕田。雕黑本自夷人俗，舊與生番同族屬。於今部落入編氓，火食安居植穀粟。夫唱婦隨勤操作，（作者註：「番俗貴女而賤男，出入俱隨婦人。」）【夫唱婦隨勤耕】，租稅公司受約束。粗習經書暫有人，彈冠振衣寧踦跼。（作者註：「番社設社師教番童，衣冠、誦讀與漢人無異。」）復睹生番半歸誠，甲螺丁壯並隸名。（作者註：「甲螺，番頭目。」）射獵啖腥竄山谷，歲輸皮貢當薄徵。赤身無分寒與暑，聊蔽下體披棘荊。時隆不矜長駕術，要使羈縻樂太平。洪惟盛世防範周，文臣武將競宣猷。水師船擺蚺龍勢。【水師船擺蚺龍勞】，柳營玉帳驛路稠。牧民選用廉能吏，輯寧海國運良籌。即今生眾日繁衍，皞熙有象德行流。鯫生才拙典閒曹，曠覽瀛壖興倍豪。未聞竹箭鏢鎗悍，（作者註：「竹箭鏢鎗，番人所用兵器。」）祇見渾灝氣象高。海氛不染長天碧，潮汐晏如乏怒濤。敉寧是處歌樂土，發籥何須講六韜。〔註66〕

〔註66〕 盧觀源：〈臺陽山川風物迥異中土因就遊覽所及誌之以詩〉，《全臺詩——智慧

由「憶昔偽鄭據臺陽，居人番族走欲僵。干戈組練塡海岸，蕩平原野罷耕桑。橫征賈舶充軍餉，洎索富民及酒漿【索索富民及酒漿】」的敘述，可知作者對明鄭時期的統治有所批判，以爲其擾民、要求人民繳納財物，因此人民生活非常痛苦。

在清王朝的統治之下，人民生活得以休養生息、教育得以推展，此爲解民倒懸之苦，如「幸蒙聖朝誅反側，一朝清明景運昌。洎令休養屆百年，邦稱庶富澤綿綿。膠庠文物遍郡縣，修竹圍中起誦絃。仕宦科名侔上國，拖青泥紫或占先。聲教覃敷及異類，雕題黑齒解耕田。雕黑本自夷人俗，舊與生番同族屬。於今部落入編氓，火食安居植穀粟。夫唱婦隨勤操作，（作者註：「番俗貴女而賤男，出入俱隨婦人。」）【夫唱婦隨勤耕】，租稅公司受約束。粗習經書暫有人，彈冠振衣寧踽踽。（作者註：「番社設社師教番童，衣冠、誦讀與漢人無異。」）」所述，皆爲此類。

朱仕玠（1712～？）乾隆二十八年（1763）由德化教諭調任鳳山縣教諭。其〈鯽魚潭〉詩有批評鄭成功之語：

> 府東萬丈潭，水族紛窟宅。百泓沸重幽，膽破下臨黑。連峰亘東迴，環照崒嶫色。戩戩穿薆荭，澵澵弄㳽淶。氣各挾波濤，隱忍困偪仄。偽鄭饕口腹，銀鱗出潑剌。膾下金絲盤，細聽霜刀騞。自從罷施衆，長時□劍空碧。勿輕罄鬞微，溟漲迫脅腋。會當雷雨交，騰踔安可測。〔註67〕

其中「偽鄭饕口腹，銀鱗出潑剌」之句，就是站在清王朝統治的立場，對鄭成功政權有所批判。

朱仕玠亦有〈鹿耳門〉：

> 精衛啣石塡洪濤，羽毛禿盡波仍高。至今碴岉剩遺跡，潛藏海底相周遭。戈矛咫尺銛爭向，脫舵失憑心膽喪。崩騰陡覺眼光迷，造次頓許蛟鼉葬。憶昔天兵動地來，潮添十丈千艘開（康熙二十二年秋八月平偽鄭，鹿耳門水漲）。鯨鯢鏖戰窟宅淨，犀血雨灑腥風霾。有

型全臺詩知識庫》，上網日期：20150502，網址：http://xdcm.nmtl.gov.tw/twp/b/ b02.htm。此詩收於余文儀《續修臺灣府志》〈藝文〉，又載彭國棟《廣臺灣詩乘》、陳漢光《臺灣詩錄》。

〔註67〕朱仕玠：〈鯽魚潭〉，《全臺詩——智慧型全臺詩知識庫》，上網日期：20150502， 網址：http://xdcm.nmtl.gov.tw/twp/b/b02.htm。原屬《小琉球漫誌》第二卷〈海東紀勝〉（上）。此詩又載薛志亮《續修臺灣縣志》〈藝文〉、連橫《臺灣詩乘》。

道由來四裔守，地險重扃復何有。登崖張飈對滄溟，浮天激灩臨樽
酒。〔註68〕

「憶昔天兵動地來，潮添十丈千艘開（康熙二十二年秋八月平偽鄭，鹿耳門
水漲）。鯨鯢鏖戰窟宅淨，孽血雨灑腥風霾。」亦是紀錄清朝平定臺灣的偽鄭
政權，表示對清朝的效忠之意。

黃美娥在〈臺灣古典文學發展概述（1651～1945）〉有相類似論述：

在清領初期，一旦言及鄭氏王朝，常以「偽鄭」或「鄭逆」稱之；
論及鄭成功形象，則往往是殘暴寡恩、洵非善類的批判。〔註69〕

然而，道光、咸豐時期的陳肇興（1831～？）〈赤嵌懷古歌〉已有細微的轉變：

夜半天風吹海立，鯨魚上岸鮫魚泣。金鼓千聲動地來，戈船百道乘
潮入。將軍落地便驚人，救火奔波走四鄰。七歲讀書知大義，灑掃
應對皆經綸。君家伯叔公侯伍，自立唐藩擅開府。爭班談笑卑徐常，
撤戍投降似芻狗。回手招君君有辭，兒今身已屬隆武。五羊城頭啼
杜鵑，千艘萬騎來銅山。英雄誓不臣二主，事成不成唯憑天。可憐
觸起毒龍怒，白浪掀天風捲樹。出師意氣吞金陵，一戰孤軍失南渡。
從此將軍識天意，轉身卻慕田橫義。百艦驅來鹿耳門，一朝奪取牛
皮地。紅毛樓上草雞鳴，彼蒼藉手開東瀛。冠帶束騎赤龍去，迄今
故壘猶縱橫。我來赤嵌訪古蹟，舞殿歌臺長禾麥。聖主當陽魑魅消，
頻年不見揮兵革。唯餘無恙水西流，滄海茫茫接天碧。〔註70〕

其中「偽鄭」的字眼已然不見，但「草雞鳴」的傳說仍在，再有「聖主當陽
魑魅消，頻年不見揮兵革」之句，可見陳肇興寫作此詩時，對鄭成功的批判
已大幅減少，但仍是站在擁護清王朝統治的立場來書寫此詩。

同治13年，沈葆楨奏請建立延平郡王祠：

延平郡王祠：在東安坊。永曆間，郡人建，稱開山王廟。乾隆間，

〔註68〕 朱仕玠：《小琉球漫誌‧泛海紀程》，臺灣文獻叢刊，第三種，卷一，頁12。

〔註69〕 黃美娥：〈臺灣古典文學發展概述（1651～1945）〉，上網日期：20150521，網址：
http://data3.hgsh.hc.edu.tw/~teachfile99/uploads/tad_uploader/user_1/75_%E9%B
B%83%E7%BE%8E%E5%A8%A5%EF%BC%9A%E5%8F%B0%E7%81%A3
%E5%8F%A4%E5%85%B8%E6%96%87%E5%AD%B8%E7%99%BC%E5%B1
%95%E6%A6%82%E8%BF%B0.pdf。

〔註70〕 陳肇興：〈赤嵌懷古歌〉，《全臺詩——智慧型全臺詩知識庫》，上網日期：
20150502，網址：http://xdcm.nmtl.gov.tw/twp/b/b02.htm。此詩收於陳肇興《陶
村詩稿》卷一，癸丑年（1853）作品。

　　邑人何燦鳩資重建。同治十三年冬十月，欽差大臣沈葆楨奏請建祠
　　列祀，春秋二仲，有司致祭。中祀延平郡王，東西兩廡，以明季諸
　　臣配，後殿中祀翁太妃，左爲寧靖王祠，右爲監國世子祠。〔註71〕

從此之後，古典詩中對於鄭成功的評價幡然改變——僞鄭、草雞之說轉爲霸
圖偉業。何如謹（？～？），光緒 12 年（1886）任恆春知縣，其〈秋日謁延
平郡王祠〉八首，其中已讚許鄭成功志業：

其八

　　鹿耳鯤身舊戰場，霸圖曾此感興亡。延平偉業今何在，賸有寒潮送
　　夕陽。〔註72〕

「延平偉業今何在，賸有寒潮送夕陽」之句，書寫了詩人立場的轉變，雖然
他應該仍舊擁護清王朝的統治，只是對鄭成功曾經趕走荷蘭人的豐功偉業，
仍是嚮往不已。由此可以推知：在外侮的欺凌下，詩人對曾經讓荷蘭人吃虧
的鄭成功就多所懷念。

　　唐贊袞（？～？），光緒 17 年（1891）秋，調署臺澎道兼按察使。亦有
〈延平王祠〉：

　　明末延平郡王賜姓鄭成功者，福建泉州府南安縣人。少服儒冠，長
　　遭國恤；感時仗節，移孝作忠。顧寰宇難容洛邑之頑民，而滄溟獨
　　闢田橫之別島；奉故主正朔，墾荒裔山川。傳至子孫，納土內屬；
　　維我國家宥過錄忠，載在史寀。厥後陰陽水旱之沴，時聞吁嗟祈禱
　　之聲；胖嚮所通，神應如答。而民間私祭，僅附叢祠；身後易名，
　　未邀盛典。同治十三年（1874），始經沈文肅公奏請，准予追諡、建
　　祠，列之祀典。余於春祭詣謁，率成一詩。
　　長松盤空瘦蛟舞，敗葉颯颯如秋雨。紅牆一角暮雲平，鄭王祠宇昭
　　千古。聖代褒封祀典崇，鼎新廟貌極穹窿。易名忠節輝青史，俎豆
　　春秋敗下風。太息前朝丁季造，隻身欲挽狂瀾倒。雄心雖說效扶餘，
　　比似田橫棲海島。焚罷藍衫換戰衣，鯨魚到處碧波飛。滇南猶有嗣

〔註71〕連橫：《臺灣通史・典禮志・祀典》，臺灣文獻叢刊，第一二八種，卷十，頁
　　　　251。
〔註72〕何如謹：〈秋日謁延平郡王祠〉，《全臺詩——智慧型全臺詩知識庫》，上網日
　　　　期：20150502，網址：http://xdcm.nmtl.gov.tw/twp/b/b02.htm。此詩收於連橫《台
　　　　灣詩乘》。

君在，閩事無成涕幾揮。廈金兩嶼全師抗，舳艫千里謀北向。三軍
齊唱望江南，未許香焚孝陵上。九皋航海往來頻，正朔猶存天祐春。
退步洪荒開世界，天心亦似愛孤臣。相從文武多俊傑，餘生草裏萇
宏血。返日揮戈恨未能，幕府西臺淚悽咽。由來烈母有奇兒，庭下
寒梅挺古姿。可惜將星旋告實，渡河宗澤恨終垂。大廈已傾支不得，
長耳草雞識群識。竄身恥作陳宜中，力戰何殊李定國。古木荒涼噪
暮鴉，寺稱海會幾年華。杜鵑血染王孫草，精衛冤含帝子花。記室
鱗鴻絕命詞，舍入首蓿大哀賦。零丁洋裏歎零丁，吮毫欲續文山句。
人生忠孝本難全，移孝作忠可與權。瞿張所處堪伯仲，文肅籲懇蓋
疏傳。同甫氣豪有健筆，楹聯字字胸臆出。我今瞻拜薦馨香，採風
簪毫紀其實。闢地擎天偉績彰，葵傾私慕民難忘。怒濤猶作靈胥恨，
多少詩人弔夕陽。〔註73〕

唐贊袞在詩序中稱揚鄭成功「感時仗節，移孝作忠」，在詩作中對對鄭成功多
有褒揚，「闢地擎天偉績彰，葵傾私慕民難忘」，其中對鄭成功的懷念亦反映
對時局的不安。

二、反抗

清領時期，古典詩作的創作者，多為官方代表，是以並沒有針對清朝統
治的批評詩作留傳下來。施懿琳曾說：

大部分的書寫都是官方立場下的產物，與宦遊人士對臺灣的認知，
有著相當大程度的雷同。〔註74〕

然而臺灣地區在清領時期有許多的人民反抗事件，幾乎可說是「三年一小反，
五年一大亂」的地步，〔註75〕因此，在此就臺南地區四件反抗清朝統治事件
相關的古典詩，加以分析。

（一）朱一貴

《東瀛識略》中有記載朱一貴（1690～1722）的事跡：

〔註73〕唐贊袞：〈延平郡王祠〉，《全臺詩——智慧型全臺詩知識庫》，上網日期：
　　　20150502，網址：http://xdcm.nmtl.gov.tw/twp/b/b02.htm。此詩收於唐贊袞《臺
　　　陽集》，又載「臺灣文獻叢刊第三○九種」《臺灣關係文獻集零》。
〔註74〕施懿琳：《從沈光文到賴和——臺灣古典文學的發展與特色》，高雄市：春暉
　　　出版社，2000年，頁76。
〔註75〕駱芬美：《被誤解的臺灣史》，臺北：時報文化，2013年2月，頁228。

> 六十年夏五月，鳳山縣民朱一貴亂作，禍尤烈。一貴以养鴨為業，
> 鴨行皆成列，眾異焉。逆黨杜君英以其姓朱，假託明裔，擁之；攻
> 據岡山汛，僭稱義王，僭號永和。總兵官歐陽凱、副將許雲戰死，
> 道府以下官咸遁澎湖。北路奸民賴池、張岳等聞亂響應。府城及鳳、
> 嘉二邑同日陷。閩浙總督滿保得報，疾馳至廈門，調遣軍旅。提督
> 施世驃先已登舟，總兵藍廷珍繼之，以萬七千兵東渡，克安平鎮，
> 七日而復府城並鳳山、嘉義。一貴竄溝尾鄉，鄉民醉以酒，縛獻軍
> 前。閏六月，檻送入都，磔之；餘逆次第擒斬。棄城各官均伏法，
> 知府王珍已死，剖棺梟示；後遂無聞警先逸者。〔註76〕

康熙 60 年（1721 年）爆發朱一貴事件，朱一貴原本以養鴨為業，而鴨子們會從朱一貴的命令，列隊而行，當時的人都覺得很奇特。後來杜君英（1667～1721）因為朱一貴姓朱，所以假託為明朝皇室的後代，擁戴他為王。在朱一貴反抗的期間，清朝的將士歐陽凱（？～1722）及許雲（？～1721）戰死。後來浙閩總督覺羅滿保任命施世驃（1667～1721）及藍廷珍（1664～1730），東渡攻下安平鎮、臺灣府及鳳山、嘉義，朱一貴後來被抓，處以極刑。

施世榜（？～？），康熙 60 年（1721 年）爆發朱一貴事件時，閩浙總督覺羅滿保（1673～1725）任命施世榜為參軍事，有〈靖臺隨軍入鹿耳門〉：

> 僻嶠潢池弄，王師待廓清。海門奔兕虎，沙島靖鯢鯨。壁壘翹軍肅，
> 朝暾畫戟明【朝暾畫角明】。霜飛金雀舫，水漲碧波縈【水潮碧波縈】。
> 楂桓火荼列【楂桓火荼列】，鈴鉦鵝鸛成。峰頭孤月落，幨帳正談兵。
>
> 〔註77〕

此詩書寫清朝的軍隊進入鹿耳門後的情形。「海門奔兕虎，沙島靖鯢鯨」句中以鯢鯨為譬喻，即以鄭成功為東海長鯨的傳聞為喻，意指清王朝將如同平定鄭氏政權一樣，平定臺地亂事。「霜飛金雀舫，水漲碧波縈」書寫鹿耳門的特點──盪縈。「峰頭孤月落，幨帳正談兵」之句傳達了戰事肅殺的氣氛。

《臺灣詩乘》中有紀錄藍鼎元（1680～1733）論及臺地及朱一貴之詩：

> 浦藍鹿洲先生，文章經濟，久著儒林，而詩絕少；唯呈黃玉圃侍御

〔註76〕 丁紹儀：《東瀛識略・奇異　兵燹・兵燹》，臺灣文獻叢刊，第二種，卷七，
　　　　頁 86。
〔註77〕 施世榜：《靖臺隨軍入鹿耳門》，《鳳山縣采訪冊・癸部　藝文（二）・詩詞・
　　　　靖臺隨軍入鹿耳門　施世榜》，臺灣文獻叢刊，第七三種，頁 467～468。

十首，以韻語而論時事，深得少陵筆意。鹿洲名鼎元，字玉霖，朱
一貴之役，曾參戎幕，著「平臺紀略」、「東征集」。後以拔貢授普寧
知縣，有惠政，陞廣州知府，卒於任。〔註78〕

藍鼎元在朱一貴事件時，隨軍來臺，其〈呈黃玉圃侍御〉十首乃針對朱一貴
事件而發，茲舉要分述：

其一

東寧大海邦，從古無人至。明末群盜巢，島彝互竊踞。鄭氏奄而有，
蔓延爲邊忌。我皇撻伐張，天威及魑魅。遂使瘴癘鄉，文物漸昌熾。
川原靈秀開，鬱勃不可閉。式廓惟日增，蹙地非長計。所當順自然，
疆理以時議。勿因去歲亂，畏噎卻飯饙。〔註79〕

「東寧大海邦，從古無人至。明末群盜巢，島彝互竊踞。鄭氏奄而有，蔓延
爲邊忌」六句說明了清初詩人眼中的臺灣，爲反叛之淵藪。「式廓惟日增，蹙
地非長計。所當順自然，疆理以時議。勿因去歲亂，畏噎卻飯饙」六句則是
提出了自己的看法：必須從長計議的建設臺地，不要因爲朱一貴的亂事，因
噎廢食，放任臺地，而不去建設。

其二

去歲群醜張，揭竿三十萬。我旅一東征，揮戈雲見晛。七日復全臺，
壺簞匝地獻。可知帝德深，望雲爭革面。餘孽雖時有，死灰謀欲煽。
旋起即撲除，夫誰與爲叛？當茲振道鐸，夌化不容緩。民心原猶水，
東西流乍變。棄之鋌而走，理之忠以勸。〔註80〕

「去歲群醜張，揭竿三十萬。我旅一東征，揮戈雲見晛。七日復全臺，壺簞
匝地獻」此六句書寫了朱一貴亂事，號稱有 30 萬軍，但清朝的軍隊東征，7
日就克復全臺。「當茲振道鐸，夌化不容緩。民心原猶水，東西流乍變。棄之
鋌而走，理之忠以勸」六句以民心如流水，可以循循善誘，教化他們，如此
就不會有人輕易的鋌而走險。

〔註78〕 藍鼎元：〈呈黃玉圃侍御〉，《臺灣詩乘》，臺灣文獻叢刊弓，第六四種，卷二，
頁 41～44。
〔註79〕 藍鼎元：〈呈黃玉圃侍御〉，《臺灣詩乘》，臺灣文獻叢刊弓，第六四種，卷二，
頁 41～44。
〔註80〕 藍鼎元：〈呈黃玉圃侍御〉，《臺灣詩乘》，臺灣文獻叢刊弓，第六四種，卷二，
頁 41～44。

其三

臺俗敝豪奢，亂後風猶昨。宴會中人產，衣裘貴戚愕。農惰士弗勤，
逐末趨驕惡。囂凌多健訟，空際見樓閣。無賤復無貴，相將事樗博。
所當禁制嚴，威信爲鋒鍔。勿謂我言迂，中心細忖度。爲火莫爲水，
救時之良藥。〔註81〕

「臺俗敝豪奢，亂後風猶昨。宴會中人產，衣裘貴戚愕。農惰士弗勤，逐末
趨驕惡。囂凌多健訟，空際見樓閣。無賤復無貴，相將事樗博」十句書寫臺
地人的習性有太過奢靡、過於懶惰、多所爭執、喜歡賭博。「所當禁制嚴，威
信爲鋒鍔」二句中詩人表達應嚴厲禁止上述的風俗，使其風俗有所改易。

其四

閩學進魯鄒，東寧昧如障。當爲延名儒，來茲開絳帳。俾知道在邇，
尊君與親上。子孝父亦慈，友恭更廉讓。從茲果力行，誘掖端趨向。
其次論文章，經史爲醞釀。古作秦漢前，八家當醯醬。制義本儒先，
理明氣欲王。洗伐去皮毛，大雅爲宗匠。此邦文風靡，起衰亦所望。

〔註82〕

「閩學進魯鄒，東寧昧如障。當爲延名儒，來茲開絳帳。俾知道在邇，尊君
與親上。子孝父亦慈，友恭更廉讓。從茲果力行，誘掖端趨向」十句中，詩
人表達應積極的開發臺灣，首先應延請名儒到此開帳授課，使臺地的人民知
道人倫孝道、尊君大義。

其五

臺地一年耕，可餘七年食。寇亂繼風災，民間更蕭索。今歲大有秋，
倉儲補須亟。穀貴慮民饑，穀賤農亦惻。屬禁久不弛，乃利於奸墨。
徒有過糴名，其實更何益。估客既空歸，裹足自寥寂。何如撙節之，
一艘一百石。窮年移不盡，農商惠我德。幸與諸當塗，從長一籌畫。

〔註83〕

〔註81〕　藍鼎元：〈呈黃玉圃侍御〉，《臺灣詩乘》，臺灣文獻叢刊弓，第六四種，卷二，
　　　　　頁41～44。
〔註82〕　藍鼎元：〈呈黃玉圃侍御〉，《臺灣詩乘》，臺灣文獻叢刊弓，第六四種，卷二，
　　　　　頁41～44。
〔註83〕　藍鼎元：〈呈黃玉圃侍御〉，《臺灣詩乘》，臺灣文獻叢刊弓，第六四種，卷二，
　　　　　頁41～44。

「臺地一年耕，可餘七年食。寇亂繼風災，民間更蕭索。今歲大有秋，倉儲補須亟。穀貴慮民饑，穀賤農亦惻。屬禁久不弛，乃利於奸墨」十句提出臺地歷經亂事與風災之後，民間需要賑濟。「何如撙節之，一艘一百石」二句則是書寫必須有方法的救濟，且必須有所節制，不可浪費物力。

　　陳夢林（1670～1745），在康熙60年（1721）朱一貴事件中，出力甚多，總兵藍廷珍亦向他詢問對策，他也上書給覺羅滿保，請轉移陣地至廈門。在朱一貴事件之後，他立即被聘入提督幕府，規畫事機，但在日後敘功時，陳夢林拒絕受功。其〈鹿耳門即事〉八首，論及朱一貴事：

其三

地震民訛桐不華（庚子（1720）春，有高永壽者詣帥府自首云：至瑯嶠，一筏，引入山後大澳中，船隻甲仗甚盛，中渠帥一人名朱一貴云云。鎮道以言，杖枷於市。辛丑（1721），群賊陷郡治，議所立，因以朱祖冒一貴名。平，遣人入瑯嶠，遍覓並無其處，亦異事也。是年冬十一月，地大震。臺桐，辛丑春閤郡無一華者。有妖僧異服，倡言大難將至，門書「帝令」二免。僧即賊黨也。賊平，僧伏誅。），處堂燕雀自喧譁。無端半夜風塵起，幾處平明旌旆遮。牧豎橫篙穿赤甲（時官軍寡弱，賊眾至數萬，多以竹篙爲槍。）將軍戰血漫黃沙（副將許雲、參將羅萬倉、游擊游崇功、守備胡忠義、馬定國千總陳元、蔣子龍、林文煌、趙奇奉、把總林富、林彥、石琳俱戰死；把總茂吉不屈，罵賊死。）傳聞最是游公壯，登岸漂然不顧家。（四月廿九日，崇功自笨港巡哨還，入鹿耳門，官眷有下船者崇功頓足曰：「官者，兵民之望，官眷下船，則兵民心散，大事去矣！」時賊逼郡，亟登岸。婿蔡姓者叩馬固請，願一過家門，區處眷屬。崇功厲聲曰：「此身朝廷所有，今日那知有家！」躍馬麾眾竟去。前後連戰，凡手刃數十人。崇功既殉，蔡亦赴海死。）

〔註84〕

此詩詳敘了朱一貴事件時的始末，也將可歌可泣的爲國而死的將士們歌詠一番。

〔註84〕陳夢林：〈鹿耳門即事〉，《臺灣詩乘・臺灣詩乘卷二》，第六四種，卷二，頁41～44。

其四

萬頃洪濤沙線縈，參差竹樹亦干城。非關羣盜全無策，漫說元戎有

勝兵。風西來知順逆，船從淺入任縱橫。潮頭頃刻高尋丈，天佑皇

圖孰與爭（六月十六日亭午，西風大作，潮長六、七尺，戰艦雁行，

齊入鹿耳門，遂克安平。）〔註85〕

從「潮頭頃刻高尋丈，天佑皇圖孰與爭」之句，說明了鹿耳門潮水大長，使

得清朝的戰艦得以進入鹿耳門，誠爲天意助之。

其五

沙磧甘泉信有神，廟謨宏遠古無倫。鯤身合戰齊群力，西港分奇仗

虎臣（作者註：「十七、十九日，賊犯鯤身，殊死戰，我兵大破之。

廿二日，督藍廷珍率林亮、魏大猷等分兵由西港仔登岸，賊大敗，

長驅至郡，諸路合，遂克郡治。」）。草竊頓消冰見晛，天兵到處雨

清塵。等閒一月全臺定，何似有苗格七旬。〔註86〕

「等閒一月全臺定，何似有苗格七旬」二句，書寫清軍在天意的幫忙之下，

一個月就平定全臺。

范咸（？～？），乾隆 10 年（1745）四月任巡臺御史兼理學政，有〈再

疊臺江雜詠原韻〉十二首，其中提及朱一貴之事：

十二首之三

西天小寺禮彌陀（作者註：「府治有小西天寺。」），僞鄭園亭日漸蹉。

（作者註：「悉改寺。」）【故鄭園亭日漸蹉】。銅砲風雷金甲動，（作

者註：「《僞鄭逸事》：『龍碩者，大銅砲也。鄭成功見水底有光上騰

使善泅者入海縛之以出』。」）鯨魚冠帶海門過。（作者註：「鄭成功

攻臺時，紅毛先望見一人，冠帶騎鯨，從鹿耳門入。功諸舟，隨由

是港以進。」）虎鯊夜集貪牽罟，（作者註：「虎鯊，沙魚之大者。《志》

稱：『漁人夜深捕魚，懸燈以待。結陣入舟中，甚至舟力不勝，滅燈

以避』。」），鸚武朝遊寄負螺。（作者註：「鸚武螺常脫殼而朝遊，寄

居之蟲入其中。」）堪笑揭竿稱鴨母，空嗤海外夜郎多。（作者註：「朱

〔註85〕陳夢林：〈鹿耳門即事〉，《臺灣詩乘・臺灣詩乘卷二》，第六四種，卷二，頁

41～44。

〔註86〕陳夢林：〈鹿耳門即事〉，《臺灣詩乘・臺灣詩乘卷二》，第六四種，卷二，頁

41～44。

一貴素飼鴨，土人稱爲鴨母。」）〔註87〕

其中「堪笑揭竿稱鴨母，空嗟海外夜郎多。（作者註：「朱一貴素飼鴨，土人稱爲鴨母。」」可見對朱一貴的不自量力多所嘲笑，亦表現了對臺灣反抗清政府的活動的不屑。

徐葵爲1736～1795人士，有〈馬將軍歌〉：

康熙六十年朱一貴之役，南路營守備馬定國戰沒；事載「臺灣通史」。吳縣徐佩雲茂才有詩詠之，曰馬將軍歌。

朝呼鴨，暮呼鴨。鴨妖興，賊擐甲。臺灣城中將軍守，臺灣城頭墜天狗。海水起立飛妖氛，將軍開城麾三軍；跳刀走戟何紛紛，十盪十決奔如雲。何時城頭鼓聲死，守陴之軍爲賊使。將軍守土關存亡，轉戰已無麾下士。白首親兵刁大成，短衣匹馬相隨行。賊人注矢弦不鳴，環呼將軍是好人，我輩戒勿戕其生。將軍聞言忽嗔喝：「賊不殺我我豈活」？急麾大成速突圍，他日呼兒收我骨。拔刀自剄血灑空，以血塗玦玦盡紅。手付大成成泣受，身僵直立橫屍中。賊人咋指盡羅拜，是將軍者真鬼雄。天兵迅掃欃槍奔，大成幸保將軍門。郎君間關歷戰地，瞥見高塚巍然存。將軍義不葬賊手，敢道骨寒今已久。啓土爭看忽大驚，異事流傳萬人口：五十三日顏如生，昔日刀瘢痂結成。吁嗟乎！將軍忠勇信無敵，將軍英烈真如神！同時死難歐、許、馬，將軍事未聞朝野。大書特書不一書，以告采風入史者。〔註88〕

此詩乃在謳歌在朱一貴亂事中的馬將軍的英勇事蹟，連當時的亂軍都不忍攻擊，最後馬將軍自裁而亡。

劉家謀（1814～1853）《海音詩》亦有論及朱一貴反抗的事件，如下：

草雞長耳亂經年，飼鴨狂徒更可憐；君看紛紛群蟻斗，槐安一郡已騷然！臺地自入版圖，奸民十數亂，然多赤子弄兵耳。其釀釁也有由，其燭幾也不早；蔓延日久，致動大軍，可勝浩嘆！朱一貴居母

〔註87〕 范咸：〈再疊臺江雜詠原韻〉，《全臺詩——智慧型全臺詩知識庫》，上網日期：20150502，網址：http://xdcm.nmtl.gov.tw/twp/b/b02.htm。此組詩收於六十七《使署閒情》，又載陳漢光《臺灣詩錄》。此詩又載王瑛曾《重修鳳縣志》（藝文）、盧德嘉《鳳山縣采訪冊》（藝文）、連橫《臺灣詩乘》。

〔註88〕 徐葵：〈馬將軍歌〉，《臺灣詩乘》，臺灣文獻叢刊，第六四種，卷二，頁41。

頂草地，以飼鴨爲生。〔註89〕

「草雞長耳亂經年，飼鴨狂徒更可憐」二句書寫臺地朱一貴的亂事，多爲赤子弄兵，並非有紀律的軍隊。「其醸釁也有由，其燭幾也不早」二句書寫了清朝治臺的疏忽，亂事的發生有其緣由，亦早有徵兆。

劉家謀針對參與平定朱一貴亂事的藍鼎元亦有相當高的評價：

> 戎馬書生氣浩然，軍中草檄筆如椽；功成不復論酬賞，大海歸來月滿船。藍鹿洲（鼎元）以諸生佐從兄廷珍平朱一貴之亂，軍中籌策悉藉贊襄；平台後歸，不言功績。其自序有「事定歸來，滿船明月」之語。〔註90〕

此詩書寫了藍鼎元以諸生幫助其兄藍廷珍平定了朱一貴的亂事，但是平臺之後，卻不言功績，其人品之高潔，故詩人言其「大海歸來月滿船」。

（二）林爽文

丁紹儀於同治年間刻印的《東瀛識略》中敘及林爽文事件：

> 五十一年，彰化縣民林爽文、鳳山縣民莊大田亦同時倡亂。先是，淡水同知潘凱因公出城，忽被殺，并胥役殲焉，主名不得；當事者以生番戕害報，而罪人脫然事外：於是益輕官吏。爽文素奸黠，恣爲盜賊囊橐，密糾群不逞爲天地會，嘯聚日眾。臺灣知府孫景燧至彰化，趣新縣令俞峻、副將赫生額往捕，不敢入，諭村民擒送，焚無辜數小村怵之。冬十一月，爽文因民之怨，集眾攻營；全軍覆沒，文武咸死焉。翌日，陷彰化城；孫景燧及北路同知長庚、前攝令臺防同知劉亨基、都司王宗武等均遇害。亨基女滿姑尚幼，賊扶之出，姑痛罵，賊怒，割其舌，噴血大慟而絕。劉氏一門與幕友孫南容、范琪輝死者十五人。長庚有膂力，與賊戰，手刃其二，賊沈其首於濠。十二月，又陷諸羅縣，縣令董啓延死之。大田，故盜魁，是月亦陷鳳山縣，知縣湯大奎自刎，其子荀業隨殉。惟府城有總兵柴大紀、臺灣道永福、同知楊廷理固守，未破。逆黨王作北陷淡水廳治，戕同知程峻，推爽文爲盟主，僞號天順，作自稱征北大元帥。峻幕

〔註89〕劉家謀：《臺灣雜詠合刻‧海音詩‧海音詩》，臺灣文獻叢刊，第二八種，頁17。

〔註90〕劉家謀：《臺灣雜詠合刻‧海音詩‧海音詩》，臺灣文獻叢刊，第二八種，頁27。

友壽同春詭從賊，潛約被議之前巡檢李生椿合義民擒斬賊黨，復廳
城。警報內傳，提督黃仕簡、任承恩、副將徐鼎士自廈門蚶江五虎
口分三路東渡。五十二年春正月，官軍先後抵臺。大紀北取諸羅，
一戰而復，遂守之。總兵郝壯猷南取鳳山，頓兵幾五十日，始敢進，
城中已空；未二旬復陷，壯猷遁歸，後以失律誅。二月，閩浙總督
常青蒞臺督師，參贊大臣將軍恆瑞、提督藍元枚亦至。夏五月，師
出南路，甫交綏即退。大田復攻府城，爽文復圍諸羅。府城旋解嚴，
屢發兵北援，阻賊不得達。上念諸羅堅守久，改名嘉義，以旌士民；
而解常青、恒瑞任，元枚已故，逮仕簡、承恩，授大紀提督兼參贊
大臣，調陝甘總督福康安為將軍、內大臣海蘭察副之，率蜀、粵兵
五千，冬十月由惠安縣崇武澳放洋，一夕抵鹿仔港。鼎士由淡水進
兵勦賊，幕友壽同春被擄，不屈，賊支解之。十一月，大兵敗賊崙
仔頂，即日解嘉義圍；乘勢搗大里代賊巢，克之，爽文遁集集鋪，
扼險以守。十二月，大軍騰而上，生擒爽文及其孥並王作等以歸，
移師而南。大田與爽文雖同逆，各偽稱大元帥，不相下；聞勁旅將
至，益聚糧為久拒計。五十三年春正月，敗之牛莊，連蹴之大小岡
山、水底寮，累戰至極南之瑯嶠，大田亦就獲，南北俱平。大紀以
賊起時不早撲滅，又恃功負氣，逮至京正法。〔註91〕

乾隆 51 年，彰化的林爽文（1756～1788）、鳳山的莊大田（1734～1788）同
時倡亂。彰化、諸羅都淪陷時，「惟府城有總兵柴大紀、臺灣道永福、同知楊
廷理固守，未破」。所以在林爽文的事件中，府城受創較小。乾隆 52 年時官
軍先後抵臺，乾隆 53 年亂事平定。

趙翼（1727～1814）有〈軍中擒逆首林爽文檻送過泉紀事〉論及林爽文
事：

木籠裝囚語啾唧，兵衛簇成片雲黑。不須露布曳長縑，夾道爭看海
東賊。海東賊本一細民，豈讀兵書習部勒。結交無賴匿亡命，官索
逋逃竟不得。半夜無端嘯廷戈，殺吏攻城血流赤。是時鼎沸雖披猖，
猝起猶堪滅朝食。後先航海諸宿將，持重養威示不測。隔海調兵動
幾旬，兵添一萬賊添億。孤城遂困重圍中，糠粃俱空煮屨革。三番

赴救陣未開，兩路繼援塗又塞。倘非廟算決大舉，絕島妖氛幾時熄。
即今就縛入檻車，不過圈牢一豚脂。若論經歲軍貲費，千兩黃金一
兩骨【十兩黃金一兩骨】。時清豈許伏莽滋，事緩幾成燎原欻。一黿
乃須千鈞弩，此事誰當任其罰。〔註92〕

「海東賊本一細民，豈讀兵書習部勒。結交無賴匿亡命，官索逋逃竟不得。
半夜無端嘯廷戈，殺吏攻城血流赤」此六句說明了林爽文原本為一介平民，
並沒有學過兵書及軍隊訓練。只是因為結交了無賴之徒，官府竟然無法將之
逮捕。之後竟然在半夜之時殺吏攻城，造成血流成河的慘事。「時清豈許伏莽
滋，事緩幾成燎原欻」二句則對清朝治臺有所批判，如果當時吏治清明，怎
麼會有亂事出滋生的機會？而事情要釀成大禍之前，若能及時處理，又如何
成為燎原大火呢？

趙翼又有〈擬杜甫諸將〉五首，其中論及府城及林爽文事件者：

五首之一

炎海冥冥瘴未收，赤嵌城畔又經秋【井梧信到又經秋】。閩人夢去飄
羅剎，野鬼魂歸哭髑髏。百道舳艫催轉粟，連營刁斗警傳籌。排燈
閒看平臺記，七日功成想故侯。〔註93〕

「赤嵌城畔又經秋」點出其時在府城，參與處理林爽文事件。「閩人夢去飄羅
剎，野鬼魂歸哭髑髏。百道舳艫催轉粟，連營刁斗警傳籌」此四句書寫了戰
爭的慘況，及戰況的緊張。「排燈閒看平臺記，七日功成想故侯」二句則是書
寫當時平定朱一貴亂事的記錄，令詩人不禁想起若有能七日就平定臺灣亂事
的將軍在就好了。

謝金鑾（1757～1820）有〈紀捷〉之詩，提及林爽文之亂：

其二

昔日黃巢亂，頻年赤嵌城。竹圍堅似壁，壯士喜為兵（林爽文之亂，
義勇皆從楊太守）。馬首唯予望，牛皮不戰平（福郡王兵至，用力於
南北二路，中路不戰自平）。至今楊大眼，南北有威名。〔註94〕

〔註92〕趙翼：〈軍中擒逆首林爽文檻送過泉紀事〉，《臺灣詩鈔・趙翼・軍中擒逆首林
爽文檻送過泉紀事》，臺灣文獻叢刊，第二八○種，卷三，頁53。
〔註93〕趙翼：〈擬杜甫諸將〉，《臺灣詩乘》，臺灣文獻叢刊，第六四種，卷三，頁114。
〔註94〕謝金鑾：〈紀捷〉，《噶瑪蘭志略・藝文志・詩・紀捷・謝金鑾》，臺灣文獻叢
刊，第九二種，卷十三，頁185。

謝金鑾此詩乃在歌詠林爽文事件時，奮勇抵禦的楊廷理。「竹圍堅似壁，壯士喜爲兵」二句書寫在當時有許多義勇軍士都跟隨楊廷理來保衛自己的家園。「馬首唯予望，牛皮不戰平」二句說明：由於有這些人團結一心，所以府城一帶堅守到底，不需和敵人再戰。「至今楊大眼，南北有威名」二句，則是書寫楊廷理的特徵——大眼，他的威名遠揚，南北皆知。

劉家謀（1814～1853）〈海音詩〉中亦有論及在林爽文之亂時，府城許多幫助清朝政府的義民之事：

一百首之五八

> 大西門外五大姓，蔡姓最多，郭姓次之，黃、許、盧三姓又次之；并強悍不馴，各據一街，自爲雄長。然乾隆五十一年（1786）林逆之亂【然乾隆五十一年（1786）林爽文之亂】，五大姓皆充義民；爾後郡城守禦，亦屢資其力。
>
> 蔡郭黃盧大姓分，豪強往往虐楡枌。那知拔戟能成隊，五色旌旗照海濆【五色旌旗照海濱】。〔註95〕

臺灣府城大西門外有五大姓，分別爲蔡姓最多，郭姓次之，黃、許、盧又次之，彼此之間互不相服，各據一街，自爲雄長。但在林爽文之亂時，這五大姓皆充義民，團結一心，幫助郡城守禦亂事。因此在林爽文事件中，臺南地區受創較少。

（三）蔡牽

蔡牽（1761～1809），亦稱蔡騫，福建同安人，在清朝政府眼中爲大惡寇，他曾經自稱爲「鎮海威武王」，建元「光明」，設官分職，勢力甚大：

> 亦稱蔡騫，福建同安縣西浦鄉人。少年貧苦，傭工自食，傳曾彈棉爲業，並曾爲人補網。嗣因犯法，亡命入海爲寇盜，迅速崛起閩海，諸幫及零星土盜皆附之，呼爲「大出海」。至嘉慶二年（1797）已發展至有船百餘艘，眾二萬餘人之強大海上武裝力量，爲患閩浙粵三省，更謀攻略臺灣。五年（1800）首次犯臺，大掠鹿港而去。九年四月又至，並登陸擊敗官軍，大肆焚掠。是年冬又犯鳳山，知府慶保禦於東港，炮中其妻身亡。翌年四月，再犯鹿耳門。十月，入滬

〔註95〕劉家謀：〈海音詩〉，《臺灣雜詠合刻・海音詩・海音詩》，臺灣文獻叢刊，第二八種，頁21。

尾港（今淡水鎮），擁舟數百，並結陸上盜眾為援，聲勢甚張，乃圖建立政權，自稱「鎮海威武王」，建元「光明」，刊用「光明正大」王印，設官分職，各給旗印。遂陷新莊、艋舺，署都司守備陳廷梅戰歿；復分舟入東港，陷鳳山，戕知縣吳兆麟。又轉攻安平，圍郡城，沉大船於鹿耳門以阻援兵。知縣薛志亮集三郊紳商及義民萬餘人勉力防守。總兵愛新泰出巡，遇寇敗績。十一年正月，閩浙水師提督李長庚率金門總兵許松年、澎湖水師副將王得祿援臺，始大破之。牽遁。繼而又至，長庚亦追□而至，乃北去噶瑪蘭。墾首吳化率眾塞港道，不得入，乃去。五月復來，再據鹿耳門，將軍賽仲阿親臨督剿，令福寧鎮總兵張見陞與澎協王得祿合擊，牽狼狽敗走。長庚追擊至黑水洋（廣東外海），牽僅剩三舟，勢將不免，不意長庚竟中炮死，遂得逸脫。一年後聲勢復振。十四年八月，新任福建水師提督王得祿蹤跡得之，困之於黑水洋，乃自沈其舟死。〔註96〕

蔡牽在海上相當活躍，範圍北至淡水、宜蘭，南至屏東東港，曾數次入出鹿耳門，令清朝政府相當頭痛。

蔡牽在嘉慶 9 年侵擾臺灣，在《東瀛識略》中亦有相關記載：

而蔡牽之擾為尤甚。牽，同安人，出沒海上十餘年，遂成巨寇。九年夏四月，竄入鹿耳門，乘雨登岸，戕游擊武克勤，奪商船所有而去。十年夏四月，至淡水結胡杜侯遺孽洪四老為內應，出偽示，自稱鎮海威武王，僭號光明。六月，復窺滬尾，值水師提督李長庚追至，始遁。冬十一月，遣其黨與粵寇朱濆南擾鳳山，土匪吳淮泗等應之，焚掠埠頭，戕知縣吳兆麟，都司涂鍾璽力戰陣亡；惟城內火藥庫經守備藍玉芳固守未失。牽自至滬尾，劫艋舺倉，都司陳廷梅戰歿。會知府馬夔陞督兵赴援，牽即南下，進泊鹿耳門，攻郡城。臺灣道慶保、總兵愛新泰分兵嚴守，提督李長庚扼之口外，水陸夾攻。十一年春二月，擊燬賊舟數十；副將王得祿又出奇兵敗其屯聚洲仔尾之眾。牽餘數十舟，奪路而逸，濆亦棄鳳山遁。三月，將軍

〔註96〕 張子文：〈臺灣人物小傳——蔡牽〉，《臺灣記憶》，國家圖書館，上網日期：20150728，網址：http://memory.ncl.edu.tw/tm_cgi/hypage.cgi?HYPAGE=toolbox_figure_detail.hpg&project_id=&dtd_id=&subject_name=&subject_url=&xml_id=0000009397&who=%E8%94%A1%E7%89%BD。

賽沖阿至臺,牽北竄噶瑪蘭;時尚未設廳治,義民吳化等合土番禦
之,牽敗去,生縛十三賊獻於軍前。十二年秋九月,朱濆潛入噶瑪
蘭之蘇澳,謀踞為巢;總兵王得祿、臺灣知府楊廷理率兵大破之,
濆竄回粵。十三年,為總兵許松年所敗,沈於海。十四年,牽亦被
提督王得祿、邱良功追擊,自焚其舟死,海氛淨。〔註97〕

蔡牽為嘉慶年間的大海盜,「九年夏四月,竄入鹿耳門,乘雨登岸,戕游擊武
克勤,奪商船所有而去」,當時的政府都拿他沒有辦法。在嘉慶 10 年時,蔡
牽又泊鹿耳門、攻郡城。此次在慶保、愛新泰及李長庚嚴守之下,蔡牽才沒
有遂其願。最後在嘉慶 14 年,蔡牽被追擊,自焚而死。

　　鄭兼才(1758～1822),嘉慶九年(1804)調任臺灣縣學教諭,有〈蔡騫
逸出鹿耳門聞信感作〉:

　　鹿耳頻年瘴氣侵,可堪元惡未成擒。登城此日全無色,入汕當時苦
　　用心。殘喘知隨塵劫盡,餘波慮趁海潮深。竟攜黨與同舟去(作者
　　註:「周添壽、葉豹等俱同時逸去。」),不悔空揮百萬金。〔註98〕

「鹿耳頻年瘴氣侵,可堪元惡未成擒」二句書寫鹿耳門最近幾年受到蔡牽的
侵略,可惡的是無法將首腦捕捉起來。「殘喘知隨塵劫盡,餘波慮趁海潮深」
書寫海盜知道自己的未來堪憂,所以趁著海潮,趕緊逃亡。

　　鄭兼才亦有〈蔡牽竄入鹿耳門勾連臺匪攻城滋擾僅有舟師二千五百人把
守招門是時勢當用眾水陸分投擊殺方克成功而陸兵未調只以空文虛張聲勢又
令水師分兵赴陸應援坐失事機詩以誌之〉二首:

其一

　　渤海烽煙苦未收,又從島外逞奸謀。行師不避風濤險,討賊無容眾
　　寡籌。遍地欃槍新鬼哭,孤城兵火故人愁。臺陽最是關桑梓,沿海
　　安危及早求。〔註99〕

〔註97〕 丁紹儀:《東瀛識略・奇異　兵燹・兵燹》,臺灣文獻叢刊,第二種,卷七,
　　　　 頁 90。

〔註98〕 鄭兼才:〈蔡騫逸出鹿耳門聞信感作〉,《全臺詩——智慧型全臺詩知識庫》,
　　　　 上網日期:20150502,網址:http://xdcm.nmtl.gov.tw/twp/b/b02.htm。此詩收於
　　　　 薛志亮《續修臺灣縣志》〈藝文〉,又載陳漢光《臺灣詩錄》。

〔註99〕 鄭兼才:〈蔡牽竄入鹿耳門勾連臺匪攻城滋擾僅有舟師二千五百人把守招門是
　　　　 時勢當用眾水陸分投擊殺方克成功而陸兵未調只以空文虛張聲勢又令水師分
　　　　 兵赴陸應援坐失事機詩以誌之〉,《全臺詩——智慧型全臺詩知識庫》,上網日

其二

側身東望亂煙浮，臺地蒼生苦未休。海外□風成虎豹，眼前鬼魅盡
戈矛。事關得失謀宜定，兵貴萬全力要周。莫道舟師堪破賊，數帆
只在水中流。〔註100〕

蔡牽竄入鹿耳門，當時鹿耳門僅有舟師二千五百人把守招門，所以詩人才會
提及「臺陽最是關桑梓，沿海安危及早求」、「事關得失謀宜定，兵貴萬全力
要周。莫道舟師堪破賊，數帆只在水中流」之語，希望水陸二師能有一個周
全的方法來應敵。

　　鄭兼才又有〈蔡逆逃出鹿耳門外議紛紛在軍諸將多有不平作此示意〉二
首：

二首之一

功過分明路上碑，何須口舌亂支離。事雖目擊猶難定，語是風傳最
可疑。渤海波濤原不測，人間禍福豈能知。此生總被虛名誤，說到
虛名悔也遲。

二首之二

鹿耳門邊逐匪船，強支病體欲爭先。公侯骨相原無我，渤海風濤卻
有年。世路崎嶇曾閱歷，人情冷暖想當然。招喚水漲渠魅逍，那個
官兵肯向前。〔註101〕

由於蔡牽從鹿耳門中逃逸，所以當時對於軍隊多所議論，作者因而希望能平
息議論，而有「事雖目擊猶難定，語是風傳最可疑」之句。「鹿耳門邊逐匪船，
強支病體欲爭先。公侯骨相原無我，渤海風濤卻有年」四句乃是在為舟師發
言，勸慰其心，以止民論。

　　　　期：20150502，網址：http://xdcm.nmtl.gov.tw/twp/b/b02.htm。《李忠毅公遺詩》
　　　　抄本。

〔註100〕鄭兼才：〈蔡牽竄入鹿耳門勾連臺匪攻城滋擾僅有舟師二千五百人把守招門是
　　　　時勢當用眾水陸分投擊殺方克成功而陸兵未調只以空文虛張聲勢又令水師分
　　　　兵赴陸應援坐失事機詩以誌之〉，《全臺詩——智慧型全臺詩知識庫》，上網日
　　　　期：20150502，網址：http://xdcm.nmtl.gov.tw/twp/b/b02.htm。《李忠毅公遺詩》
　　　　抄本。

〔註101〕鄭兼才：〈蔡逆逃出鹿耳門外議紛紛在軍諸將多有不平作此示意，《全臺詩——
　　　　智慧型全臺詩知識庫》，上網日期：20150502，網址：http://xdcm.nmtl.gov.tw/
　　　　twp/b/b02.htm。《李忠毅公遺詩》抄本。

　　李長庚（1751～1807），嘉慶 5 年（1800）擢福建水師提督，不久調浙江。長年致力於追勦海盜蔡牽與朱濆之工作。嘉慶 12 年（1807）12 月二 25 日，追討蔡牽至黑水洋，不幸中砲身亡。追封三等烈伯，諡號「忠毅」。李長庚有〈鹿耳門歲暮有懷〉：

　　　　形役遍滄海，殘年感歲華。臺城兵火亂，鹿耳砲聲奢。萬緒攢心曲，
　　　　孤舟泊水涯。狂濤翻日落，瘦骨逐風斜。久病精神短，窮愁旦夕加。
　　　　不才徒閫外，竟以海為家。〔註 102〕

「形役遍滄海，殘年感歲華。臺城兵火亂，鹿耳砲聲奢」四句說明詩人為了臺城而在大海之上奔波，在歲暮之時，感到自己年歲老去，而有所傷感。「萬緒攢心曲，孤舟泊水涯。狂濤翻日落，瘦骨逐風斜」四句書寫他的辛勞。

　　劉家謀在〈海音詩〉中有論及吉凌阿及薛志亮在蔡牽亂事表現優秀之語，如下：

一百首之八十

　　　　遊擊吉凌阿，用兵得法，蔡逆之亂力戰有功【蔡牽之亂力戰有功】。
　　　　時臺灣令薛志亮號愛民。民為謠曰：「武官有一吉，文官有一薛。任
　　　　是蔡騫來，土城變成鐵。」
　　　　楊僕樓船自列營，孫盧島上尚縱橫。薛文吉武威名在，如鐵依然舊
　　　　土城。〔註 103〕

「薛文吉武威名在，如鐵依然舊土城」二句道盡臺灣縣對二人處理蔡牽事件信心。

　　劉家謀在〈海音詩〉又有論述李長庚、王得祿、邱良功等有功之臣的詩：

一百首之八五

　　　　李忠毅公長庚歿後，王軍門得祿、邱軍門良功卒擊沉蔡逆船於魚山
　　　　外洋【邱軍門良功卒擊沉蔡牽船於魚山外洋】。奏入，王得祿晉封子
　　　　爵，邱良功晉封男爵。

〔註 102〕李長庚：〈鹿耳門歲暮有懷〉，《全臺詩——智慧型全臺詩知識庫》，上網日期：20150502，網址：http://xdcm.nmtl.gov.tw/twp/b/b02.htm。《李忠毅公遺詩》抄本。

〔註 103〕劉家謀：〈海音詩〉，《全臺詩——智慧型全臺詩知識庫》，上網日期：20150502，網址：http://xdcm.nmtl.gov.tw/twp/b/b02.htm。收於《海音詩》。此組詩又載於陳漢光《臺灣詩錄》。

忠毅勳猷勒鼎鐘，王邱英勇繼前蹤。手殲狂寇鯨波裏，不愧天朝五
等封。〔註104〕

「忠毅勳猷勒鼎鐘，王邱英勇繼前蹤」書寫李長庚因為拘捕蔡牽而逝，功在
家國，之後又有王得祿、邱良功英勇跟進，奮力作戰。「手殲狂寇鯨波裏，不
愧天朝五等封」二句書寫蔡牽最後被滅，這些英勇的將士們功勞最大，不愧
為天朝五等封的大將。

　　謝金鑾有〈臺灣竹枝詞〉三首，論及蔡牽之亂守禦臺城的臺灣縣令薛志
亮及遊擊吉凌阿及義士陳啓良，如下：

呱呱赤子勃谿啼，求牧今難與古齊。何處紅燈書縣宰，春風弦管五
條街。（丙寅歲秋八月，臺灣邑令薛公誕辰，民爭慶之。薛聞，欲號
燈衙仗塞署門辟，闇者不答客。邑民自相率奏樂歌舞，簫管之聲遍
滿街巷，雖極貧者亦懸燈於戶，書曰「邑主某公千壽」。薛令隸役禁
撲之，民謹曰：「吾自頌吾父母耳，官何與焉」！謳歌者更數日夜，
卒不能禁）〔註105〕

此詩敘述由於縣令薛志亮守護臺灣縣有功，縣民爭相為他賀壽之事。

蹉跌遊戎血戰情，邱官念念為蒼生。何妨塞卻狼機口，壘土新來變
鐵城。（遊擊吉凌阿用兵得法，乙丑、丙寅間，力戰有功；尋病卒。
時臺灣尹薛公號愛民，民為謠曰：「文官有一薛，武官有一吉；任是
蔡騫來，土城變成鐵」）〔註106〕

「何妨塞卻狼機口，壘土新來變鐵城」二句歌頌遊擊吉凌阿用兵得法，使得
臺灣縣得以保全。

木城百雉海東隅，危難方知偉丈夫。惡耗翻成名節在，萬金為汝市
頭顱。（蔡逆之亂，義士陳啓良請建木城於海底；慶觀察韙其議，啓
良力任事，兩日夜城成。於是力率義旅守海岸，賊迫，眾多奔徙，
獨啓良不去也；時賊募殺義士首者予萬金，首啓良，次則洪秀文、

〔註104〕劉家謀：〈海音詩〉，《全臺詩——智慧型全臺詩知識庫》，上網日期：20150502，
　　　　網址：http://xdcm.nmtl.gov.tw/twp/b/b02.htm。收於《海音詩》。此組詩又載於
　　　　陳漢光《臺灣詩錄》。
〔註105〕謝金鑾：〈臺灣竹枝詞〉，《續修臺灣縣志·藝文（三）·詩·臺灣竹枝詞　謝
　　　　金鑾》，臺灣文獻叢刊，第一四〇種，卷八，頁614。
〔註106〕謝金鑾：〈臺灣竹枝詞〉，《續修臺灣縣志·藝文（三）·詩·臺灣竹枝詞　謝
　　　　金鑾》，臺灣文獻叢刊，第一四〇種，卷八，頁615。

吳春貴輩）〔註107〕

詩中書寫蔡牽之亂時義士陳啓良請建木城於海底，並奮勇守禦，在當時海盜有懸賞萬金殺陳啓良之事。

（四）李石、林恭

在《臺灣詩乘》中有敘述李石之變、林恭（林供）之變，如下：

> 道光之末，清政不飭，洪王起兵，奠都南京，建國太平，奄有諸夏之半。風潮震動，遠及臺灣，於是而有李石之變，於是而有林恭之變。李石，臺邑人，以咸豐三年四月樹旗灣裏街，大書「興漢滅滿」。知縣高鴻飛聞警，率兵討，途次被害。而鳳山林恭亦入縣城，殺知縣王廷幹。〔註108〕

在咸豐時期，由於太平天國之事，臺灣亦有影響，因此而有李石之變、林恭之變。李石是臺灣縣人，咸豐3年在臺灣縣灣裏街，響應「興漢滅滿」之舉。後來知縣高鴻飛被他所殺。

《斯未信齋雜錄》有記錄此一亂事：

> 二十八日，臺邑中北路匪徒樹旗，中路委縣丞姚鴻、北路委署縣高鴻飛會營勦辦。高署令是日紮營灣裏街地方，賊來圍攻，督同弁兵開炮轟擊多人，自夜達旦。有積匪李石前一夕來營投首，高令未即加誅，曾為守備李雲龍線民；旋逃去，不知何往。該匪帶夥混入兵勇，竊去軍營火藥。次日，攻益急，後擊退，而糧餉未至，壯勇無食。初以去郡二十餘里易於接濟，乃為賊所阻截。向來屯兵處就近採買，茲附近各莊閉戶避賊，無從購買，眾將潰。於是，移營退行，隊伍遂亂。李弁乘馬逸，中途被各匪探知，乘機圍殺。高令麾眾退，手刃拒賊，被戕，頭顱並割去。外委謝奮揚、前縣丞汪昱之子汪兆蕃助殺賊，並被殺，分其屍。屯番與縣丁先負高令走，以體胖不勝，乃被賊追及，家丁、壯勇、屯番同死者百餘人。此二十九日午時事。是日，聞署鳳山縣王廷幹、典史兼興隆巡檢張樹春於二十八日並被害。〔註109〕

〔註107〕謝金鑾：〈臺灣竹枝詞〉，《續修臺灣縣志・藝文（三）・詩・臺灣竹枝詞　謝金鑾》，臺灣文獻叢刊，第一四○種，卷八，頁615。

〔註108〕丁紹儀：《東瀛識略・奇異　兵燹・兵燹》臺灣文獻叢刊，第二種，卷七，頁93～94。

〔註109〕徐宗幹：《斯未信齋雜錄・癸丑日記》，臺灣文獻叢刊，第九三種，頁84。

上為李石佯裝投誠高鴻飛，待得軍火之後，反殺害縣令之事。

《東瀛識略》亦有敘及林恭之亂：

> 林供者，鳳山縣民，曾充縣役，喜與匪類交。咸豐三年夏四月，聞漳泉會匪攻陷郡縣，密與臺灣奸民王汶愛、嘉義匪徒賴棕等約期起事，假粵西逆匪天德偽號，自稱鎮東、鎮南各元帥。臺灣縣高大令鴻飛會營往緝，夜駐灣裏街；翌午，賊剚至，詎守備李雲龍潛通賊，未戰先逸，高大令力戰陣亡。南路賊冒稱義民突入縣城，知縣王大令廷幹、典史張樹春同遇害。曾參將元福扼守火藥庫，得不陷。北路之賊疊攻嘉義城，知縣呂大令朝梁督勇出擊，城賴以全。徐清惠宗幹方為臺灣道、裕子厚方伯鐸方知臺灣府，與總兵官恒裕正議堵勦；五月初，供等驟犯郡城，三攻不克，乃退。時福建逆氛四起，下游則黃德美據廈門，陷漳州及海澄、漳浦、長泰、同安、安溪各縣，林俊則陷南安、永春、大田、德化，延及興化之仙游、莆田；上游則黃有使圍延平，陷沙縣、永安、尤溪，而福州錢鋪同時倒閉，米價頓昂，民間岌岌不支，庫儲又不及萬金，搜羅殆盡，勢不能再籌兵餉，遠顧臺灣。王春嚴制軍懿德不知臺灣總兵懦怯畏葸，轉以「藉病圖安、意見不和」劾徐清惠；幸文宗聖明，僅予議處察看而已。鄭芸舫太守時以縣令需次臺郡，奉清惠檄權鳳山縣事，募勇千五百，偕鎮標夏游擊汝賢領兵六百，於六月初轉戰而南。曾參將探知援到，由火藥庫破圍出，收復埤頭城。城內火藥庫四圍樹竹，環以深濠，中築土牆，堅甚，故蔡牽亂時守備藍玉芳亦據以待援，賊百計攻之不拔，雖得地利，亦視守者何如耳。恒鎮軍久駐郡城外伺賊釁，前守臺灣史梅叔太守密已奉文休致，憤練壯勇六百，請為前隊，適孔雪鶴觀察昭慈任鹿港同知受代回，募勇七百餘名航海來會；澎湖王游擊國忠亦以水師兵四百至，乃拔營起，沿途搜討。秋七月，抵嘉義縣，汶愛、棕等次第就擒，與逆黨二千餘咸授首。南路賊林供亦經圍獲伏誅。〔註110〕

咸豐3年（1853）李石、林恭的亂事，在7月平定。

查元鼎（1804～約1886），咸豐初游幕臺灣，遂居竹塹。有〈輓鴻飛〉：

〔註110〕丁紹儀：《東瀛識略·奇異　兵燹·兵燹》，臺灣文獻叢刊，第二種，卷七，頁93～94。

鳳凰池上客，忽現宰官身。仙吏皆循吏，良臣作藎臣。生原慈似佛，
死以殺成仁。夜半文星隕，書空一愴神。〔註111〕

「生原慈似佛，死以殺成仁。夜半文星隕，書空一愴神」四句乃書寫高鴻飛
因公殉職，殺身成仁的壯烈。

王凱泰（1823～1875）光緒元年來臺，有〈臺灣雜詠續詠〉十二首，其
中有論及高鴻飛，如下：

十二首之七

江南前輩老名場，猶記珠巢共舉觴（京都珠巢街有揚州會館）；我渡
重洋公已往，只留海上姓名香（高南卿大令，高郵人；以名翰林出
宰閩中，罹于臺灣灣裏街之難。奉旨：給卹、建祠）。〔註112〕

「江南前輩老名場，猶記珠巢共舉觴」二句王凱泰書寫曾與高鴻飛為舊識，
亦曾在北京珠巢街的揚州會館共飲。「我渡重洋公已往，只留海上姓名香」2
句敘述 2 人在臺島已無緣相見，因為高鴻飛因為李石亂事而殉職，朝廷有頒
布給卹、建祠，高縣令之名將流芳萬世。此詩亦書寫了來臺任官者的面對生
命無常的落寞。

林占梅（1821～1868），咸豐 3 年（1853），林恭事變，協辦全臺團練，
捐津米三千石，准簡用浙江道。他在咸豐4年有〈過茅港尾莊〉。《東槎紀略》
有茅港尾的記載：

臺郡出北門五里，……又五里，茅港尾，民居街市頗盛，有汛並館
舍。〔註113〕

由上述記載可以知道，茅港尾是一個民居街市頗盛，商業行為繁盛之地。它
同時也是嘉義通往臺南的重要驛站、港口，曾有「小揚州」之稱：

清代，茅港尾是嘉義通往台南的大驛站，又得港灣之便，商帆往來，
行旅絡驛於途。茅港尾街人車分道，是台灣當時少有的一條「雙顯
街」。街上店家林立，舉頭不見太陽；入夜則秦樓楚館，笙歌楚楚，
故有「小揚州」之稱。鼎盛時期人口超過一萬，便可見其繁榮了。……

〔註111〕查元鼎：〈輓鴻飛〉，《臺灣詩乘·臺灣詩乘卷四》，臺灣文獻叢刊，第六四種，
卷四，頁 179～180。

〔註112〕王凱泰：〈臺灣雜詠續詠〉，《臺灣雜詠合刻·臺灣雜詠合刻·續詠十二首（原
註）》，臺灣文獻叢刊，第二八種，頁50。

〔註113〕姚瑩：《東槎紀略·臺北道里記》，臺灣文獻叢刊，第七種，卷三，頁88。

> 茅港尾港為倒風內海港口之一，昔日府城往嘉義官道中間站，行旅
> 每每在此打尖留宿，次日再上路，因此繁榮一時，曾有「小揚州」
> 之風流雅稱。〔註114〕

然而，林占梅此詩卻是書寫受到戰火波及的茅港尾，一個腥風血雨的荒涼地區：

> 腥血吹風撲面涼，蕭條何處覓村莊？千堆白骨皆新塚，十里平沙是
> 戰場。落日昏黃聞鬼哭，啼禽鳴咽斷人腸。當年此地人居密，轉眼
> 荒涼倍可傷！〔註115〕

「千堆白骨皆新塚，十里平沙是戰場」二句書寫了戰況的激烈及戰火的可怕。「落日昏黃聞鬼哭，啼禽鳴咽斷人腸」二句藉由聽覺摹寫的方式，書寫了茅港尾受到戰火蹂躪後的悲涼。「當年此地人居密，轉眼荒涼倍可傷」曾經此處是如何的繁華，對比之下的荒涼，更是令人心傷。

　　明鄭時期，標舉反清復明，對清朝政權自是反對立場。臺南地區為當時明鄭政權的核心，詩人們在此間活動時所發出的謳歌，流露出對清朝政權的反抗。鄭成功自比為田橫，王忠孝於東渡首春時，期許明朝振興，徐孚遠期待鄭成功「一舉清江漢」，寧靖王朱術桂保髮自經，鄭經悲中原未復，皆堅定表達其反抗立場。然而，隨著世局轉變，堅定反抗的信念，在人事未諧之中消磨，消極反抗的隱居思想在詩句中漸漸浮現：徐孚遠「荷鋤帶笠安愚分，草木餘生任所便」(〈東寧詠〉)、鄭經「世俗真堪避，空山結茅區」(〈一室〉)、沈光文「士學西山羞不死，民非洛邑敢居頑」(〈至灣匝月矣〉)，雖各自有其立場，各有其黍離之音，然而，不贊同清朝政權一致。

　　清領時期，詩人們多維持官方立場，詩作多為贊許清朝政權，對盛世太平多所稱頌，批判明鄭時期反抗作亂。清領後期，列強侵逼，在牡丹社事件後，官方設立延平郡王祠，古典詩作中鄭成功以英雄形象出現，反映了清朝政府的衰弱，詩人對英雄的渴慕。

　　清領時期，臺灣有許多人民反抗事件，詩人們基於官方立場，口徑一致的批判暴亂的情形：朱一貴假託為明室後裔，林爽文以天地會反清，蔡牽建

〔註114〕〈茅港尾的興衰史〉，臺南市甲中國小社區鄉土踏查，上網日期：20150130，
　　　　網址：http://cces.tn.edu.tw/local/1-4.htm。
〔註115〕林占梅：〈過茅港尾莊〉，《潛園琴餘草簡編・正文・甲寅（咸豐四年）・過茅
　　　　港尾莊》，臺灣文獻叢刊，第二〇二種，頁47。

立海上政權，李石、林恭藉太平天國，號召「興漢滅滿」，皆震動府城。詩人們於批判之中，或提出建言，或謳歌英雄，或書寫戰爭的慘烈、戰後的蕭條，皆反映當時臺灣的面貌。

第四章　對日本統治的書寫

　　日本在 1868 年進行明治維新後，開始對外侵略。甲午戰爭對清帝國的勝利，使日本政府的民氣水漲船高：

> 日本帝國的強盛，始於他們在十九世紀末一連串的戰爭中頻頻得
> 勝。其中最重要的一場，是與清帝國的「甲午戰爭」。由於戰勝中國，
> 給了日本極大的自信心來對抗當時魔爪已深入亞洲的歐美列強；同
> 時也讓日本人發覺，自己有取代中國，成為亞洲霸主的實力。為了
> 證明這一奇想，他們啟動了一系列的政治及文化實驗。〔註1〕

戰勝中國，給了日本極大的自信心，使得日本人開始意識到自己作為國家國民的一部分，應該不分地位的去支持軍隊：

> 以甲午戰爭為契機，日本在明治維新後第一次經歷了大規模的對外
> 戰爭，對日本成為近代意義上的國民國家有著十分重要的影響。透
> 過戰爭過程中，國家機關不斷重複的強調「國民」的義務和貢獻，
> 使得日本人開始意識到自己作為國家國民的一部分，應該不分地位
> 的去支持軍隊，也是所謂的戰爭的「統合作用」。在這個統合過程中，
> 作為軍隊統帥的明治天皇有著十分積極的作用。〔註2〕

臺灣是日本政府在早期擴張時的政治及文化實驗場所：

〔註1〕　林民昌：〈【文教台灣】戴上文明的望遠鏡　日本殖民教育與台灣逆轉奇蹟〉，
　　　　《經典雜誌》，第 093，2006 年 4 月，上網日期：20150706，網址：http://www.
　　　　rhythmsmonthly.com/?p=4076。

〔註2〕　〈甲午戰爭〉，上網日期：20150709，網址：https://zh.wikipedia.org/wiki/%E7%
　　　　94%B2%E5%8D%88%E6%88%98%E4%BA%89#.E5.AF.B9.E6.97.A5.E6.9C.A
　　　　C.E7.9A.84.E5.BD.B1.E5.93.8D。

台灣，做爲日本帝國擴張的第一塊版圖，在此時被納入了帝國的構
築實驗中。誠如殖民帝國研究學者矢內原忠雄所言：「殖民地統治是
宗主國政治、傳統及文化的投影。通常是以該國的社會形態、政治
思想、文化特徵爲基礎而架構成形。」……和英、法、美等歐美帝
國不同的是，日本和台灣之間的文化差距並不是很大：在文化思想
上，儒家思想在兩地都廣被接受；在經濟型態上，同以農業、商業
爲主；在種族上，亦屬黑眼睛黃皮膚；甚至語言的差距也不致於南
轅北轍，從完全不懂台語的日本各級官員，竟能用漢文與台灣文人
「筆談」溝通一事上，便看得出來。上述各項因素，使得日本帝國
在台灣所規畫的教育制度，與其他殖民帝國有很大的差別。……根
據一份日本學務部的教告書中指出：「台灣……語言與北方大不相
同，即使精通中國北京官話的日本翻譯官員，在台灣也像英雄無用
武之地一樣……了解台語的日本人非常少，了解日語的台灣人也幾
乎沒有……要施行治民之術，發展教化的工作實在很艱難。」〔註3〕

完全不懂台語的日本人，能用漢文與台灣文人「筆談」溝通，乃是因爲文化
上日本與臺灣有相交集之處：儒家思想。在此時期中，不乏有日本官員參加
臺灣詩會。在日治時期，古典詩可說是在一個有利的環境中生長、發展。在
國際社會一致認定臺灣爲日本的領地之時，古典詩中稱頌日人統治的篇什也
順勢而生。

第一節　接受

1895 年乙未割臺之役後，許多詩人內渡，在日本統治相對進入穩定期後，
對日本統治表示擁護的詩歌就漸漸出現。茲舉要分述之。

一、歡迎兒玉督憲南巡頌德詩

兒玉源太郎（1852～1906）爲臺灣日治時期第 4 任總督，在 1899 年時曾
經到臺灣南部巡行：

〔註3〕　林民昌：〈【文教台灣】戴上文明的望遠鏡　日本殖民教育與台灣逆轉奇蹟〉，
《經典雜誌》，第 093，2006 年 4 月，上網日期：20150706，網址：http://www.
rhythmsmonthly.com/?p=4076。

兒玉源太郎爲臺灣日治時期第 4 任總督（1898～1906）。兒玉在總督任內，也在中央身兼數職（兼任日本內閣陸軍大臣、軍務大臣、文部大臣等職位），更領兵參與日俄戰爭，因此在臺灣的時間很短。實際在臺灣負責政務的人是民政長官後藤新平，此時期奠定臺灣的近代化，被稱爲「兒玉、後藤時代」。〔註4〕

蔡佩香（1867～1925）在 1899 年有〈歡迎兒玉督憲南巡頌德詩〉六首：

其一

曾傳召伯巡南國，又見霓旌赤崁來。極目離明城外路，○○逐隊滾飛埃。〔註5〕

蔡佩香此詩首句「召伯巡南國」，以《詩經・召南・甘棠》典故中的召伯譬喻兒玉源太郎〔註6〕，對兒玉的評價相當高。「極目離明城外路，○○逐隊滾飛埃」二句書寫人潮洶湧的情狀，表達群眾對兒玉源太郎極其歡迎。

其二

榮戟遙臨照眼明，口碑載道聽歡聲。傾城車蓋如雲起，豈但兒童竹馬迎。〔註7〕

「榮戟遙臨照眼明，口碑載道聽歡聲」二句描繪兒玉源太郎的車駕、陣仗相當盛大、引人注目，而路上迎接民眾的歡呼聲也充斥所有的街道。「傾城車蓋如雲起」之句書寫臺南地區達官顯貴全部聚集在此迎接總督，極力表達大家的歡喜之情，也傳神地刻畫了對日本統治的支持。

其三

鹵簿前來數騎馳，鮮明鎧甲壯行儀。路人喜色遙相告，生佛今猶見此時。〔註8〕

〔註4〕　上網日期：20150206，網址：http://zh.wikipedia.org/wiki/%E5%85%92%E7%8E%89%E6%BA%90%E5%A4%AA%E9%83%8E。

〔註5〕　蔡佩香：〈歡迎兒玉督憲南巡頌德詩〉，《全臺詩——智慧型全臺詩知識庫》，上網日期：20150502，網址：http://xdcm.nmtl.gov.tw/twp/b/b02.htm。此詩收於兒玉源太郎《慶饗老典錄》。

〔註6〕　《毛詩正義》：「《甘棠》，美召伯也。召伯之教，明于南國。」李學勤：《毛詩正義》，臺北市：五南圖書出版有限公司，第一卷，2001 年，頁 91。

〔註7〕　蔡佩香：〈歡迎兒玉督憲南巡頌德詩〉，《全臺詩——智慧型全臺詩知識庫》，上網日期：20150502，網址：http://xdcm.nmtl.gov.tw/twp/b/b02.htm。此詩收於兒玉源太郎《慶饗老典錄》。

〔註8〕　蔡佩香：〈歡迎兒玉督憲南巡頌德詩〉，《全臺詩——智慧型全臺詩知識庫》，上

「鹵簿前來數騎馳，鮮明鎧甲壯行儀」二句以歡迎兒玉總督的儀仗隊伍來回地奔走，穿戴著英姿煥發的鮮明鎧甲，使得行隊軍容相當壯盛。「路人喜色遙相告，生佛今猶見此時」，以路人喜形於色，爭相談論總督來臨的盛況，並以「生佛」譬喻兒玉總督，顯示詩人極力表示對日本統治的歡迎。

其四

夾道高張彩色新，九衢淨掃絕灰塵。怪他市上人如蟻，爭睹休休社稷臣。〔註9〕

「夾道高張彩色新，九衢淨掃絕灰塵」三句摹寫臺南地區街上高掛歡迎的布條，且為了歡迎總督到來而將街道掃得一塵不染。「怪他市上人如蟻，爭睹休休社稷臣」二句書寫觀著如蟻一般的擁聚，只為了爭睹社會中流砥柱的大臣，亦表示人們非常歡迎日本的統治。

其五

襜帷暫駐五花嘶，萬姓歡迎拜舞齊。莫謂月無常照處，南來今已慰雲霓。〔註10〕

「襜帷暫駐五花嘶，萬姓歡迎拜舞齊」二句摹寫臺南地區民眾為了歡迎兒玉總督有歌舞的表演，三、四句「莫謂月無常照處，南來今已慰雲霓」並以明月來照，譬喻兒玉源太郎南來，表示對兒玉總督的無限敬仰。

許廷光（1860～1929），號凌槎，清臺灣縣治（今臺南市）人。亦有〈歡迎兒玉督憲南巡頌德詩〉：

旌旗掩映小南城，儀仗森嚴入眼明。共仰福星輝赤崁，定能霖雨遍蒼生。將軍大樹千年茂，召伯甘棠百里賡。遮道群黎頻引領，依光先已慰歡迎。望歲當年仰葉公，而今晃胄拜英風。心降乍喜瞻乘輅，盼切前猶恐見虹。應有奇勳侔謝傅，定多名蹟繼姚崇。驄轅只望長

網日期：20150502，網址：http://xdcm.nmtl.gov.tw/twp/b/b02.htm。此詩收於兒玉源太郎《慶饗老典錄》。

〔註9〕 蔡佩香：〈歡迎兒玉督憲南巡頌德詩〉，《全臺詩——智慧型全臺詩知識庫》，上網日期：20150502，網址：http://xdcm.nmtl.gov.tw/twp/b/b02.htm。此詩收於兒玉源太郎《慶饗老典錄》。

〔註10〕 蔡佩香：〈歡迎兒玉督憲南巡頌德詩〉，《全臺詩——智慧型全臺詩知識庫》，上網日期：20150502，網址：http://xdcm.nmtl.gov.tw/twp/b/b02.htm。此詩收於兒玉源太郎《慶饗老典錄》。

攀住，次第宣猷遍海東。〔註11〕

「旌旗掩映小南城，儀仗森嚴入眼明。共仰福星輝赤崁，定能霖雨遍蒼生」
四句書寫兒玉總督到臺南的景況：旌旗在小南城上互相掩映，儀仗隊伍莊嚴
肅穆地進入臺南人民的眼中。總督猶如福星一般照耀著臺南，相信一定能給
予臺南民眾安和樂利的生活。「應有奇勳侔謝傅，定多名蹟繼姚崇。驄轅只望
長攀住，次第宣猷遍海東。」四句中亦以謝安（320～385）、姚崇（651～721）
譬喻總督，表示對其敬仰，並期待他能長留此地，建設臺南。

林馨蘭（1870～1924），臺南（辜婦媽街）人亦有〈歡迎兒玉督憲南巡頌
德詩〉：

> 山勢似排衙，襜帷駐法華。旭旗輕颭處，圓影煥明霞。召虎此旬宣，
> 鳴騶鎧甲鮮。擁迎冠蓋盛，威振小南天。夾道淨無塵，旗懸旭日新。
> 群黎爭負弩，援溺望王臣。〔註12〕

「山勢似排衙，襜帷駐法華。旭旗輕颭處，圓影煥明霞。召虎此旬宣，鳴騶
鎧甲鮮。擁迎冠蓋盛，威振小南天」六句書寫總督來臺南，在法華寺停留，
旌旗飄飄，儀隊壯盛，在南門一帶，群眾擁迎，相當熱鬧。「群黎爭負弩，援
溺望王臣」二句書寫臺南百姓期待兒玉總督能解除人民的痛苦。

連城璧（1873～1958），臺灣縣寧南坊人（今臺南市）。邑庠生，為史家
連橫胞兄。在1899年亦有〈歡迎兒玉督憲南巡頌德詩〉：

其一

> 赤崁城外旭旗飄，紫氣東來戰氣銷。細柳春搖邊塞壘，落花紅漲海
> 門潮。虎符遠遞三千里，鶯埭遙傳十二朝。一路鐃歌天不夜，郊坰
> 欣見霍嫖姚。

「赤崁城外旭旗飄，紫氣東來戰氣銷」二句書寫總督南巡至臺南地區，其間
太陽旗迎風飄盪，處處充滿著祥瑞氣息。「郊坰欣見霍嫖姚」一句，詩人以霍
去病（140B.C.～117B.C.）與之相比擬，表達對兒玉源太郎的推崇。

〔註11〕許廷光：〈歡迎兒玉督憲南巡頌德詩〉，《全臺詩──智慧型全臺詩知識庫》，
　　　　上網日期：20150502，網址：http://xdcm.nmtl.gov.tw/twp/b/b02.htm。此詩收於
　　　　兒玉源太郎《慶饗老典錄》。
〔註12〕林馨蘭：〈歡迎兒玉督憲南巡頌德詩〉，《全臺詩──智慧型全臺詩知識庫》，
　　　　上網日期：20150502，網址：http://xdcm.nmtl.gov.tw/twp/b/b02.htm。此詩收於
　　　　兒玉源太郎《慶饗老典錄》。

其二

南船北馬繫游蹤，省識民瘼奏九重。召伯甘棠歌勿伐，將軍大樹喜
重逢。旌旗日耀分光彩，鼓樂雷鳴見肅雍。闔邑人民同仰望，春風
吹到紫雲濃。〔註13〕

「闔邑人民同仰望，春風吹到紫雲濃」寫出臺南地區的人民對兒玉總督有所
期待，希望能讓此地安和樂利、一片祥和。

連橫（1878～1936）也有〈歡迎兒玉督憲南巡頌德詩〉：

將進酒，公飲否，聽我一言為啓牖。臺疆屹立大海中，東南鎖鑰宜
堅守。干戈疫癘繼凶年，天降災殃無奇偶。若推而納之溝中，萬民
溺矣宜援手。我公秉節莅封疆，除殘伐暴登仁壽。揚文開會集英才，
策上治安相奔走。王事鞅掌已靡遑，又舉南巡施高厚。福星光照赤
嵌城，冠蓋趨蹌扶童叟。俯察輿情布仁風，饗老筵張隆壽寄。尤祈
恩澤遍閭閻，保我黎民無災咎。善教得民心，善政歌民口。勳猷炳
烈銘旗常，立德立功立言三者同不朽。〔註14〕

「我公秉節莅封疆，除殘伐暴登仁壽。揚文開會集英才，策上治安相奔走」
四句乃是稱讚兒玉總督的善政。「尤祈恩澤遍閭閻，保我黎民無災咎。善教得
民心，善政歌民口」四句乃是連橫對兒玉總督的期盼。

羅秀惠（1865～1943）1899 年有〈歡迎兒玉督憲南巡頌德詩〉：

歡聲動地起歌謳，行部應倫郭細侯。遮道兒童迎竹馬，望塵父老杖
藜鳩。觀風有自攜丁鶴，問喘猶勞向丙牛。愧乏英詞金石潤，末由
藻繪此鴻猷。年來四境掃槍櫹，北陸南溟節制嚴。猶復舍郊勞戒國，
且將顧畏懍民嚴。旌蛻日下臨琅嶠，駕牡星言稅赤嵌。匭道具瞻師
尹赫，不忘維石賦巖巖。〔註15〕

〔註13〕連城璧：〈歡迎兒玉督憲南巡頌德詩〉，《全臺詩──智慧型全臺詩知識庫》，
上網日期：20150502，網址：http://xdcm.nmtl.gov.tw/twp/b/b02.htm。此詩收於
兒玉源太郎《慶饗老典錄》。

〔註14〕連橫：〈歡迎兒玉督憲南巡頌德詩〉，《全臺詩──智慧型全臺詩知識庫》，上
網日期：20150502，網址：http://xdcm.nmtl.gov.tw/twp/b/b02.htm。作者註：「明
治三十二年（1899）十一月一日。」此詩收於兒玉源太郎《慶饗老典錄》。

〔註15〕羅秀惠：〈歡迎兒玉督憲南巡頌德詩〉，《全臺詩──智慧型全臺詩知識庫》，
上網日期：20150502，網址：http://xdcm.nmtl.gov.tw/twp/b/b02.htm。此詩收於
兒玉源太郎《慶饗老典錄》。

「歡聲動地起歌謳，行部應倫郭細侯」二句書寫兒玉總督的來臨是大家所仰
望，所以有歌謠為之傳誦。

二、慶饗老典

　　饗老典是台灣日治時期，第 4 任台灣總督兒玉源太郎與民政長官後藤新
平（1857～1929）實施的對臺政策之一，主要藉著尊重長者的傳統，以收攬
民心：

> 饗老典是台灣日治時期，第 4 任台灣總督兒玉源太郎與民政長官後
> 藤新平實施「生物學的殖民地經營」策略之一，為培養對日本的情
> 感，欲透過敬老尊賢的民情，藉著「老者」及「尊者」在地方上影
> 響力，達到收攬民心之效。明治 31 年（1898 年）6 月，乃仿效清代
> 鄉飲酒禮之制，舉辦第 1 次饗老典。〔註16〕

> 明治 32 年（1899 年）4 月 9 日兒玉總督在彰化文廟主持第 2 次饗老
> 典，設宴於彰化公學校，……同年 11 月在台南兩廣會館舉辦第 3 次
> 饗老典，男 72 人、女 92 人，共 164 位者老參加，第二、三次饗老
> 典的致辭、謝辭及應徵的詩文並由總督府編輯成《慶饗老典錄》。……
> 饗老典在台共舉辦了 4 次，統治者欲彰顯其對長者的尊重，藉此盛
> 典宣傳統者的「德政」，並爭取士紳及文人的支持。〔註17〕

1899 年，臺南兩廣會館舉辦第 3 次饗老典，表達對老者、尊者的敬重。陳人
英（1860～1926），清咸豐十年（1860）生於臺南官佃庄（今臺南縣官田鄉），
有〈慶饗老典〉：

其一

> 樽開北海壽南山，饗老頻行扃杖頒。潞社瑤池同燕會，木公金母肅
> 鵷班。禮隆三代承恩厚，世閱五朝覺力屏。帝德如天仁若海，無分
> 貴賤與夷蠻。〔註18〕

〔註16〕〈饗老典〉，上網日期：20150306，網址：http://zh.wikipedia.org/wiki/%E9%A5%
　　　　97%E8%80%81%E5%85%B8。

〔註17〕〈饗老典〉，上網日期：20150306，網址：http://zh.wikipedia.org/wiki/%E9%A5%
　　　　97%E8%80%81%E5%85%B8。

〔註18〕陳人英：〈慶饗老典〉，《全臺詩——智慧型全臺詩知識庫》，上網日期：
　　　　20150502，網址：http://xdcm.nmtl.gov.tw/twp/b/b02.htm。此詩收於兒玉源太郎
　　　　《慶饗老典錄》，又載賴子清《臺海詩珠》。

「帝德如天仁若海，無分貴賤與夷蠻」稱許日本天皇恩德如天，仁慈若海，對日人與臺人一視同仁，極力讚許日本天皇統治臺地的舉措。

其二

善養基開八百秋，而今鯤島一西周，引年盛典追皇古，尚齒高風挽末流。春酒介眉登壽域，蟠桃盛會宴神州。海濱遺老歸來日，西伯東瀛不外求。〔註19〕

「善養基開八百秋，而今鯤島一西周，引年盛典追皇古，尚齒高風挽末流」四句稱頌慶饗老典的舉辦，間接地謳歌日本統治的清明，如同中國的西周時期對年高德劭者的敬重。詩中洋溢著對日本流治的支持與讚許。

吳德功（1850～1924）有〈慶養老典〉：

列皇敬老敦古風，虞庠周序將毋同。賜官賜票免田租，煌煌巨典稱和銅。（作者註：「和銅七年。」）今上踐祚更踵行，推食解衣迨老翁。翁媼頓首稽首拜，歡聲動地咸呼嵩。臺灣督府兒玉帥，杖旄秉鉞莅瀛東。饗老典行體上意，肆筵設席優禮隆。去歲臨雍先臺北，春間乞言開臺中。今冬赤嵌又舉觴，權輿虞庠殊恩洪。紳商士民皆駢至，觥籌交錯飲碧筒。宴罷汽車載滿道，含哺鼓腹樂融融。〔註20〕

「今冬赤嵌又舉觴，權輿虞庠殊恩洪。紳商士民皆駢至，觥籌交錯飲碧筒。宴罷汽車載滿道，含哺鼓腹樂融融」書寫了在臺南地區舉辦了慶養老典的熱鬧和歡樂。

連橫（1878～1936）有〈慶養老典〉：

聖德光天地，還頒教孝文。南山詩獻頌，東海酒盈樽。鳳詔承恩厚，龍鍾感意殷。華封三萬戶，多壽祝吾君。〔註21〕

由於慶養老典有著許多歷史含義，詩人多所稱頌，最末「華封三萬戶，多壽祝吾君」之句亦表達了對日本統治的贊同。

〔註19〕陳人英：〈慶饗老典〉，《全臺詩——智慧型全臺詩知識庫》，上網日期：20150502，網址：http://xdcm.nmtl.gov.tw/twp/b/b02.htm。此詩收於兒玉源太郎《慶饗老典錄》，又載賴子清《臺海詩珠》。

〔註20〕吳德功：〈慶養老典〉，《全臺詩——智慧型全臺詩知識庫》，上網日期：20150502，網址：http://xdcm.nmtl.gov.tw/twp/b/b02.htm。兒玉源太郎《慶饗老典錄》。

〔註21〕連橫：〈慶養老典〉，《全臺詩——智慧型全臺詩知識庫》，上網日期：20150502，網址：http://xdcm.nmtl.gov.tw/twp/b/b02.htm。鷹取田一郎《壽星集》。

三、對日本統治政令、政績的讚揚

蔡佩香（1867～1925）1906 年〈恭賦天長節〉：

> 天皇神武鬐如虯，雄冠大劍控紫騮。出震東方答天下，江山雄麗二
> 千五百有餘秋。臣民義勇動天地，大俄小俄紛紛授首拜馬頭。兩渡
> 鴨綠江，一擊顫五洲。獻俘勒鼎告太廟，驍騎健將盡封侯。於今三
> 十有九載，地爲錫福天錫疇。竹千殿裡和風拂，坐擁五島滿韓南琉
> 球。扶桑海外關塵念，慘災地震嘉民愁。一時九重如傷痛，分頒金
> 帛腋成裘，虎臣鵝峙齊揚麻。於戲天長節，萬姓歡呼來添籌。新高
> 袍笏富士仰，稱觴仲冬八千牛。飛電飛輪萬國壽，海陸大纛山水郵。
> 東南天子氣灝灝，直視老熊如群酋。大白山河爲帶礪，長江浩浩日
> 光流。於戲天長節，天長之節有足謳，一枝健筆三雅浮。我且脫帽
> 長歌賀，遙爲天皇陛下，飛觴大唱酬。〔註22〕

「天皇神武鬐如虯，雄冠大劍控紫騮」、「我且脫帽長歌賀，遙爲天皇陛下，
飛觴大唱酬」數句皆是表達了對日本天皇的讚美和擁護。

謝汝銓（1871～1953），臺灣縣東安坊人（今臺南市）。有〈恭讀戊申（1908）
詔敕〉：

> 平和今世界，處處伏危機。經國有謀略，煌煌聖訓垂。文明察趨勢，
> 日進無窮期。邦交互尊重，幸福好相貽。孤立以爲國，危險不可思。
> 勢力計相等交誼可維持。富強視貧弱，分隔情自離。力圖治產業，
> 藉固邦國基。需用與供給，兩者得其宜。勤儉互相誡，驕奢弊勿滋。
> 國土愈恢拓，皇威益遠彌。憶昔滿韓野，強俄虎踞時。我皇赫斯怒，
> 膺懲動六師。嚴冬風雪裡，熱血灑健兒。仁者世無敵，俄人竟伏雌。
> 風雲收戰局，五載瞬於茲。糧械糜鉅款，國力亦云疲。方今籌補救，
> 以塞此漏巵。宸廑勞及此，處安不忘危。好共銘心版，身體力行之。

〔註23〕

〔註22〕蔡佩香：〈恭賦天長節〉，《全臺詩——智慧型全臺詩知識庫》，上網日期：
　　　 20150502，網址：http://xdcm.nmtl.gov.tw/twp/b/b02.htm。此詩收於《臺灣日日
　　　 新報》，「詞林」欄，1906 年 11 月 3 日，第一版，又載《漢文臺灣日日新報》，
　　　 「藝苑」欄，1906 年 11 月 3 日，第六版。

〔註23〕謝汝銓：〈恭讀戊申（1908）詔敕〉，《全臺詩——智慧型全臺詩知識庫》，上
　　　 網日期：20150502，網址：http://xdcm.nmtl.gov.tw/twp/b/b02.htm。此詩收於《漢
　　　 文臺灣日日新報》，「瀛社詩壇」欄，1909 年 6 月 24 日，第四版。

「國土愈恢拓，皇威益遠彌。憶昔滿韓野，強俄虎踞時。我皇赫斯怒，賡懲動六師」之句表達了詩人以日本對外戰爭的支持，可見其對日治的贊成。

謝國文（1887～1938），台灣臺南人。有〈己酉（1909）元旦〉：

百里河山又一新，雙峰高拱雪如銀。龍松老健三千歲，鳳曆初開卅二春。東海旌旗光旭日，南屏冠珮肅元辰。欣逢醞釀風雲會，寰島呼嵩頌聖仁。〔註24〕

「欣逢醞釀風雲會，寰島呼嵩頌聖仁」之句，由全島都高呼稱頌日本天皇，表露了詩人對日本統治的接受。

羅秀惠在1908年有〈歡迎閑院宮殿下並祝開通式〉：

地無歐亞國西東，競爭文明尚交通。得寸則尺窮締造，力補缺憾天無功。生本臺人識臺史，中郎略地曾抵此。厥後荷蘭次延平，開闢猶是草創耳。臺里距離三百懸，南北隔絕直天淵。鯤溟狼嶠成險塞，馬蘭狨草半荒煙。周有黎民棄如屍，抗不奉詔復爾爾。皇赫震怒命專征，北白川宮南進旅。倏然攬轡頌澄清，殖民統治費經營。經營子來成不日，殖民史上博好評。縱貫鐵道資創建，十稔工麼八億萬。從此拓殖卜開通，疆理何嘗畛域限。帝曰咨命爾臣工，俞汝往哉閑院宮。屏翰句宣龍種重，山川生色蠻花紅。前後天潢兩駐馭，秋肅春溫新雨露。昔年開創今營成，代天巡狩諸侯度。炎荒何幸荷龍光，思我王度爭望風。一片昇平簇歌舞，軒鼓歡迎表熱衷。幨幃覆幬宣風始，君門不愁隔萬里。試看隄線新擴張，後山橫貫將繼起。闢險通夷奪化工，朔南暨訖聲教同。軌物三臺群遍德，同胞何以答盛隆。

〔註25〕

「闢險通夷奪化工，朔南暨訖聲教同。軌物三臺群遍德，同胞何以答盛隆」四句乃是稱讚島內鐵道通車後的德政，詩人並感恩戴德的表達：同胞要如何才能回報日本天皇的恩德？

謝維巖（1879～1921）亦有〈祝鐵道全通式〉：

百里車聲似水流，煙花鼓吹下瀛洲。劈空雷電飛群壑，匝地龍蛇鑄

〔註24〕謝國文：〈己酉（1909）元旦〉，《全臺詩——智慧型全臺詩知識庫》，上網日期：20150502，網址：http://xdcm.nmtl.gov.tw/twp/b/b02.htm。收於《省廬遺稿》。
〔註25〕羅秀惠：〈歡迎閑院宮殿下並祝開通式〉，《全臺詩——智慧型全臺詩知識庫》，上網日期：20150502，網址：http://xdcm.nmtl.gov.tw/twp/b/b02.htm。此詩收於《漢文臺灣日日新報》，「祝詞」欄，1908年10月24日，第八版。

九州。旭日蒸雲中墟曉，西風鐵笛大墩秋。從茲有道平如坦，北衛
南屏任客遊。〔註 26〕

「從茲有道平如坦，北衛南屏任客遊」二句稱讚了火車的便利，亦間接地表
對日本統治的讚美。詩人又有〈擬元日早朝豐明殿〉：

九重佳氣鬱蔥蔥，仙仗煙浮曙色光。列國班參天子使，萬方歌獻小
臣章。聲歸鑾珮分鸝鷟，送笙蕭出鳳凰。朝罷豐明下金闕，春雲麗
日滿扶桑。〔註 27〕

「朝罷豐明下金闕，春雲麗日滿扶桑」之句，即是「滿扶桑」來表達對日本
政府的認同。謝維巖亦有〈祝始政紀念〉：

王師三旅定全臺，新政風行幕府開。恩順民情存故俗，威降逆類惜
遺才。共看水野留功績，猶是樺山舊化裁。十一年中逢此日，歡呼
萬歲響如雷。〔註 28〕

「王師三旅定全臺，新政風行幕府開」之句，即是直接書寫了對日本統治的
歡迎。他在 1925 年有〈祝今上銀婚式〉：

萬家頂祝拜天閽，率土呼嵩頌至尊。三島蓬萊懸日月，兩儀太極配
乾坤。麟振萃慶周王后，龍種華多寶子孫。輪指大撓推三秩，簪將
彤筆紀金婚。〔註 29〕

「萬家頂祝拜天閽，率土呼嵩頌至尊」二句中，「頌至尊」三字表達了對日本
治臺的心悅誠服。

王則修（1867～1952）臺南大目降（今新化）人，在乙未（1895）割臺
定議的隔年，帶家人內渡至漳州府龍溪縣，明治三十五年（1902）始返臺。
在 1940 年有〈奉祝皇紀二千六百年〉：

萬年王氣起扶桑，瑞穗河山煥國光。不缺金甌同地久，無疆寶祚並

〔註 26〕 謝維巖：〈祝鐵道全通式〉，《全臺詩——智慧型全臺詩知識庫》，上網日期：
　　　　 20150502，網址：http://xdcm.nmtl.gov.tw/twp/b/b02.htm。王炳南：《南瀛詩選》。
〔註 27〕 謝維巖：〈擬元日早朝豐明殿〉，《全臺詩——智慧型全臺詩知識庫》，上網日
　　　　 期：20150502，網址：http://xdcm.nmtl.gov.tw/twp/b/b02.htm。王炳南：《南瀛
　　　　 詩選》。
〔註 28〕 謝維巖：〈祝始政紀念〉，《全臺詩——智慧型全臺詩知識庫》，上網日期：
　　　　 20150502，網址：http://xdcm.nmtl.gov.tw/twp/b/b02.htm。王炳南：《南瀛詩選》。
〔註 29〕 謝維巖：〈祝今上銀婚式〉，《全臺詩——智慧型全臺詩知識庫》，上網日期：
　　　　 20150502，網址：http://xdcm.nmtl.gov.tw/twp/b/b02.htm。此詩收於《臺灣時報》
　　　　 第七十一號，「詞苑」欄，1925 年 9 月 15 日。

天長。定看歷數躬能在，可比恆沙斗弗量。幸際紀元佳節日，雲霄
唱徹頌聲揚。〔註30〕

「萬年王氣起扶桑，瑞穗河山煥國光」中的「王氣」來自「扶桑」——日本，
即是書寫詩人對日本統治的接受。

四、在戰爭時的立場

1905 年，日俄戰爭時，日本對俄國用兵得到勝利，臺南地區的詩人當時
有許多祝賀之詩：

謝維巖（1879～1921）有〈恭祝海捷紀念節〉：

彈煙萬丈與天摩，吼浪聲聲喚大和。寶劍光增宣戰敕，長江風送凱
旋歌。朱崖終古思橫海，銅柱於今憶伏波。最是海軍終克捷，極東
從此罷干戈。〔註31〕

「彈煙萬丈與天摩，吼浪聲聲喚大和」之句稱揚了「大和」精神，書寫了作
者以日本統治為榮之意。「最是海軍終克捷，極東從此罷干戈」2 句表達了詩
人在日俄戰爭時的立場，以日軍告捷為喜。

羅秀惠在 1905 年有〈日本海戰捷諷敗將羅餒兮用大東先生祝捷行韻〉：

狡焉思逞虎狼狠，大邦仇似螢前蠢。詎知方叔（謂東鄉大將）克壯
猷，空前勝利歸日本。冒險前來對馬沖，欲乘大霧飛艨艟。天假我
手掣死命，瞬息晴朗起悲風。激戰三日敵大敗，殘艦剩有幾微在。
可憐萬里航重洋，為我劃填鴻溝界。方其取道迁太平，昧昧勞師急
遠征。一鼓作氣再已竭，應接不暇山陰行。向使決策如圜轉，彼將
校非盡匙見。詢謀僉同具是依，未必尬大麋躪遍。勝負兩者更不繁，
當時空有悲壯言。慨當以慷期報捷，誓不生還度玉門。到頭打擊膺
懲戒，巨艦毛輕雁沉塞。三軍司令為俘囚，畢竟夜郎徒自大。須臾
異色認乾坤，朝食滅此晝未昏。將不斷頭甘降卒，心熱可有血潮奔。
日本海戰塗地日，俄都訛傳好消息。果悉東鄉奏凱旋，都人慘淡皆

〔註30〕 王則修：〈奉祝皇紀二千六百年〉，《全臺詩——智慧型全臺詩知識庫》，上網
日期：20150502，網址：http://xdcm.nmtl.gov.tw/twp/b/b02.htm。此詩收於《昭
和皇紀慶頌集》。編者按：《全臺詩》第 23 冊已收錄王則修詩作，出版時未及
收錄此詩，茲增補於「智慧型全臺詩知識庫」。
〔註31〕 謝維巖：〈恭祝海捷紀念節〉，《全臺詩——智慧型全臺詩知識庫》，上網日期：
20150502，網址：http://xdcm.nmtl.gov.tw/twp/b/b02.htm。

　　無色。我軍聲價動五洲，大捷激賞遍環球。何當車騎來慰藉（東鄉

　　大將慰問）？而速無恙其歸休。〔註32〕

「詎知方叔（謂東鄉大將）克壯猷，空前勝利歸日本」、「我軍聲價動五洲，

大捷激賞遍環球。何當車騎來慰藉（東鄉大將慰問）？而速無恙其歸休」之

句，皆表現了作者對日本統治的擁護立場。

　　蔡佩香（1867～1925）清臺灣縣（今臺南市安平）人，出身當地望族。

有〈遼陽陷落〉四首：

　　激戰遼陽幾十時，秋高九月壯旌旗。一聲暴砲天冥黑，鬼哭神呼走

　　朔騎。

　　敵軍無計解圍兵，烽火連天徹夜明。此後先收終戰局，策勳第一陷

　　遼城。

　　捷書傳聞快舉杯，南溟燈火徹明開。野人錯訝三元夜，鼉鼓扶山動

　　地來。

　　強悍由來笑暴秦，誰知一敗等灰塵。征俄有詔臣恭奉，十載遼陽兩

　　撫民。〔註33〕

「敵軍無計解圍兵，烽火連天徹夜明」二句說明在日俄戰爭時，詩人以俄國

為敵國的立場，而戰事進行的相當激烈。「捷書傳聞快舉杯，南溟燈火徹明開。

野人錯訝三元夜，鼉鼓扶山動地來」四句書寫日本的捷報傳來時，臺地歡欣

鼓舞的熱烈情況。「征俄有詔臣恭奉，十載遼陽兩撫民」二句書寫遼陽的陷落

值得開心，可以明顯地看出：作者在日俄戰爭中對日本政權的支持。

　　蔡佩香又有〈占領奉天次植亭原韻〉二首：

其一

　　屍山血海競雌雄，虎鬥龍爭勢捲風。鷙鳥已無根踞地，櫻花預報馬

　　頭功。劍光射斗摩雲外，砲火開花亂雨中。一部奉天唾手得，沙河

　　滾滾水流紅。

　　戰征殘局等絲懸，北望沙河有黑煙。埋鐵空勞千里外，搆兵寧悔十

〔註32〕羅秀惠：〈日本海戰捷諷敗將羅鉌分用大東先生祝捷行韻〉，《全臺詩——智慧
　　　　型全臺詩知識庫》，上網日期：20150502，網址：http://xdcm.nmtl.gov.tw/twp/
　　　　b/b02.htm。

〔註33〕蔡佩香：〈遼陽陷落〉，《全臺詩——智慧型全臺詩知識庫》，上網日期：
　　　　20150502，網址：http://xdcm.nmtl.gov.tw/twp/b/b02.htm。此詩收於王炳南《蕉
　　　　窗隨筆》。

年前。斷頭屢折沖霄劍，捕虜爭加得意鞭。一部歡欣一部哭，春風
秋雨陣中天。〔註34〕

「鷙鳥已無根踞地，櫻花預報馬頭功」、「斷頭屢折沖霄劍，捕虜爭加得意鞭」
等句皆是書寫戰爭時勝利的得意之情。

蔡佩香亦有〈對馬海戰紀念〉六首：

冒險東來對馬沖，一聲炮火捲艨艟。可憐夜雨榴彈盡，提督俘囚劇
戰中。

投降海上艦如山，將士疲顏露一般。更有狼奔逃北海，任教旭旆奏
功還。

神州男子固英雄，掃蕩波濤半夜風。捷報鬱陵來對馬，嚴防敗虜走
西東。

包圍一世範圍中，數艇水雷捷似風。分進合攻齊猛烈，槍煙砲雨滿
天紅。

一行艦隊走爭先，遙望敵軍泣涕漣。誰料交鋒此奇捷，憐他十死不
生全。

威武揚揚震亞洲，東鄉操縱出奇謀。百年戰史光無匹，大將榮名萬
古留。〔註35〕

「神州男子固英雄，掃蕩波濤半夜風」歌頌日本軍人的攻擊，在對馬海戰中
得到勝利。此皆為戰爭之作，亦是對日本軍隊的歌頌。「百年戰史光無匹，大
將榮名萬古留」之句，亦是以日治為立場所做的書寫。

趙鍾麒（1863～1936），有〈旅順陷落大捷〉：

天厭暴俄滅其德，假手神州奇男兒。殲凶殄醜破巢穴，海戮鯨鯢野
搏獅。天地震驚黃種族，風雲飛動日章旗。熊羆劍氣軼牛斗，赫赫
軍聲奪犬夷。仁川一戰彰天討，驅濤逐浪屠蛟螭。勇往三軍並進擊，
滿韓大陸走胡騎。胡人十萬膏原野，碧草黃沙紅胭脂。南山激戰邊

〔註34〕蔡佩香：〈占領奉天次植亭原韻〉，《全臺詩——智慧型全臺詩知識庫》，上網
日期：20150502，網址：http://xdcm.nmtl.gov.tw/twp/b/b02.htm。此詩收於《臺
灣日日新報》，「詞林」欄，1905 年 3 月 24 日，第一版，又載王炳南《蕉窗隨
筆》。

〔註35〕蔡佩香：〈對馬海戰紀念〉，《全臺詩——智慧型全臺詩知識庫》，上網日期：
20150502，網址：http://xdcm.nmtl.gov.tw/twp/b/b02.htm。此詩收於《臺灣日日
新報》，「詞林」欄，1906 年 6 月 8 日，第一版，又載《漢文臺灣日日新報》，
「藝苑」欄，1906 年 6 月 8 日，第一版。

陽捷，破竹之勢風雷馳。投鞭竟斷沙河水，赤地俄軍盡伏屍。再接
再厲進無敵，彌激彌烈績愈奇。仁者無敵戰必克，堂堂正正王者師。
王師所至如荼火，金城鐵壘堅奚爲。只今直搗虎狼窟，旅順殘灰一
掃之。閉塞包圍制生命，釜底遊魂豈復支。毒龍失水愁雲絕，雷轟
電擊收腥羶。狼虎負嵎終獸散，殘枝敗葉雄風吹。不落難攻徒夢語，
開城納款土爾其。十年乍釋神人憤，一時怨毒消蛾眉。老虎盤龍倍
生色，黃金白玉呈嬌姿。山靈笑逐屝顏破，海若水伯相嬉嬉。正是
皇圖春浩蕩，呼嵩祝凱屠蘇卮。昨來砲雨硝煙夜，雪重千山破壘時。
一聲吶喊天地裂，排難決死神鬼悲。從此北人不復返，況敢南下弄
潢池。嘻吁噫，大日一出升朝曦，妖邪遁影消魅魑。君不見日東開
國海東涯，神武延洪萬世基。我皇威德前光追，我軍忠勇一心維。
乾坤斡旋手可移，區區露寇技焉施。而況昭昭大義公無私，世局清
寧我力持。勸降一詔皇心慈，受降益見皇恩熙。以暴敵仁敵者誰，
天戈一指俄膽褫。爾俄爾俄胡足嗤，游魂一縷如遊絲。外強中乾行
自萎，室家好巳外人窺。爾財爾力久困疲，蘼萍爾欲尋中逵。平和
手段爾自欺，包藏禍心爾自貽。外侮内訌危乎危，狐兔胡足當熊羆。
狼貪不飽中餒而，割據終無地立錐。前車既覆後車隨，可憐糜爛此
蚩蚩。從來勝敗有先機，決此原不待著龜。俄人昧昧不自知，蠢蠢
欲動來蛇蚖。俄分毋乃太貪癡，畢竟強俄結局終如斯。〔註36〕

「天厭暴俄減其德，假手神州奇男兒」、「勸降一詔皇心慈，受降益見皇恩熙」
等句都是在書寫其於日俄戰爭中的立場，其擁護之意甚明。

謝汝銓（1871～1953），臺灣縣東安坊人（今臺南市），日治後，遷居臺
北。改隸後，力習日文，乃首位以秀才身份入臺灣總督府國語學校者。有〈霧
社蕃叛軍警協勦兩句遂平感賦〉：

昭和庚午秋欲冬，霧社何因偏恣凶。麾殺蒼靈數逾百，小鰍大浪翻
千重。星火紛馳羽書急，官民憤氣填膺胸。軍警雙邊命齊下，臨機
措置殊從容。搏兔卻教用全力，疾風飄忽高山封。斷崖深谷涉無路，
空際飛機偵敵蹤。草木灰塵獸禽匿，砲煙彈雨籠群峰。六社頑迷死

〔註36〕趙鍾麒：〈旅順陷落大捷〉，《全臺詩——智慧型全臺詩知識庫》，上網日期：
20150502，網址：http://xdcm.nmtl.gov.tw/twp/b/b02.htm。此詩收於王炳南《蕉
窗隨筆》。

相抗，穴藏不得號寒蛩。兩旬纔及戰氛靖，妖夢一場醒梵鐘。撫墾
徒勞過卅載，縱橫阡陌誰為農。更憐寂寞櫻花放，把酒無人遊興濃。
〔註37〕

詩人以日本政府的立場對霧社事件中的原住民與予譴責，其贊成日本統治之
意不言可喻。

中日戰爭時，謝汝銓亦有〈皇軍破徐州喜賦〉：

昭和戊寅（1938）年，五月十九日。皇軍破徐州，風捲枯葉疾。哀
哉蔣介石，愚哉李宗仁。師稱五十萬，善戰究無人。慘澹苦經營，
金城詡堅塞。聖戰我皇軍，南北攻粉碎。正如昔德軍，破俄樹奇勳。
包圍湖沼地，殲滅死紛紛。敵帥傳嚴令，士氣鼓剛勁。決戰大運河，
言有重要性。不徒關勝敗，國家繫存亡。事勢難收拾，飛機走倉皇。
責任甘自棄，終慚為將帥。茫茫何處逃，隻身無地寄。皇軍最仁恕，
勸降機飛去。降票散空中，得此持為據。降者數萬兵，皆得保餘生。
敗軍既如此，良民更同情。津浦線開通，隴海線掌握。北中兩政權，
融合早成局。南北我貔貅，聯絡陸自由。縱橫事勦撫，治化宏禹州。
寧豫皖三省，犬牙交錯境。其間沃野多，產物得調整。武漢大脅威，
蜀陝叛幾希。八閩與兩粵，離散待時機。金廈兩孤島，暴軍早清掃。
漸復舊時容，歡聲聞載道。國黨與共黨，歐美俄依存。回頭如不早，
流毒遍城村。宜速斂雄心，轅門泥首謝。振興大亞洲，創我東方霸。
〔註38〕

「哀哉蔣介石，愚哉李宗仁」此為中日戰爭時，詩人站在日本的立場對中國
的領導者給予批判。「國黨與共黨，歐美俄依存」之句亦是將之視為敵對。其
擁護之意最為鮮明。

謝汝銓在 1943 年有〈臺籍從軍殉難勇士今秋恩賜合祀靖國神社感賦〉：

或重於泰山，或輕於鴻毛。一死分輕重，前事訓吾曹。從軍忠報國，

〔註37〕 謝汝銓：〈霧社蕃叛軍警協勦兩旬遂平感賦〉，《全臺詩——智慧型全臺詩知識
庫》，上網日期：20150502，網址：http://xdcm.nmtl.gov.tw/twp/b/b02.htm。此
詩收於《臺灣日日新報》，「詩壇」欄，1930 年 11 月 22 日，第四版，又載《奎
府樓詩草》。

〔註38〕 謝汝銓：〈皇軍破徐州喜賦〉，《全臺詩——智慧型全臺詩知識庫》，上網日期：
20150502，網址：http://xdcm.nmtl.gov.tw/twp/b/b02.htm。此詩收於《風月報》
第六十五期，「詩壇」欄，1938 年 6 月 1 日，又載《臺灣日日新報》，「臺日漢
詩壇」欄，1938 年 6 月 14 日，夕刊第四版、鄭金柱《現代傑作愛國詩選集》。

戰陣效微勞。鼓角旌旗裡，縱橫膽氣豪。彈砲冒煙雨，海山揮寶刀。

薦食逐蛟豕，升木驅猿猱。忠義拚身命，姓名青史高。春秋隆俎豆，

仙樂八琅璈。省識泉臺士，皇恩感泣叨。秦風生者賦，與同仇澤袍。

〔註39〕

「省識泉臺士，皇恩感泣叨」之句爲謝汝銓在皇民化運動中對殉難者的歌詠，亦表達對日本帝國統治的擁護。

黃得眾（1877～1949）爲日治時期擁護漢文化的有力者，在歷經 8 年的中日戰爭後，有〈聞臺南屢受爆擊幾成丘墟〉（民國三十四年三月一日，盟軍飛機大舉空炸臺南，繁華街市，一瞬之間變成廢墟）：

三百年來浩劫繁，古都烽火又重翻。舊新第宅殘灰跡，頹壞門牆變

野原。頭上飛鷹窺白晝，窟中藏兔放黃昏。人言市鎮淒涼甚，作客

聞災更斷魂。〔註40〕

臺南的市街在中日戰爭中受戰火波及，一瞬間，繁華化爲灰燼。「三百年來浩劫繁，古都烽火又重翻」二句表達憐惜家鄉——臺南之意。在明鄭、清領、日治的三百年間，臺南古都歷經了多少浩劫，又在烽火之中重建了多少次。「舊新第宅殘灰跡，頹壞門牆變野原」之句書寫在中日戰爭之中，受到波及的臺南，不論舊的、新的宅第上都蒙上一層殘灰。受戰火轟炸而頹圮崩壞的門牆，現今看來已是一片荒涼野原。由於臺灣被日本統治，所以在中日戰爭進行之時，難逃被轟炸的命運。縱使作者擁立漢文化，對日本統治在古典詩中看不見強烈的歸屬感，但在此也必須面對盟軍視自己家鄉爲敵區的事實。戰爭所帶來的無奈，讓人倍感淒涼。

第二節　反抗

在甲午戰爭後，清朝和日本訂立馬關條約，決定割讓臺灣給日本。消息傳來，有許多表達反對、訴諸武力的反抗，在乙未（1895）年最爲激烈，在

〔註39〕謝汝銓：〈臺籍從軍殉難勇士今秋恩賜合祀靖國神社感賦〉，《全臺詩——智慧型全臺詩知識庫》，上網日期：20150502，網址：http://xdcm.nmtl.gov.tw/twp/b/b02.htm。此詩收於《詩報》第三百零四號，「詩壇」欄，1943 年 10 月 11 日。

〔註40〕黃得眾：〈聞臺南屢受爆擊幾成丘墟〉，《全臺詩——智慧型全臺詩知識庫》，上網日期：20150502，網址：http://xdcm.nmtl.gov.tw/twp/b/b02.htm。此詩又載賴建銘（臺南市志・卷六學藝志文學篇）。

古典詩中也留下了許多對臺灣命運的悲憤、哀傷的紀錄。乙未年之後,此類激憤詩作大幅減少,對明鄭時期人物的懷念之作大幅增加。黃美娥〈臺灣古典文學發展概述(1651～1945)〉曾說:

> 日治時期的古典文人,在割臺初期,有些人因爲選擇返回祖籍地,成了離鄉漂泊之人;至於留者,爲了保持忠貞和氣節,則出現爲數不少退隱明志的遺民型詩人。不同的選擇與應對,產生了不一樣風貌的文學作品。〔註41〕

日治時期臺南地區重要的遺民詩人有施瓊芳、丘逢甲、許南英、施士洁等人:

> 南部地區文人,由於學問根柢深厚,往往書卷氣息濃烈,工於用典。稍前者如曾任海東書院山長的施瓊芳;後如唐景崧(1841～1903)在分巡兵備道及台灣巡撫任上,兩度兼理提督學政時,所選拔出於海東書院師生丘逢甲、許南英、汪春源(1869～1923),及擔任山長的施瓊芳之子施士洁等人。〔註42〕

歷經國家重大的改易,他們留下許多有著深深慨嘆的詩作。

一、乙未前後

清朝軍隊於甲午戰爭清敗於大日本帝國,1895 年(歲次乙未)在日本馬關簽訂馬關條約議和,其中之一條件爲割讓台灣與澎湖。日本隨即派兵到臺灣進行接管,但遭遇臺灣人民武力抵抗:

> 中日甲午戰爭之後,清廷與日本簽訂馬關條約,割讓臺灣與澎湖給日本,臺灣軍民爲捍衛「臺灣民主國」與日軍爆發的戰爭。其中「乙未」是指爆發戰事的 1895 年,適逢農曆乙未年。〔註43〕

〔註41〕 黃美娥:〈臺灣古典文學發展概述(1651～1945)〉上網日期:20150521,網址:http://data3.hgsh.hc.edu.tw/~teachfile99/uploads/tad_uploader/user_1/75_%E9%BB%83%E7%BE%8E%E5%A8%A5%EF%BC%9A%E5%8F%B0%E7%81%A3%E5%8F%A4%E5%85%B8%E6%96%87%E5%AD%B8%E7%99%BC%E5%B1%95%E6%A6%82%E8%BF%B0.pdf。

〔註42〕 黃美娥:〈臺灣古典文學發展概述(1651～1945)〉上網日期:20150521,網址:http://data3.hgsh.hc.edu.tw/~teachfile99/uploads/tad_uploader/user_1/75_%E9%BB%83%E7%BE%8E%E5%A8%A5%EF%BC%9A%E5%8F%B0%E7%81%A3%E5%8F%A4%E5%85%B8%E6%96%87%E5%AD%B8%E7%99%BC%E5%B1%95%E6%A6%82%E8%BF%B0.pdf。

〔註43〕 〈乙未戰爭〉,上網日期 20150215,網址:http://zh.wikipedia.org/wiki/%E4%B9%99%E6%9C%AA%E6%88%B0%E7%88%AD。

> 乙未戰爭戰事集中於台灣島，日本投入包含近衛師團等正規軍隊的
> 三萬餘名兵力，而台灣抵抗力量主要有台灣人民等自發性組成的抗
> 日義軍及劉永福的黑旗軍和唐景崧的廣勇等；合計正規軍約有三萬
> 三千餘名，及民兵十萬名。〔註44〕

由於參與人數眾多，傷亡相當慘重，在乙未戰役之後，日本開始治理臺灣，
許多詩人內渡，心中哀傷發而爲詩，其中以「哀臺灣」詩作數量最多，最爲
醒目，除此之外，亦有感嘆之作，茲舉要分述之。

（一）〈哀臺灣〉

　　張秉銓（？～？），名幼亦，字秉銓。福建侯官人。光緒年間來臺，爲撫
墾總局記室。曾草〈禦夷制勝策〉上之樞府，頗爲時論所稱。有〈哀臺灣〉
四首：

> 無端劫海起波瀾，絕好金甌竟不完。陰雨誰爲桑土計，憂天徒作杞
> 人看。皮如已失毛焉附，唇若先亡齒必寒。我是賈生眞痛哭，三更
> 拊枕淚闌干。〔註45〕

「無端劫海起波瀾，絕好金甌竟不完。陰雨誰爲桑土計，憂天徒作杞人看」
四句書寫甲午戰後，臺灣無端被割該給日本，而在此中又有誰能爲臺地的人
設想，只是自己的想法卻被人視爲杞人憂天之談，作者此中甚感哀悽。「皮如
已失毛焉附，唇若先亡齒必寒。我是賈生眞痛哭，三更拊枕淚闌干」四句表
達家國的淪亡，使得作者夜晚都在痛哭不已。面對整個國家的浩劫，個人又
如何能獨存於外，不受影響呢？眞的要像賈誼，在三更之時不眠，痛心疾首
地哭泣。

其二

> 記曾巨艦赤崁開，早識東夷伏禍胎。海外晴天難補恨，人間劫火忽
> 成灰。險隨虎踞龍蟠失，憂逐山窮水盡來（唐總統前十年臺道楹帖
> 云：「山窮水盡，憂來無奈倚闌干」，遂成惡讖）。枉議請纓舊儒將，
> 沐猴終竟是庸才。〔註46〕

〔註44〕〈乙未戰爭〉，上網日期20150215，網址：http://kipppan.pixnet.net/blog/post/
　　　　52284490-%E4%B9%99%E6%9C%AA%E6%88%B0%E7%88%AD。
〔註45〕張秉銓：〈哀臺灣〉，《哀臺灣箋釋・附錄・哀臺灣四首》，臺灣文獻叢刊，第
　　　　一○○種，頁75。
〔註46〕張秉銓：〈哀臺灣〉，《哀臺灣箋釋・附錄・哀臺灣四首》，臺灣文獻叢刊，第

「記曾巨艦赤崁開，早識東夷伏禍胎。海外晴天難補恨，人間劫火忽成灰」四句書寫日本早在先前就曾將戰艦往臺灣來過了，作者早懷疑日本包藏禍心。但一切浩劫已成形，晴朗的天也難補人間之遺恨，臺地註定成為戰爭中的犧牲品。「險隨虎踞龍蟠失，憂逐山窮水盡來（唐總統前十年臺道楹帖云：「山窮水盡，憂來無奈倚闌干」，遂成惡讖）。枉議請纓舊儒將，沐猴終竟是庸才」四句表達對唐景崧的批判，一切皆只如沐猴而冠一樣，不可靠。而臺地這樣的天險之區，清朝終將無法保住。

其三

> 開門揖盜已難支，況復紛紛錯著棋。太息群才皆豎子，何曾一個是
> 男兒！河山風景傷無異，鎖鑰東南付與誰？笑煞談兵均紙上，浪傳
> 都護策無遺。〔註47〕

「開門揖盜已難支，況復紛紛錯著棋。太息群才皆豎子，何曾一個是男兒」四句批判清朝在馬關條約之時的表現，讓三國干涉還遼，還必須讓西方列強予取予求。作者內心深感無力及悲憤，而有「豎子」、沒有一個配稱為男兒的批判。「河山風景傷無異，鎖鑰東南付與誰？笑煞談兵均紙上，浪傳都護策無遺」四句書寫河山風景並沒有不同，而政權卻已有改變的傷感。令人覺得可笑極了的，是那些都只會在紙上談兵的清朝大將們，還曾經有算無遺策的傳說出來呢！

其四

> 甌脫中朝本不存，可憐浩劫滿乾坤。蒼生蹂躪傷盈野，紅女伶仃禁
> 閉門（倭人夜不許閉戶）。真宰訴天應掩泣，哀魂動地尚呼冤。黃金
> 不共遼東贖，樞部分明近寡恩。〔註48〕

「甌脫中朝本不存，可憐浩劫滿乾坤。蒼生蹂躪傷盈野，紅女伶仃禁閉門（倭人夜不許閉戶）」四句書寫臺地在歷經了浩劫，政權改易為異族的摧殘下，過著矮人一截的生活，連晚上都被禁止將門戶關起。「真宰訴天應掩泣，哀魂動地尚呼冤。黃金不共遼東贖，樞部分明近寡恩」四句批判清朝政府將遼東贖

一○○種，頁75。

〔註47〕 張秉銓：〈哀臺灣〉，《哀臺灣箋釋‧附錄‧哀臺灣四首》，臺灣文獻叢刊，第
一○○種，頁75。

〔註48〕 張秉銓：〈哀臺灣〉，《哀臺灣箋釋‧附錄‧哀臺灣四首》，臺灣文獻叢刊，第
一○○種，頁75。

回，放棄臺灣，不恤臺民生死的舉措，相當「寡恩」無情。

此時期另有《哀臺灣箋釋》之作，表現了對臺灣被割讓的感傷。此書作爲爲誰，則不得而知，只能依照《哀臺灣箋釋‧弁言》所言，以李鶴田爲作者：

> 李鶴田先生哀臺灣箋釋一卷，原係中央研究院歷史語言研究所所藏的抄本。「哀臺灣」是一首長達一千零二十七字的七言古詩，從甲午戰後割讓臺澎說到臺灣抗日的失敗；悽愴感慨，充分寫出了臺灣陷敵的沉痛。箋釋之文，除引舊籍以明詩中所用典故的出處之外，還引用了「中日戰輯」和「中東戰爭始末」的許多文字，補充詩中所陳的事實。因爲詩和箋釋都有參考的價值，所以錄出副本，略加整理，列爲臺灣文獻叢刊之一。可惜單憑抄本所題的書名，不能斷定李鶴田是「哀臺灣」的作者，還是這首詩的箋釋者。至於李鶴田究爲何許人，一時也無法查考，只得在新刊本上照舊用了原來的書名。
> 〔註49〕

由此可知，「哀臺灣」是一首長達一千零二十七字的七言古詩，其內容涵蓋自甲午戰後割讓臺澎說到臺灣抗日的失敗；其內容悽愴感慨，充分寫出了臺灣陷敵的沉痛。茲舉要分述如下：

李鶴田有〈同立唐尊爲民主〉詩，批判唐景崧棄臺而逃的舉動，如下：

> 同立唐尊爲民主，冀保此民守此土。方驚柴紹氣如龍，誰料齊侯行似鼠？〔註50〕
>
> 中東戰事始末云：中東和約成，臺灣一省輸日。臺地官紳、士庶願作聖朝之赤子，不甘爲異族之羈囚，痛哭呼天，飛章乞命。奈此舉朝廷亦出諸不得已，無可挽回。臺民遂舉義旗。署撫唐微卿方伯景崧有電奏聞曰：臺灣士民，義不臣倭，願爲島國，永戴聖清。竟不自知僭妄，於乙未五月初二日聽民擁立爲伯理璽天德，猶華言總統也。出示安輯臺民，惟諄諄以糧稅釐金懍遵完納、違者必究爲言，而不及戰守事宜也。初七日，日兵由後山之三貂嶺登岸立寨。初八日，攻獅球嶺。張月樓鎮軍禦之，苦戰三日，殺敵獲勝。方將專請賞求援，以備日人添

〔註49〕〈哀臺灣箋釋‧弁言〉，《哀臺灣箋釋‧弁言》，臺灣文獻叢刊，第一○○種，頁1。
〔註50〕李鶴田：〈李鶴田先生哀臺灣箋釋〉，《哀臺灣箋釋‧李鶴田先生哀臺灣箋釋‧同立唐尊爲民主》，臺灣文獻叢刊，第一○○種，頁23～25。

兵再戰。豈料於十一日夜間，總統已挾資乘駕時輪舟內遁。日人乘機
進攻，防軍皆潰，臺北大亂。所有全臺軍火糧餉均屯臺北，於是盡畀
敵用。唐君僭稱伯理璽天德僅十日耳。〔註51〕

在甲午戰爭後的馬關條約中，將臺灣割讓給日本，許多臺灣民眾不願被日本
所統治，只是清朝已訂約，並沒有立場可以發言。而臺灣民眾就舉兵抗日，
擁立唐景崧為臺灣民主國總統，不料不數日，唐景崧棄臺而逃，置臺民於不
顧。「同立唐尊為民主，冀保此民守此土」之句說明臺民共同擁立唐景崧為總
統，希望他能保護臺地的人民。「誰料齊侯行似鼠」之句表現了對唐景崧的批
判，指責他偷偷地逃走，猶如老鼠一樣。

李鶴田《哀臺灣箋釋》〈幸有劉琨古豪傑〉：

幸有劉琨古豪傑，戰守儼然一敵國。零丁自率五千人，堅甲獨摧十
萬賊。〔註52〕

中東戰事始末云：唐總統潛遁，臺灣大亂。紳民欲立劉淵亭軍門永
福為民主國總統，送印至戟轅，軍門堅卻不受，宣於眾曰：我奉命
來守臺南，若照唐某所為，上何以對朝廷，下何以對黎庶？如諸君
不能見信，願矢誓於天，以明我志。爰率同將士、紳民，歃血為盟
曰：我劉某在臺，不貪財，不惜命，不要官，惟願與將士、紳民同
心戮力，以卻疆敵。違令者斬！眾皆肅然。其所出之示，仍以欽命
幫辦臺灣防務、閩粵南澳總鎮、依博德恩巴圖魯劉，略謂本幫辦自
問年將六十，萬死不辭，獨不忍蒼生無罪，行將變夏為夷，所率五
千勁旅，願與爾義民眾志成城，共持危局，以濟時艱，庶可稍□眾
望云云。〔註53〕

「幸有劉琨古豪傑，戰守儼然一敵國」二句敘述唐景崧潛遁，臺灣大亂。此
時劉永福仍堅守抗日，所以作者以劉琨譬喻。「零丁自率五千人，堅甲獨摧十
萬賊」二句表達劉永福所率領的軍隊只有5000人，但卻有堅強的意志力，可
以獨自摧毀十萬大軍。

〔註51〕 李鶴田：〈李鶴田先生哀臺灣箋釋〉，《哀臺灣箋釋・李鶴田先生哀臺灣箋釋・
　　　　同立唐尊為民主》，臺灣文獻叢刊，第一○○種，頁23～25。

〔註52〕 李鶴田：〈李鶴田先生哀臺灣箋釋〉，《哀臺灣箋釋・李鶴田先生哀臺灣箋釋・
　　　　幸有劉琨古豪傑》，臺灣文獻叢刊，第一○○種，頁25～26。

〔註53〕 李鶴田：〈李鶴田先生哀臺灣箋釋〉，《哀臺灣箋釋・李鶴田先生哀臺灣箋釋・
　　　　幸有劉琨古豪傑》，臺灣文獻叢刊，第一○○種，頁25～26。

　　李鶴田《哀臺灣箋釋》又有〈臺南風鶴日驚惶〉：

　　　　臺南風鶴日驚惶，歃血爲盟告彼蒼。臧洪讀祝聲悲壯，溫嶠登壇氣

　　　　慨慷。不與日人同日月，願隨臺地共存亡。〔註54〕

臺南有劉永福在據守，因此在當時當以之爲依歸。「臺南風鶴日驚惶，歃血爲

盟告彼蒼」二句書寫劉永福在臺南人心惶惶之時，當眾向人民宣示：自己將

誓死保衛臺地。「不與日人同日月，願隨臺地共存亡」二句表達自己不和日本

人妥協，並且願意隨著臺地共存亡。

　　李鶴田《哀臺灣箋釋》有〈惟聽呼庚聲可憐〉：

　　　　惟聽呼庚聲可憐，雀羅鼠掘費周旋。毀家孰發甯俞憤？助餉難逢卜

　　　　式賢。事到萬難興鈔法，人憑一信用飛錢。老羆縱病狐猶懼，俊鶻

　　　　雖饑兔不前。〔註55〕

　　　　中東戰事始末云：臺南堅守數月，雖屢破敵軍，無耐餉糈支絀，曾

　　　　向臺灣富紳林京卿時甫告貸數十萬金，林不允。林反倩李姓向日官

　　　　說項，願助日軍餉銀五百萬兩，求將臺北林氏本源堂業產不得充公，

　　　　仍歸時甫執業，永爲日本良民云云。以三品大員，甘心媚敵，無恥

　　　　極矣！劉軍門籌借無門，不得已商之紳士，以鈔票代銀關餉，撫馭

　　　　機軍，尚無譁潰，非軍門平日之恩信素著，烏能若此？〔註56〕

此詩書寫臺南城中糧食將耗盡，劉永福在臺南堅守數月之後，餉糈支絀向人

借錢。卻有富紳林京卿向日本輸誠，甘心媚敵，因而發出喟嘆：像西漢卜式

那樣會主動出錢幫助國家戰爭的商人很難遇到。在無奈之下，劉永福不得已

用個人信用以鈔票代替關餉，暫時度過危機。

　　李鶴田《哀臺灣箋釋》有〈華山狡計用牢籠〉：

　　　　華山狡計用牢籠，遣使招降技亦窮。烈士臨危諳大義，孤臣應變矢

　　　　精忠。仲璋枉工箋上語，蒯通空弄舌尖鋒。乃下塞井夷竈令，準待

　　　　秋高銳意攻。符堅欲起投鞭眾，金亮期成立馬功。〔註57〕

〔註54〕李鶴田：〈李鶴田先生哀臺灣箋釋〉，《哀臺灣箋釋・李鶴田先生哀臺灣箋釋・
　　　　臺南風鶴日驚惶》，臺灣文獻叢刊，第一○○種，頁26〜27。

〔註55〕李鶴田：〈李鶴田先生哀臺灣箋釋〉，《哀臺灣箋釋・李鶴田先生哀臺灣箋釋・
　　　　惟聽呼庚聲可憐》，臺灣文獻叢刊，第一○○種，頁41〜44。

〔註56〕李鶴田：〈李鶴田先生哀臺灣箋釋〉，《哀臺灣箋釋・李鶴田先生哀臺灣箋釋・
　　　　惟聽呼庚聲可憐》，臺灣文獻叢刊，第一○○種，頁41〜44。

〔註57〕李鶴田：〈李鶴田先生哀臺灣箋釋〉，《哀臺灣箋釋・李鶴田先生哀臺灣箋釋・
　　　　華山狡計用牢籠》，臺灣文獻叢刊，第一○○種，頁44〜47。

> 中東戰事始末云：日總督華山資紀屢攻臺南不克，臺中反敗於義民，
> 數遣使向劉軍門招降，說以利害。軍門曰：戰，危事也。貴國之勝，
> 一時之僥倖耳。本軍門雖兵稀糧絕，尚能勉支數月，斷不作降，將
> 軍請速去，毋溷乃公！日使見軍門義正詞嚴，非劉公島諸庸奴可以
> 威劫者，而益嘆軍門之遇云。〔註58〕

此詩書寫日本勸降劉永福，劉永福堅辭以對。日總督華山資紀屢次無法攻下
臺南，數次派遣使者向劉永福招降，劉永福堅定地拒絕，並且有破釜沉舟的
決心。

又有〈目睹大事已去矣〉：

> 目睹大事已去矣，從容跳出重圍裏。將軍一去臺無人，不管殘山與
> 剩水。樊家壯士枉衝冠，南八男兒空斷指。春秋特書吳入郛，謹識
> 彝入中國始。中國土地割於彝，夫誰使之至於此！〔註59〕
>
> 中東戰事始末云：劉軍門駐守臺南，支持數月，軍餉告匱，不得已
> 以鈔票發餉，紳士勸諭通行，兵民相安。八月望後，聞日人又將率
> 水陸大隊夾攻，臺南街市，訛言四起，鈔票購物，漸不通行。月杪
> 關餉，須給現銀。況日兵數面來攻，餓軍何能抗大敵？軍門勸借無
> 門，知事不可為，以和議紿日將，即與心腹數輩覓舟內渡，而軍中
> 無有知者。九月初，英商爹利士輪船赴廈，日軍艦至輪窮搜，不知
> 軍門已早回珂里矣。有鄉人從軍臺南，隸謝統領標下，九月間日兵
> 輪載以回華者，言及奉令札安平內山麓，數月間，與日兵交綏二十
> 餘仗，日軍無不敗北；然未覿面一戰，皆從中邀擊，日軍每不能支，
> 傷亡特甚。八月二十一、二日間，聞劉軍門抱恙，不能見客。後於
> 二十五、六日間，本軍謝統領不知去向。二十七、八日間，臺南諸
> 營僉謂劉軍門業已去臺，人心大亂。日軍偵探者回報，日將猶疑誘
> 敵，不敢直入。至二十九日，始令數百人登岸，巡查亂軍，知劉軍
> 門去臺屬實。九月初一日，日大隊始據臺南，將華軍陸續裝赴廈門，
> 隨身軍械繳呈日官云云。觀此，則鑄鐵菴主新語所謂日人畏夏秋風

〔註58〕 李鶴田：〈李鶴田先生哀臺灣箋釋〉，《哀臺灣箋釋‧李鶴田先生哀臺灣箋釋‧
華山狡計用牢籠》，臺灣文獻叢刊，第一〇〇種，頁44～47。

〔註59〕 李鶴田：〈李鶴田先生哀臺灣箋釋〉，《哀臺灣箋釋‧李鶴田先生哀臺灣箋釋‧
目睹大事已去矣》，臺灣文獻叢刊，第一〇〇種，頁53～56。

浪瘴氣，從未一至臺南，戍守數月，非軍門之功，職是故也。又云：
日艦遣人搜查爹利士船，船主在床前飲酒，正劉軍門以七百五十金
賂船主，用絨毯捲體，屏息床中時也。斯皆子虛烏有之談，倒置黑
白之說也。將謂夏秋風浪險惡，康熙二十三年我靖海將軍施琅之克
臺灣也，非夏六月、非由臺南進兵者乎？況木艇之堅安及輪舟鐵艦
耶？將謂畏瘴氣，日人已據臺北、臺中，不畏瘴氣，獨畏臺南之瘴
氣乎？無是理也。況瘴毒之氣在山麓處重，城市則輕，臺南開闢最
早，人民所集，其無瘴之可畏甚明，又何勞計及哉？嗚呼！此輩見
利忘義，舞文弄墨，況復才能掩過，智可飾非，使忠義之氣潛銷，
奸邪之焰日長，爲鬼爲域，吁可畏矣！〔註60〕

此詩書寫劉永福離臺，而臺民亦重入悲哀的境地中。「目睹大事已去矣，從容
跳出重圍裏。將軍一去臺無人，不管殘山與剩水」之句批判劉永福從容離臺，
而置臺民於不顧。「樊家壯士枉衝冠，南八男兒空斷指」之句乃爲當初因戰爭
而付出寶貴生命的英勇烈士所發之語，批判劉永福等人枉廢了這些人的努
力。「中國土地割於□，夫誰使之至於此」之語，更是沉痛的哀語。

　　李鶴田又有描述臺民被棄後的慘狀，如〈自此民遭左衽辱死者尸骸遍崖
谷〉：

自此民遭左衽辱，死者尸骸遍崖谷。孑遺餘生更堪傷，男僧女妓受
淫酷。殘民以逞逆天心，將降之罰厚其毒。載去帝□已受創，得來
塞馬恐非福。〔註61〕
中東戰事始末云：日人之得臺北也，日官則令民剪髮，犯者處以極
刑，日兵則日夜宣淫，違者加以白刃。男不剪髮、女不失節而死者，
不可以數計。嗟乎！臺灣百萬生命，是誰使之至於此？曷勝浩嘆！
〔註62〕
中東戰事始末云：劉軍門之去臺也，藏有地雷在城內。日軍入城，
於九月初三日機發雷轟，其統帥北白川宮大勳位能久親王受傷，旋

〔註60〕李鶴田：〈李鶴田先生哀臺灣箋釋〉，《哀臺灣箋釋・李鶴田先生哀臺灣箋釋・
　　　　目睹大事已去矣》，臺灣文獻叢刊，第一〇〇種，頁53～56。
〔註61〕李鶴田：〈李鶴田先生哀臺灣箋釋〉，《哀臺灣箋釋・李鶴田先生哀臺灣箋釋・
　　　　自此民遭左臀辱死者尸骸遍崖谷》，臺灣文獻叢刊，第一〇〇種，頁56～58。
〔註62〕李鶴田：〈李鶴田先生哀臺灣箋釋〉，《哀臺灣箋釋・李鶴田先生哀臺灣箋釋・
　　　　自此民遭左臀辱死者尸骸遍崖谷》，臺灣文獻叢刊，第一〇〇種，頁56～58。

歿。日人諱飾，謂係犯虎列拉病死。按能久親王爲日本第一名將，
薩摩國西鄉氏之變，王力戰平之，以功封今職，總統近衛師團。遼
東之役，尚未調王遠出。今因臺南屢敗，劉軍勁敵，日皇不得已令
王專往。王死，日軍奪氣。於此益見臺南從未一戰之妄云。〔註63〕

「自此民遭左袵辱，死者尸骸遍崖谷。孑遺餘生更堪傷，男僧女妓受淫酷」4
句書寫臺灣自此爲夷狄之區，日人得臺後，對臺民加以控制，飽受凌虐，死
傷慘重。「殘民以逞逆天心，將降之罰厚其毒」之句批判日人對臺的殘暴是違
逆天道，因此氣憤地表達：因爲日人的狠毒，上天將降下嚴重的懲罰給他們。

李鶴田〈回頭鷺島感悲涼讖兆蒼鵝出此方〉：

回頭鷺島感悲涼，讖兆蒼鵝出此方。應使銅山悲劫運，誰彈鐵版唱
滄桑？夜燐照到黃金屋，海燕歸迷白玉堂。孔子杏壇飛落葉，召公
棠舍剩斜陽。百年培就繁華地，一日變成荊棘場。〔註64〕

「回頭鷺島感悲涼，讖兆蒼鵝出此方」之語，表達詩人自廈門回望臺灣的哀
傷，並以外族入侵，國家將遭不幸的預兆來說明臺地的淪陷。「夜燐照到黃金
屋，海燕歸迷白玉堂」之句書寫了此地因戰爭及受日人統治，死傷甚多，因
而夜晚有鬼火燐燐，連海燕也認不清自己曾經駐足過的地方。「孔子杏壇飛落
葉，召公棠舍剩斜陽」之句所有的禮樂教化都將化爲烏有。「百年培就繁華地，
一日變成荊棘場」表達了對臺南的哀傷，原先百年培育出來的府城風華，將
化爲荊棘遍布的蠻荒場域。

李鶴田有〈妖星夜半照臺城無復笳喧漢將營〉，續寫其感傷之情：

妖星夜半照臺城，無復笳喧漢將營。鹿耳門前鳴咽水，流出蒼生怨
嘆聲。〔註65〕

「妖星夜半照臺城，無復笳喧漢將營」之句表示臺地被日人所統治，如同妖
星在夜半照耀著臺城一樣，此地自此之後，不再有所謂漢將軍營在此駐守。「鹿
耳門前鳴咽水，流出蒼生怨嘆聲」表示臺灣已是處於水深火熱之中。曾經是
天險的鹿耳門，如此水聲鳴咽，表達了臺民永無止盡的怨嘆聲。

〔註63〕 李鶴田：〈李鶴田先生哀臺灣箋釋〉，《哀臺灣箋釋・李鶴田先生哀臺灣箋釋・
自此民遭左袵辱死者尸骸遍崖谷》，臺灣文獻叢刊，第一〇〇種，頁56～58。
〔註64〕 李鶴田：〈李鶴田先生哀臺灣箋釋〉，《哀臺灣箋釋・李鶴田先生哀臺灣箋釋・
回頭鷺島感悲涼讖兆蒼鵝出此方》，臺灣文獻叢刊，第一〇〇種，頁58～59。
〔註65〕 李鶴田：〈李鶴田先生哀臺灣箋釋〉，《哀臺灣箋釋・李鶴田先生哀臺灣箋釋・
妖星夜半照臺城無復笳喧漢將營》，臺灣文獻叢刊，第一〇〇種，頁61。

（二）其餘感傷之作

楊文萃（？～？）亦有〈書感〉之作，表示自身的感慨：

> 鯨鯢未剪漫興波，惆悵滄溟喚奈何。誤國群奸眞是賊，籌邊六練竟
> 降倭（丁汝昌率鐵甲船降倭；押「倭」字，典切）！金牌已抱千秋
> 恨，鐵券空輸局一和。獨喜將軍劉越石，海天重返魯陽戈（臺灣已
> 爲棄地，劉淵亭踞守不下）。〔註66〕

「鯨鯢未剪漫興波，惆悵滄溟喚奈何。誤國群奸眞是賊，籌邊六練竟降倭（丁
汝昌率鐵甲船降倭；押「倭」字，典切）！」之句乃批判丁汝昌投降於日本
的行爲是誤國奸賊。「獨喜將軍劉越石，海天重返魯陽戈（臺灣已爲棄地，劉
淵亭踞守不下）」之句書寫在清朝放棄臺灣時，仍有劉永福在臺南堅守不下，
值得稱許。

待劉永福內渡，楊文萃有〈聞劉淵亭臺南內渡〉，表達了對劉永福的同情
與支持：

> 龍驤莫制虎牙磨（我軍皆北），待旦將軍獨枕戈（威海則丁汝昌率鐵
> 甲船降，平壤則葉志超掛白旗遁，旅順則龔照璵等七統領賊未至而
> 先逃，無一如劉淵亭者）。欲爲危時撐大局，肯輸壯志屈么魔。賀蘭
> 忍陷睢陽郡（閩粵督撫無人接濟劉軍），藝祖終思大渡河（國家何日
> 忘之）。畢竟天亡非戰罪，幾回擊刲淚滂沱。〔註67〕

「龍驤莫制虎牙磨（我軍皆北），待旦將軍獨枕戈（威海則丁汝昌率鐵甲船降，
平壤則葉志超掛白旗遁，旅順則龔照璵等七統領賊未至而先逃，無一如劉淵
亭者）」表示在所有的戰爭中，清朝幾乎不戰而逃，只有劉永福堅守到底，值
得敬佩。「欲爲危時撐大局，肯輸壯志屈么魔。賀蘭忍陷睢陽郡（閩粵督撫無
人接濟劉軍），藝祖終思大渡河（國家何日忘之）」之句書寫了劉永福的無奈
與悲壯。在獨撐大局之時，卻沒有任何人接濟他，如此無奈的情形之下，只
好西渡。「畢竟天亡非戰罪，幾回擊□淚滂沱」乃是站在劉永福的立場，書寫
他非戰之罪的哀傷。

楊文藻（？～？）有〈聞劉淵亭軍門臺南內渡〉詩，如下：

〔註66〕楊文萃：〈書感〉，《哀臺灣箋釋・附錄・書感》，臺灣文獻叢刊，第一〇〇種，
頁74。

〔註67〕楊文萃：〈聞劉淵亭臺南內渡〉，《哀臺灣箋釋・附錄・聞劉淵亭臺南內渡》，
臺灣文獻叢刊，第一〇〇種，頁75。

誓死睢陽志，將軍百戰酣。背城能借一，俘帥果囚三（殺倭酋二人，
殲倭能久親王一人）。掘鼠庭羅雀（兩月無餉，兵乏食自潰），飛騎
未絓驂（安平力禦二日，炮臺大炮炸裂）。難鳴孤掌怨，風雨弔臺南！
〔註68〕

「誓死睢陽志，將軍百戰酣」書寫了劉永福誓守臺地的決心，而歷盡了許多
戰爭。「背城能借一，俘帥果囚三（殺倭酋二人，殲倭能久親王一人）」「難鳴
孤掌怨，風雨弔臺南」之句，表達了對臺南不能團結一心，而使得劉永福不
得已遠久的哀傷。

陳季同（1851～1907）曾建議組織「臺灣民主國」，並在其中任外務大臣」，
失敗後內渡大陸，有〈弔臺灣四律〉：

其一

憶從海上訪仙蹤，今隔蓬山幾萬重。蜃市樓臺隨水逝，桃源天地付
雲封。憐他鰲戴偏無力，待到狼吞又取容。兩字元卑渾不解，邊氛
後此正洶洶。〔註69〕

「憶從海上訪仙蹤，今隔蓬山幾萬重。蜃市樓臺隨水逝，桃源天地付雲封」
之句書寫了臺地割讓的變遷與哀傷。以往曾經為劉銘傳幕僚的他，曾經來過
猶如蓬萊仙島的臺灣，如今在異族的統治下，已是相當遙遠，難以迄及。曾
經的美好樓臺自此之後隨著流水，不再回來。而桃花源般的樂園，也將永遠
被封鎖。

其二

金錢卅兆買遼回，一島如何付劫灰。強謂彈丸等甌脫，卻教鎖鑰委
塵埃。傷心地竟和戎割，太息門因揖盜開。聚鐵可憐真鑄錯，天時
人事兩難猜。〔註70〕

「金錢卅兆買遼回，一島如何付劫灰。強謂彈丸等甌脫，卻教鎖鑰委塵埃」4
句感傷遼東半島在法、俄、德三國干涉還遼的情況下用三十兆買回，而為何

〔註68〕楊文萃：〈聞劉淵亭臺南內渡〉，《哀臺灣箋釋・附錄・聞劉淵亭臺南內渡》，
　　　　臺灣文獻叢刊，第一○○種，頁69～70。

〔註69〕陳季同：〈弔臺灣四律〉，《哀臺灣箋釋・附錄・弔臺灣四律》，臺灣文獻叢刊，
　　　　第一○○種，頁73～74。

〔註70〕陳季同：〈弔臺灣四律〉，《哀臺灣箋釋・附錄・弔臺灣四律》，臺灣文獻叢刊，
　　　　第一○○種，頁73～74。

臺島卻淪喪了呢？勉強的說此爲彈丸之地，失去不可惜，讓天險之地自此淪爲塵埃，且國土也因而不完整。「傷心地竟和戎割，太息門因揖盜開。聚鐵可憐眞鑄錯，天時人事兩難猜」之句反應對列強侵略的不滿，及對清朝無力於事的感傷。在三國干涉還遼之後，俄國以「還遼有功」爲名，向清朝政府租借旅順和大連兩港，將勢力伸東北南部。而清朝請列強干涉的舉動，無異於開門揖盜。

其三

鯨鯢昆市到鯤身，漁父蹣跚許問津。莫保屏藩空守舊，頓忘脣齒藉維新。河山觸目因同泣，桑梓傷心鬼與憐。寄語赤崁諸故老，桑田滄滄亦前因。〔註71〕

「鯨鯢昆市到鯤身，漁父蹣跚許問津」之句，以在臺地鯤身嶼向漁夫問路之語，表達臺民的無奈。「河山觸目因同泣，桑梓傷心鬼與憐。寄語赤崁諸故老，桑田滄滄亦前因」之句話盡了滄海桑田的無奈與哀傷，在山河正自有異的情況，成爲楚囚對泣的詩人與臺民，內心是何等哀痛。

其四

臺陽非復舊衣冠，從比威儀失漢官。壺嶠同然成弱水，海天何計挽狂瀾。誰云名下無虛士，不信軍中有一韓。絕好湖山今已矣，故鄉遙望淚闌干。〔註72〕

「臺陽非復舊衣冠，從比威儀失漢官」之句書寫自此以後臺灣已不復爲漢文化的範圍。「絕好湖山今已矣，故鄉遙望淚闌干」政權的改易，讓人遠離故鄉的痛苦正蔓延著。大好的山河，現在已經結束，不再復返，如何不讓人眼望之下，雙淚縱橫呢？

符天佑（？～？）有〈寄懷劉淵亭軍門〉二首：

一腔熱血向誰陳，憂國憂民百鍊身。畢竟英雄能用武，翻新花樣不由人。

孤城無救計終窮，拔隊歸來氣亦雄。猶領殘兵三百騎，勝他夜半走

〔註71〕陳季同：〈弔臺灣四律〉，《哀臺灣箋釋・附錄・弔臺灣四律》，臺灣文獻叢刊，第一〇〇種，頁73～74。
〔註72〕陳季同：〈弔臺灣四律〉，《哀臺灣箋釋・附錄・弔臺灣四律》，臺灣文獻叢刊，第一〇〇種，頁73～74。

江東。〔註73〕

「一腔熱血向誰陳，憂國憂民百鍊身。畢竟英雄能用武，翻新花樣不由人」4句書寫劉永福有著滿腔熱血，爲臺地憂心奔走，可惜的是最終還是無法抵過政治上的新花樣，落沒的退場。「孤城無救計終窮，拔隊歸來氣亦雄。猶領殘兵三百騎，勝他夜半走江東」4句則是歌頌其在孤城中依然堅持領著殘兵對抗日本的精神。

黔南女史瓦蘭芬有〈感詠〉三首：

其一

滄海桑田幾變更，可憐蒼昊太無情。三鯤忍陷衣冠藪（謂臺灣），百雉空營鐵石城（謂威海、旅順）。夫婿位輕難報國，木蘭我愧學從征。深閨長向深宵拜，翹首呼天祝太平。〔註74〕

「滄海桑田幾變更，可憐蒼昊太無情。三鯤忍陷衣冠藪（謂臺灣），百雉空營鐵石城（謂威海、旅順）」四句中詩人表達了臺灣被日本奪走及威海、旅順被俄國入侵的悲哀。「夫婿位輕難報國，木蘭我愧學從征。深閨長向深宵拜，翹首呼天祝太平」四句表達詩人雖身爲女子，但也在深宵之中祈禱，期望天佑清朝，使其太平。

其二

呼天天道竟無知，太息輸金割地時。巾幗猶思爭氣節，沙場幾個副鬚眉。揮戈日暮光留影（劉永福踞臺南），擊楫江中誓有辭（張香帥力阻和議）。畢竟生男纔是好，乾坤大局賴撐持。〔註75〕

「呼天天道竟無知，太息輸金割地時。巾幗猶思爭氣節，沙場幾個副鬚眉」四句表達詩人身爲女子但卻有爭氣節的愛國之思。「揮戈日暮光留影（劉永福踞臺南），擊楫江中誓有辭（張香帥力阻和議）。畢竟生男纔是好，乾坤大局賴撐持」四句中作者稱許劉永福和張香帥力主抗日，而有自恨不是男兒身的感慨。

〔註73〕符天佑：〈寄懷劉淵亭軍門〉，《哀臺灣箋釋・附錄・寄懷劉淵亭軍門》，臺灣文獻叢刊，第一〇〇種，頁76。
〔註74〕瓦蘭芬：〈感詠〉，《哀臺灣箋釋・附錄・感詠》，臺灣文獻叢刊，第一〇〇種，頁76。
〔註75〕瓦蘭芬：〈感詠〉，《哀臺灣箋釋・附錄・感詠》，臺灣文獻叢刊，第一〇〇種，頁76。

其三

時局循環信有因，娥眉無分繪麒麟。諸公衮衮知匡復，世變滔滔互屈伸。東國霸圖心在莒，西岐王業誓書秦。聖明有詔多哀痛（詔有「當此創鉅痛深之日，正我君臣臥薪嘗膽之時」云云），誰沼吳兮只自新。〔註76〕

「時局循環信有因，娥眉無分繪麒麟。諸公衮衮知匡復，世變滔滔互屈伸」說明一切都有因果關係，因此只要有心，力圖匡復，終有改變的一天。「東國霸圖心在莒，西岐王業誓書秦。聖明有詔多哀痛（詔有「當此創鉅痛深之日，正我君臣臥薪嘗膽之時」云云），誰沼吳兮只自新」四句說明要有臥薪嘗膽的決心，終究會有光復的時刻。

許南英有〈次韻和易實甫寓臺感懷〉六首，舉要如下：

時局變遷，擬焚筆硯，承餘姚吳季籛寄和沅湘易實甫寓臺「詠懷」六首原韻，並附實甫原唱，致言索和。展誦之餘，檐際雨晴、紙窗風裂，依稀似有鬼神涕泣也。晚間伏枕效顰原韻，?雜寰緒，錄呈季籛、實甫、鹿岑諸公笑正。羅鹿岑名綺章，廣西人。

其一

黑海黃河任往還，榆關回首白雲間。悲歌有客來燕趙，憑弔何人管海山？寇準信能司北鑰，趙佗浪說長南蠻。有誰起仗籌邊策，國士無雙尚內鬨。〔註77〕

詩題中提及「易順鼎」（1858 年～1920 年），字實甫，馬關條約簽定後，上書請罷和議。反對割讓遼東與臺灣。曾二次去臺灣，入劉坤一軍，後赴臺灣協助劉永福籌畫防務。作者此六首之作乃作於乙未年，因此多有感慨。「有誰起仗籌邊策，國士無雙尚內鬨」之句表達作者內心深切的期盼：現在有誰能做好邊疆事務的籌畫工作？誰又是那位無雙的國士能處理如此艱難的局面呢？

其二

浮槎為救難中民，清節如神澤似春。儒將流風君借寇，黍苗膏雨伯思郇。結交肝膽方盟血，誓許頭顱不顧身。記得白龍庵裏會，澧蘭

〔註76〕瓦蘭芬：〈感詠〉，《哀臺灣箋釋‧附錄‧感詠》，臺灣文獻叢刊，第一〇〇種，頁 76。

〔註77〕許南英：〈次韻和易實甫寓臺感懷〉，《窺園留草‧乙未四十七首‧奉和實甫觀察原韻》，臺灣文獻叢刊，第一四七種，卷一，頁 29。

沅芷憶佳人。〔註78〕

「浮槎爲救難中民，清節如神澤似春。儒將流風君借寇，黍苗膏雨伯思邮」四句乃是作者寫易順鼎的仗義相助如同春天的恩澤大地一般，令人感動。地方上挽留對方頗多稱讚，而如同對漢朝寇恂一般，多所挽留；也如同詩經中有治諸侯之功的邵侯一樣，令人想望。

其四

元武蚨荘五丈嶢，扶桑霸氣黯然消。不甘被髮冠冠楚，猶是章身服服堯。議院廣開民主國，版圖還隷聖明朝。請看強弩三千具，鹿耳門前射怒潮。〔註79〕

「元武蚨荘五丈嶢，扶桑霸氣黯然消。不甘被髮冠冠楚，猶是章身服服堯」四句書寫臺地不甘爲外族所統治，而有臺灣民主國之立，而日本的霸心在此將會遭遇挫折，黯然消沉。「議院廣開民主國，版圖還隷聖明朝。請看強弩三千具，鹿耳門前射怒潮」四句書寫臺地建立臺灣民主國，並期許能回歸清朝的統治。並由錢鏐（852～932）射錢塘潮使潮神敗退的氣魄，說明己方亦有同等射鹿耳門潮水氣勢的人來護衛河山。

其六

投筆從戎說虎頭，巨川欲濟苦無舟。涕零關下陳同甫，談笑軍前李鄴侯。仗劍定應誅醜虜，執鞭竊願逐豪游。滿腔熱血向誰訴，諸葛奇才佐豫州。〔註80〕

「投筆從戎說虎頭，巨川欲濟苦無舟。涕零關下陳同甫，談笑軍前李鄴侯」亦是書寫作者對易順鼎的稱美，以南宋時力主抗金的陳亮及唐朝寺參與平定安史之亂，對穩定唐代中期的政治局勢起了重要作用的李泌與之相比，也期許臺地能有美好的未來。「仗劍定應誅醜虜，執鞭竊願逐豪游。滿腔熱血向誰訴，諸葛奇才佐豫州」，稱讚易順鼎有仗劍殺外敵的決心，而他的滿腔熱血將如同諸葛亮輔佐劉備一般地，完全交付，盡情發揮。

〔註78〕 許南英：〈次韻和易實甫寓臺感懷〉，《窺園留草‧乙未四十七首‧奉和實甫觀察原韻》，臺灣文獻叢刊，第一四七種，卷一，頁29。

〔註79〕 許南英：〈次韻和易實甫寓臺感懷〉，《窺園留草‧乙未四十七首‧奉和實甫觀察原韻》，臺灣文獻叢刊，第一四七種，卷一，頁29。

〔註80〕 許南英：〈次韻和易實甫寓臺感懷〉，《窺園留草‧乙未四十七首‧奉和實甫觀察原韻》，臺灣文獻叢刊，第一四七種，卷一，頁29。

許南英亦有〈弔吳季籛〉之詩，如下：

> 季籛名彭年，為劉淵帥幕客；往來公牘，多其手製。高談雄辯，動
> 驚四筵。公餘之暇，不廢吟詠。乙未夏五月，臺北請援，劉帥遍閱
> 諸將，無可恃者；季籛毅然請行。領兵數營，至彰化八卦山遇賊，
> 諸軍不戰自潰，季籛獨麾七星旗隊與賊決戰；孤軍無援，困於山上，
> 中腦而死。嗚呼壯哉！
>
> 北望彰城弔季籛，西風灑淚哭人天。沙場白骨臣之壯，幕府青衫我
> 獨賢。旗捲七星師盡滅，山圍八卦火猶然。崁城風雨淒涼夜，搖曳
> 霓旌海底天。〔註81〕

吳彭年（？～1895年），字季籛，為劉永福的幕客。在乙未之役中奮勇犧牲，
作者為其友，深感哀痛，而有此詩。「北望彰城弔季籛，西風灑淚哭人天。沙
場白骨臣之壯，幕府青衫我獨賢」四句說明作者在臺南北望彰化而為吳彭年
深感哀悼，在秋天之中灑下了悲傷天人永隔的淚水。並對吳彭年在沙場壯烈
的表現，身為幕僚卻賢能英勇上戰場，為臺犧牲而死，深感悲痛。「旗捲七星
師盡滅，山圍八卦火猶然。崁城風雨淒涼夜，搖曳霓旌海底天」在八卦山的
七星師全數犧牲，山邊的火依然熊熊地燃燒。自己只能在這風雨淒涼的臺南
城裡，為他哀悼。

陳鳳昌（1865～1906）亦有〈弔吳季籛〉之詩：

> 書生戎馬總非宜，自請前軍力不支。畢竟艱危能仗節，果然南八是
> 男兒。（季籛為劉淵亭鎮軍幕客，臺北失後，請赴前敵）。
>
> 溪南溪北兩麀兵，不愛微軀愛令名。淮楚無聲人散後，屯軍五百殉
> 田橫。（季籛先據大甲溪北，不利，淮楚各營多潰，乃退溪南，唯有
> 屯勇五百相隨）。
>
> 短衣匹馬戰城東，八卦山前路已窮。鐵砲開花君證果，劫灰佛火徹
> 宵紅（八卦山在彰化城東，季籛授命之處）。
>
> 留得新詩作墓銘，九原雖死氣猶生。赤崁潮水原非赤，卻被先生血
> 染成！（季籛曾和易實甫觀察臺陽感懷詩，有「忽往忽來心上血，
> 可憐化作赤崁潮」句）
>
> 大長扶餘說仲堅，一時忠憤竟徒然。六朝金粉笙歌鬧，知否臺陽有

〔註81〕　許南英：〈弔吳季籛參謀〉，《窺園留草・乙未四十七首・弔吳季籛參謀》，臺
灣文獻叢刊，第一四七種，卷一，頁31。

> 季箖（唐維卿中丞爲臺灣大總統，去後居金陵，猶以歌宴爲樂）？
>
> 幽草萋萋白日昏，無人野奠出東門。阿來本是催租吏，收拾遺衣樹
>
> 小墳。（祝豐館租趕吳阿來途見季箖之屍，爲葬東門之外）〔註82〕

「書生戎馬總非宜，自請前軍力不支。畢竟艱危能仗節，果然南八是男兒」
四句書寫吳彭年爲書生，在黑旗軍抗日面臨危機時，卻能持節仗義勇往直前，
是標準的男子漢。「溪南溪北兩鏖兵，不愛微軀愛令名。淮楚無聲人散後，屯
軍五百殉田橫」四句書寫在一番爭戰之後，退守溪南，此時只有五百士兵相
隨屯守，如此氣節，可以和田橫及 500 位追隨者的義舉相比擬。「短衣匹馬戰
城東，八卦山前路已窮。鐵砲開花君證果，劫灰佛火徹霄紅」四句書寫在八
卦山之役，吳彭年等人壯烈犧牲，在國難之中，他們的精神猶如供佛的油燈
香燭之光，照紅整個天際。「留得新詩作墓銘，九原雖死氣猶生。赤崁潮水原
非赤，卻被先生血染成」四句書寫其精神永留天地，雖死猶生。而赤崁地區
的潮水，也爲他氣節所感動，呈現了赤紅顏色。「大長扶餘說仲堅，一時忠憤
竟徒然。六朝金粉笙歌鬧，知否臺陽有季箖」四句批判唐景崧拋下臺灣，與
吳彭年相比，不啻雲泥。「幽草萋萋白日昏，無人野奠出東門。阿來本是催租
吏，收拾遺衣樹小墳」四句書寫祝豐館租趕吳阿來因爲感念吳彭年爲臺而殉，
所以爲他收屍。

　　張羅澄（？～？），字岷遠，四川長寧舉人。乙未（1895）割臺之役，嘗
郵書劉永福軍門，論戰事，議借滿州獨立國韓藩外兵來援。又往來滬濱，奔
走國事，而終不成。有〈束淵亭〉之詩云：

> 回首扶桑銅柱標，夷歌是處起漁樵。近聞下詔喧都邑，焉得并州快
>
> 剪刀？猛士腰間大羽箭，秋鷹整翮當雲霄。走平亂世相催促，上帝
>
> 高居絳節朝。
>
> 盡使鷗鵝相怒號，應弦不礙蒼山高。凌煙功臣少顏色，萬古雲霄一
>
> 羽毛。殊錫曾爲大司馬，將軍只數漢嫖姚。即今飄泊干戈際，祇在
>
> 忠良翊聖朝。〔註83〕

「回首扶桑銅柱標，夷歌是處起漁樵」二句書寫當時臺地已割讓，四處皆是
屬於日本領土的氣息。「近聞下詔喧都邑，焉得并州快剪刀？猛士腰間大羽

〔註82〕陳鳳昌：〈弔吳季箖〉，《臺灣詩乘》，臺灣文獻叢刊，第六四種，卷六，頁231
　　　　～232。

〔註83〕張羅澄：〈束淵亭〉，《臺灣詩乘》，臺灣文獻叢刊，第六四種，卷六，頁233。

箭，秋鷹整翮當雲霄」四句乃在稱頌劉永福的勇猛及處事敏捷有決斷，如同并州快剪及猛士羽箭、雲霄中的秋鷹。「殊錫曾爲大司馬，將軍只數漢嫖姚。即今飄泊干戈際，祇在忠良翊聖朝」四句說明劉永福曾受清朝特別的封賜，如今就像霍去病一般在抵禦外敵。就算現今孤守在戰爭之中，也是爲了表現自己的滿腔忠心。

夏疇（？～？）有〈聞臺事有感〉四首：

太息屏藩地，而同甌脫分。吾民雖義憤，無那力難支。

難得精忠士，猶時撓敵軍。螳螂雖奮臂，黃雀更紛紛。

越石奇男子，南關曾請纓。可憐天竟缺，媧石補難成。

六軍齊解甲，何怪豫州逃。一死原難事，旂常名自高。〔註84〕

「太息屏藩地，而同甌脫分。吾民雖義憤，無那力難支」四句書寫作者內心面對臺地割讓給日本的既氣憤又無力的沉重感。「難得精忠士，猶時撓敵軍。螳螂雖奮臂，黃雀更紛紛」四句書寫臺地義勇軍抗日的行動，可惜猶如螳臂奮臂，無力挽回。「越石奇男子，南關曾請纓。可憐天竟缺，媧石補難成」四句稱讚劉永福據守臺南，可憐的是終究難以回天。「六軍齊解甲，何怪豫州逃。一死原難事，旂常名自高」四句書寫因爲獨木難支，劉永福內渡，在眾人同時放棄抗日之時，又有何立場責怪劉永福內渡呢？

二、對明鄭的懷念

在乙未之後，古典詩中出現了許多懷念明鄭時期人物和事物之詩。筆者以爲有藉此寓託內心傷感之意。其中以懷念鄭成功、寧靖王朱術桂及五妃、沈光文最多。舉要分述如下：

（一）騎鯨人

黃美娥在〈臺灣古典文學發展概述（1651～1945）〉有相關的論述：

鄭氏時期對「臺灣」的描寫，開啓了歷代「臺灣意象」的經營與塑造，而隨著鄭氏王朝的結束，「鄭成功」其人其事也成爲臺灣文學史上經常出現的文學符號。〔註85〕

〔註84〕夏疇：〈聞臺事有感〉，《臺灣詩乘》，臺灣文獻叢刊，第六四種，卷六，頁234。

〔註85〕黃美娥：〈臺灣古典文學發展概述（1651～1945）〉，上網日期：20150521，網址：http://data3.hgsh.hc.edu.tw/~teachfile99/uploads/tad_uploader/user_1/75_%E9%BB%83%E7%BE%8E%E5%A8%A5%EF%BC%9A%E5%8F%B0%E7%81%A3%

「鄭成功」為臺灣文學史上經常出現的文學符號。他是開臺聖王，在西風東漸之時，他驅逐荷蘭人，是古典詩中所歌詠的英雄形象。

施士洁（1856～1922），字澐舫，號芸況，又號?園，晚號耐公。清臺灣縣治（今臺南市）人，為進士施瓊芳之次子。〈登赤嵌樓望安平口，三首之三〉：

鹿耳鯤身水一方，草雞仙去霸圖荒。茫茫天地此煙景，寂寂江山空夕陽。不覺目隨高鳥遠，悠然心引片雲長。園林到處供詩料，誰弔瀛南古戰場。〔註86〕

「鹿耳鯤身水一方，草雞仙去霸圖荒。茫茫天地此煙景，寂寂江山空夕陽」之句書寫了對鄭成功的懷念。

施士洁亦有〈竹溪寺題壁和韻（寺為前明鄭延平王故址）〉：

春色無端綠滿溪，我來何處辨東西。茫茫世態空雲狗，莽莽雄圖失草雞。半晌午陰花有韻，萬尖生意笋初齊。歸途猶戀山僧味，惆悵夕陽鴉亂啼。〔註87〕

「茫茫世態空雲狗，莽莽雄圖失草雞」亦是表達了對鄭成功的緬懷。

丘逢甲（1864～1912）有〈夢蝶園〉：

二百年前老道人，曾從此地託閒身。草雞已嘆雄圖改，花蝶猶尋舊院春。心事自同黃蘗苦，遺民猶見白衣新。如何粟主無人祀，有客傷心薦藻蘋。〔註88〕

「草雞已嘆雄圖改，花蝶猶尋舊院春」二句藉鄭成功表達了內心無奈的今昔之情。

連橫〈澄臺秋望〉：

E5%8F%A4%E5%85%B8%E6%96%87%E5%AD%B8%E7%99%BC%E5%B1%95%E6%A6%82%E8%BF%B0.pdf。

〔註86〕施士洁：〈登赤嵌樓望安平口〉，《全臺詩——智慧型全臺詩知識庫》，上網日期：20150502，網址：http://xdcm.nmtl.gov.tw/twp/b/b02.htm。收於施士洁《後蘇龕詩鈔》。

〔註87〕施士洁：〈竹溪寺題壁和韻（寺為前明鄭延平王故址）〉，《全臺詩——智慧型全臺詩知識庫》，上網日期：20150502，網址：http://xdcm.nmtl.gov.tw/twp/b/b02.htm。收於施士洁《後蘇龕詩鈔》。此詩又載連橫《台灣詩乘》。

〔註88〕丘逢甲：〈夢蝶園〉，《全臺詩——智慧型全臺詩知識庫》，上網日期：20150502，網址：http://xdcm.nmtl.gov.tw/twp/b/b02.htm。此詩收於《柏莊詩草‧丘倉海先生詩文錄》，又載王國璠編《柏莊詩草》、唐景崧《詩畸》、鄭鵬雲《師友風義錄》、吳德功《瑞桃齋詩話》、王松《臺陽詩話》、賴子清《臺灣詩醇》、盧嘉興〈夢蝶園與法華寺〉，《臺灣研究彙集》第三輯，1967年7月5日。

返日麾戈志未摧，深秋苦恨獨登臺。萬方多難龍蛇鬥，十載埋名虎
豹來。烏鬼渡荒寒月冷，赤崁城迴晚濤哀。南溟自是興王地，攬轡
澄清待霸才。〔註89〕

「南溟自是興王地，攬轡澄清待霸才」2句表達了對鄭成功之類人物的期待。
此處自是興王之地，正等待擁有雄霸之才的人開拓澄清之局啊。

連橫亦有〈寧南門春眺〉：

春風駘蕩酒初醒，問柳尋花出野坰。半壁江山餘涕淚，百年身世感
飄零。名王去後城留赤，妃子埋時塚尚青。極目騎鯨人不見，怒濤
猶足捲南溟。〔註90〕

「半壁江山餘涕淚，百年身世感飄零」之句表達了對臺灣政權改易的感傷，
並對自己的身世有飄零無依之感。「極目騎鯨人不見，怒濤猶足捲南溟」之句
書寫對鄭成功的緬懷及隱含作者內心的期許。雖然騎鯨人鄭成功已然不在，
但在此地的怒濤依然洶湧澎湃，足以襲捲南溟。

連橫〈題荷人約降鄭師圖〉：

殖民略地日觀兵，夾板威風撼四溟。莫說東方男子少，赤崁城下拜
延平。〔註91〕

「莫說東方男子少，赤崁城下拜延平」表達了對列強的反感之情，亦期許臺
灣莫再如此消沉。所以作者藉著鄭成功使荷蘭人投降的歷史，直言「莫說東
方男子少」，有其言外之意。

連橫有〈鹿耳門懷古〉詩：

鹿門春水漲遲遲，橫海樓船戰未疲。太息騎鯨人不見，東瀛霸業付
伊誰。〔註92〕

「鹿門春水漲遲遲，橫海樓船戰未疲」之句表達作者內心仍有雄心壯志，因
而有戰船尚未疲憊之言。只是「太息騎鯨人不見，東瀛霸業付伊誰」之句表
達了作者內心的感嘆與惆悵之情。在鄭成功已然逝去的情況下，東瀛的霸業

〔註89〕 連橫：〈澄臺秋望〉，《劍花室詩集・外集之一・澄臺秋望》，臺灣文獻叢刊，
　　　　第九四種，頁102。

〔註90〕 連橫：〈寧南門春眺〉，《劍花室詩集・外集之一・寧南門春眺》，臺灣文獻叢
　　　　刊，第九四種，頁102。

〔註91〕 連橫：〈題荷人約降鄭師圖〉，《劍花室詩集・外集之一・題荷人約降鄭師圖》，
　　　　臺灣文獻叢刊，第九四種，頁103。

〔註92〕 連橫：〈鹿耳門懷古〉，《全臺詩——智慧型全臺詩知識庫》，上網日期：
　　　　20150502，網址：http://xdcm.nmtl.gov.tw/twp/b/b02.htm。施景琛《鯤瀛集》。

又能交付誰呢？令詩人不禁深深嘆息。

王則修（1867～1952）在乙未（1895）割臺定議，隔年攜家人內渡至漳州府龍溪縣，明治三十五年（1902）始返臺。有〈春日謁延平郡王祠〉十首，茲舉要如下：

其一

一角巍峨聳碧空，延平祠宇表孤忠。霸圖已悵鯨魂渺，壯氣猶留鹿
耳雄。禮樂衣冠齊起敬，春秋豆俎凜存衷。我來恰值梅花笑，影裡
婆娑護乃公。〔註93〕

「霸圖已悵鯨魂渺，壯氣猶留鹿耳雄。禮樂衣冠齊起敬，春秋豆俎凜存衷」4
句，書寫了鄭成功的功勳，甚豪壯的氣魄仍然在鹿耳門稱雄，也是他將禮樂
衣冠傳入臺地，使得臺灣有禮樂的教化。

其二

何處莊嚴禮鄭公，一鞭搖曳趁東風。草雞讖渺靈威在，荷鬼降餘霸
氣雄。松楠雲封安義魄，梅花香渡護精忠。我來拱手深深拜，願保
河山萬古崇。〔註94〕

「何處莊嚴禮鄭公，一鞭搖曳趁東風。草雞讖渺靈威在，荷鬼降餘霸氣雄」
之句表達了對鄭成功的敬仰。1、2 句書寫在延平郡王祠正在進行儀式，表達
對鄭成功的敬意，而亦點明了時序在春天。3、4 句則是書寫鄭成功的雄威，
令當時的荷蘭人俛首稱降。

其三

欲從何處拜成功，鯤島依稀認故宮。靈爽式憑鯨浪靜，讖言曾聽草
雞雄。春秋享祀今無憾，豆俎馨香夙所崇。莫道河山三易主，梅花
猶自笑春風。〔註95〕

「春秋享祀今無憾，豆俎馨香夙所崇。莫道河山三易主，梅花猶自笑春風」
之句書寫了臺南當地的人依舊崇敬鄭成功，在春、秋時節都祭祀不輟。即使

〔註93〕 王則修：〈春日謁延平郡王祠〉，《全臺詩──智慧型全臺詩知識庫》，上網日
期：20150502，網址：http://xdcm.nmtl.gov.tw/twp/b/b02.htm。
〔註94〕 王則修：〈春日謁延平郡王祠〉，《全臺詩──智慧型全臺詩知識庫》，上網日
期：20150502，網址：http://xdcm.nmtl.gov.tw/twp/b/b02.htm。
〔註95〕 王則修：〈春日謁延平郡王祠〉，《全臺詩──智慧型全臺詩知識庫》，上網日
期：20150502，網址：http://xdcm.nmtl.gov.tw/twp/b/b02.htm。

是臺地政權已歷經三次改易，此處的梅花依然在春風之中綻放如故。而對延平郡王的緬懷亦將永不斷絕。

其四

漫天淑氣正和融，相約開山謁鄭公。影裡梅花靈爽護，波間鯨浪壯
心雄。存明大義千秋凜，抗滿孤忠一世空。我也後生深拜仰，蘋蘩
允薦盡微衷。〔註96〕

「影裡梅花靈爽護，波間鯨浪壯心雄。存明大義千秋凜，抗滿孤忠一世空」
之句說明了作者對鄭成功景仰的原因，在於其保存了明朝大義，表現了抗滿
的孤忠，在當時情勢不利之時，依然堅守其志，令人感佩。所以這裡的梅花
似乎有神靈在守護，海上的波濤似乎也有鯨豚在翻泳，表示其稱霸海域的雄
心壯志。

其六

一道春風謁鄭公，宮牆高聳大瀛東。濤翻萬丈騎鯨壯，潮打千層撼
鹿雄。石井奇男憑創始，金陵王氣賴持終。我來弔古空惆悵，淚灑
梅花點點紅。〔註97〕

「石井奇男憑創始，金陵王氣賴持終。我來弔古空惆悵，淚灑梅花點點紅」
之句表達作者內心的惆悵。金陵的王氣藉鄭成功得以保存下來，而今作者的
時代又有誰能保存民族的血脈呢？

其八

春風策杖到瀛東，翹首王祠聳碧空。廟貌居然前代古，霸圖無復昔
時雄。門開桔柣荷蘭避，潮漲安平石井通。三百年來數忠節，存明
誰似義如公。〔註98〕

「廟貌居然前代古，霸圖無復昔時雄」之句以景物依舊，但霸業已空的對比，
表達作者心中的惆悵。「三百年來數忠節，存明誰似義如公」之句書寫作者心
中對鄭成功延續明朝正朔的肯定。

〔註96〕王則修：〈春日謁延平郡王祠〉，《全臺詩——智慧型全臺詩知識庫》，上網日
　　　　期：20150502，網址：http://xdcm.nmtl.gov.tw/twp/b/b02.htm。
〔註97〕王則修：〈春日謁延平郡王祠〉，《全臺詩——智慧型全臺詩知識庫》，上網日
　　　　期：20150502，網址：http://xdcm.nmtl.gov.tw/twp/b/b02.htm。
〔註98〕王則修：〈春日謁延平郡王祠〉，《全臺詩——智慧型全臺詩知識庫》，上網日
　　　　期：20150502，網址：http://xdcm.nmtl.gov.tw/twp/b/b02.htm。

黃得眾（1877～1949）亦有〈春日謁延平郡王祠〉：

> 志不降胡大義崇，霸圖舊業海之東。師登鹿耳開天府，潮漲鯤洋退
> 狄戎。明朔卅年存社稷，漢民一族認英雄。依然祠宇瞻觀壯，歲歲
> 梅花散馥同。〔註99〕

「志不降胡大義崇，霸圖舊業海之東」二句書寫了對鄭成功氣節的推崇。「明
朔卅年存社稷，漢民一族認英雄」二句書寫鄭氏的功勞，是漢民族公認的英
雄。「依然祠宇瞻觀壯，歲歲梅花散馥同」二句表達了延平郡王祠的廟宇雄壯、
梅花散發香氣，予人延平郡王的精神將如同祠宇及梅花的幽香永傳不朽之感。

黃得眾有〈臺灣光復感賦〉，表達對臺灣光復的開心：

> 循環天道理當然，父老暌違五十年。海國河山原版籍，漢官文武舊
> 因緣。黯雲收盡三秋裡，新幟飄颺萬戶前。劫後淒涼莫回顧，重興
> 故業賴諸賢。〔註100〕

「循環天道理當然，父老暌違五十年」2句書寫作者認為臺灣回歸乃是天理的
安排，所以在日治 50 年後，臺灣光復了。「劫後淒涼莫回顧，重興故業賴諸
賢」之句書寫了經過戰火摧殘的臺灣應莫再回顧以往的痛苦、沉浸在戰後的
淒涼，一切都要靠大家的群策群力，才能重新振興舊有的繁華文化，此 2 句
亦表達了作者對臺灣光復的期待。

（二）寧靖王

在《臺灣外記》中有寧靖王朱術桂的記載：

> 時有寧靖王朱術桂，字天球，原分封荊州，因避張獻忠亂入閩依成
> 功。迨至癸卯年十月，兩島俱破，又從鄭經之銅山。繼而渡臺，建
> 府於府西赤崁城傍。人品雄偉，美髯、弘聲；善書翰，喜佩劍；沈
> 潛寡言，勇敢無驕。鄭氏將帥以及兵民，咸尊敬之。迨聞澎湖敗績，
> 仰天嘆曰：「主幼臣強、將驕兵悍，又逢此荒亂，是天時、地利、人
> 和三者咸失！將來托足，正不知在於何處」？迨至議降，復嘆曰：「是
> 吾歸報高皇之日」！遂將所有產業悉分賞其所耕佃戶，所居之府舍

〔註99〕黃得眾：〈春日謁延平郡王祠〉，《全臺詩——智慧型全臺詩知識庫》，上網日
期：20150502，網址：http://xdcm.nmtl.gov.tw/twp/b/b02.htm。《寄廬集》。

〔註100〕黃得眾：〈臺灣光復感賦〉，《全臺詩——智慧型全臺詩知識庫》，上網日期：
20150502，網址：http://xdcm.nmtl.gov.tw/twp/b/b02.htm。《寄廬集》。又載於
賴建銘《臺南市志·卷六·藝文志·文學篇》。

與釋氏爲刹供佛（後琅抵臺，設天后宮；前祀天后，後奉佛祖，旁
祠王護法）。其元配羅氏早逝，惟有侍姬袁氏、蔡氏、荷姑、梅姊、
秀姑五人而已。術桂諭五人，聽其自擇配。袁氏、蔡氏同請曰：「妾
等侍殿下有年，殿下既毅然盡忠，妾雖婦人，頗知大義，亦願盡節，
相隨殿下；豈易念失志乎」？荷姑、梅姊、秀姑亦不肯再事他人。
術桂奇之曰：「汝等莫非矯言，作一時之雅觀」？五姬齊聲曰：「殿
下如不信，願先死殿下前，九泉相待」。桂大喜，即各制新衣以候。
十一早，見馮錫圭等齎降表出鹿耳門，即對五姬曰：「是死日矣」！
備棺六，各沐浴更衣，設席環坐歡飲。飲畢，五姬向桂叩首曰：「妾
等先死以候殿下」！起而自縊。桂各爲放下收殮，虛一棺以自待。
冠服乘輿出，與鄭克塽、國軒、錫范、繩武、洪磊等諸當事言別，
又與左右鄰老辭。遂大開門戶，命僧人守候，遂望北叩首二祖、列
宗。起，又向東拜謝父母。畢，援筆書曰：「余自壬午流賊破荊州，
攜家南下，甲申避亂閩海。總爲幾根頭髮，保全遺體。遠潛外國，
今已四十餘年，歲六十有二。時逢大難，全髮冠裳，歸報高皇！生
事畢矣，無怍無愧」。又題一絕云：「艱辛避海外，總爲幾莖髮；於
今事已畢，祖宗應容納！宣宗九世孫術桂書」。書畢，鄭克塽率劉國
軒、馮錫范、洪磊、陳繩武等咸至。桂延入，謂克塽曰：「承令先祖、
先尊之庇有年，茲非桂輕爾言別，奈天寬海闊，無可托足，不得不
回報高皇、列聖之在天」！克塽與國軒等惟咨嗟耳（當時應俯首負
慚也）。桂又謝曰：「有勞相送」！即與塽等作揖。投繯，顏色如故，
雖死猶生。塽命禮官鄭斌並所囑僧人收殮。越十日，擬與原配羅氏
並殉節袁氏、蔡氏、荷姑、梅姊、秀姑葬於竹滬（今鳳山縣長治里）；
斌以其地窄，將袁、蔡五人別葬於大林（今臺灣縣仁和里地方）。通
國聞之，悉咨嗟嘆息。先是初十日夜，有星如斗殞於東南方。〔註101〕

由上述可知，寧靜王朱術桂在鄭克塽決定降清之時，其殉國的經過，令時人
及後人對他的遭遇深感同情。

　　蘇大山（？～？）嫺熟地方文史掌故，亦爲藏書家，曾爲臺北板橋林家
「汲古書屋」撰聯。在日治時期，亦有〈明季樂府　數根髮〉之作：

〔註101〕江日昇：《臺灣外記・（康熙癸亥年六月至十二月）》，臺灣文獻叢刊，第六○
　　　　種，卷十，頁432～434。

> 玉帶碎金甌，缺鹿耳，沸鯤身，絕塊肉。終教渡海亡，一死還爭北
> 地烈。竹滬青山白骨埋，自王死後國始沒。惟有當年，一片桂子山
> 頭月，鑒妾心，照王髮。〔註102〕

「玉帶碎金甌，缺鹿耳，沸鯤身，絕塊肉。終教渡海亡，一死還爭北地烈」
書寫寧靖王的壯烈。在國土淪亡之時，寧靖王玉帶碎，爲國放棄個人生命，
他的死亡，有著向北地抗爭的壯烈效果。「竹滬青山白骨埋，自王死後國始沒。
惟有當年，一片桂子山頭月，鑒妾心，照王髮」之句書寫詩人憐惜寧靖王朱
術桂爲國而死，最後被葬在竹滬，而最後能以王爺爲第一考量的，大概只有
在桂子山的五妃吧。如此的書寫，讓人特別有悲愴之感。

蘇大山亦有〈寧靖王墓〉，如下：

> 煤山秋老泣棲鴉，落日紅斑帝子花。一段傷心亡國史，可憐龍種又
> 天涯。行人能說烈皇烈，輪囷肝膽雙奇絕。海東盡處怒濤哀，一寸
> 江山一寸血。流落高皇九世孫，魯王死後桂王奔。南下已無明日月，
> 西行猶是漢川原。勿皇闕國紅毛地，回首燕雲滿目淚。間關海外領
> 扶餘，正朔尚存天未墜。望古愁過西定坊，大鯨入海燕窺堂。差免
> 路隅人啜泣，苟留殘喘見生桑。失計豈緣依鄭誤，烹羊早觸山神怒。
> 一姓從來不再興，苦累煌言草露布。悽絕飆回鹿耳門，竭來疇與哀
> 王孫。忍拋塊肉人間世，祇爲生存髮數根。地老天荒臣力竭，誓心
> 弗屈軍前膝。那知金豹策勳時，便是玉魚蒙葬日。不封不樹表遺阡，
> 此恨綿綿到九泉。竹滬殘山青不斷，一春杜宇墓門煙。玉版淒涼鐫
> 百鹿，大地風雲變陵谷。飄零孰與補冬青，鎮日澎湖波浪惡。太息
> 攀髯去不還，合門節仗慰殷頑。佩環莫作西陵怨，夜夜魂歸桂子山。
>
> 〔註103〕

「煤山秋老泣棲鴉，落日紅斑帝子花。一段傷心亡國史，可憐龍種又天涯」
四句寫明崇禎自縊之地——煤山秋天黃昏有寒鴉棲息悲泣、帝子花紅斑點
點，表達亡國之悲，更可憐的是飄泊天涯之外的龍子——朱術桂。「流落高皇
九世孫，魯王死後桂王奔。南下已無明日月，西行猶是漢川原。勿皇闕國紅

〔註102〕蘇大山：〈明季樂府　數根髮〉，《全臺詩——智慧型全臺詩知識庫》，上網日
　　　　期：20150502，網址：http://xdcm.nmtl.gov.tw/twp/b/b02.htm。
〔註103〕蘇大山：〈寧靖王墓〉，《全臺詩——智慧型全臺詩知識庫》，上網日期：
　　　　20150502，網址：http://xdcm.nmtl.gov.tw/twp/b/b02.htm。此詩收於蘇大山《紅
　　　　蘭館詩鈔》之《娑娑洋集》。

毛地，回首燕雲滿目淚。間關海外領扶餘，正朔尚存天未墜」八句敘寫其於南明之時，倉皇東渡臺灣，只爲維持明之正朔。「望古愁過西定坊，大鯨入海燕窺堂。差免路隅人啜泣，苟留殘喘見生桑。失計豈緣依鄭誤，烹羊早觸山神怒。一姓從來不再興，苦累煌言草露布」八句書寫其在臺地的無奈，在鄭氏政權的主導下，只能勉強度日，故言「苟留殘喘」。

蔡佩香在 1906 年有〈法華寺觀寧靖王介圭歌〉：

> 法華寺外泓清可，法華寺中曇一朵。安閒徒步上高堂，祝融手執介圭璋。殷勤訪問誰奇器，説是天球當日置。輔國將軍始授封，諸侯錫爾最玲瓏。光騰煥若堅凝具，色美溫其特達佈。圓龍方虎象清真，晉璧楚珩堪比鄰。雖是渡臺辭鄉里，深深愛惜猶無已。太息投繯絕命陳，君臣大節此圭伸。流落人間纔覓得，每年一獻上南極。神光拂拂昭代新，顧盼留連想古人。〔註104〕

「雖是渡臺辭鄉里，深深愛惜猶無已」二句書寫對介圭的珍惜。「太息投繯絕命陳，君臣大節此圭伸」說明了作者珍惜此介圭的緣由，它代表著君臣之間的儀制，及寧靖王自身的偉大節操。「流落人間纔覓得，每年一獻上南極。神光拂拂昭代新，顧盼留連想古人」之句書寫法華寺每年會將它取出獻神。而在神明的保祐之下，它也將保存完好，讓後人得以瞻仰，藉以遙想古人的精神。

黃得眾（1877～1949），臺南市人，亦有〈寧靖王介圭〉：

> 朱家社稷今何在？清室江山亦繼亡。還是天心憫王節，遺圭千古鎮臺疆。〔註105〕

「朱家社稷今何在？清室江山亦繼亡」二句書寫作者居住在臺南，感受著政權的輪替，明鄭的使命早已消逝，繼之而起的清朝也隨著覆滅，頗有「人生之中，何者是永恆不變的事物」的感慨。「還是天心憫王節，遺圭千古鎮臺疆」二句書寫上天憐惜寧靖王的節烈行事，所以讓他的介圭遺留臺灣，也護衛著臺灣，直至千古。

《臺灣雜詠合刻》中有述及寧靖王介圭之事：

〔註104〕蔡佩香：〈法華寺觀寧靖王介圭歌〉，《全臺詩——智慧型全臺詩知識庫》，上網日期：20150502，網址：http://xdcm.nmtl.gov.tw/twp/b/b02.htm。此詩收於《臺灣日日新報》，「詞林」欄，1906 年 12 月 26 日，第一版，又載《漢文臺灣日日新報》，「藝苑」欄，1906 年 12 月 26 日，第一版。

〔註105〕黃得眾：〈寧靖王介圭〉，《全臺詩》，第 30 冊，頁 9。

道光年間，農人掘土得圭；法華寺僧奇成以穀易之，滌去塵埃，見
「朱術桂」三字，知為王物。近已飭藏祠中。〔註106〕

介圭為一種大玉。根據上文，道光年間有農人掘土時得到玉圭，法華寺的和
尚以穀物和他交換，在和尚用水將玉上的塵埃洗淨時，看見玉上有「朱術桂」
三個字，於是就知道此玉原先為朱術桂所有，因此法華寺就將此玉收藏於寺
中。而詩人蔡佩香到法華寺觀賞此玉，內心有所感觸，因而發之為詩。蔡佩
香看到的介圭，在火神祝融的手上。問寺人之人，才知道就是朱術桂之介圭，
且以為乃其受封為輔國將軍時才有此玉圭。雖然告別了家鄉，來到臺地，但
仍然相當珍愛這個玉圭。可嘆的是結局乃是自縊殉節，而此玉圭也就流落民
間。現在只要看到這一個介珪，就會讓人開始緬懷他。

林培張（1864～1941）在1909年〈過竹滬弔寧靖王〉（南社第一期課題）：

太息河山不忍捨，中原破碎無全瓦。羈身瘴雨蠻煙間，一木焉能支
大廈。鳳陽王氣黯然收，天命攸歸實不猶。鬚髮幾莖長已矣，滿腔
熱血付東流。可對先皇於地下，壯哉此言斯人也。妃子亦知大義明，
妾死君兮君死社。劇憐白骨剩孤墳，竹滬停驂日已昏。風雨靈旗夜
半走，衣冠空葬蔣侯元。地靈詎泯英雄魄，杜宇一聲山月白。吁嗟
四顧極淒涼，空向荒坵惟默默。二百年來變幾更，名垂竹帛草垂青。
父老至今傳軼事，留題佳句妥君靈。〔註107〕

「太息河山不忍捨，中原破碎無全瓦。羈身瘴雨蠻煙間，一木焉能支大廈」
四句呈現對寧靖王家國破碎，羈身臺地的憐惜。「二百年來變幾更，名垂竹帛
草垂青。父老至今傳軼事，留題佳句妥君靈」四句書寫歷經了二百年，政權
又有所改易，但是寧靖王的事蹟依然明載於史籍之中，至今地方父母仍在流
傳著他的故事。

連橫有〈觀寧靖王玉笏〉：

被髮乘龍下大荒，虞淵日落海波揚。霸圖已付東流水，玉笏猶存說
故王。〔註108〕

〔註106〕王凱泰：《臺灣雜詠合刻‧臺灣雜詠合刻‧續詠十二首（原註)》，臺灣文獻叢
刊，第二八種，頁50。
〔註107〕林培張：〈過竹滬弔寧靖王〉，《全臺詩——智慧型全臺詩知識庫》，上網日期：
20150502，網址：http://xdcm.nmtl.gov.tw/twp/b/b02.htm。此詩收於妙心寺藏
本《省廬剪報》。
〔註108〕連橫：〈觀寧靖王玉笏〉，《全臺詩》，第30冊，頁260。

「被髮乘龍下大荒，虞淵日落海波揚」2 句書寫寧靖王流落到臺灣，等待反清復明大業能完成之事。「霸圖已付東流水，玉笏猶存說故王」2 句書寫在鄭氏政權宣告停止之後，玉笏的存在成為寧靖王精神的象徵，深深感動著人們，至今仍有他的故事流傳。

連城璧亦有〈過竹滬弔寧靖王〉（南社第一期課題）二首：

其一

雄師聞說破東瀛，監國無人一背城。熱血同心兒女志，完名存髮老臣貞。吟鞭款段迷餘靄，流水潺湲咽暮聲。圭璧寒光留姓氏，朱家坏土足增榮。〔註109〕

「雄師聞說破東瀛，監國無人一背城。熱血同心兒女志，完名存髮老臣貞」四句稱揚清軍攻破臺灣時，寧靖王府中沒有一個人背棄明朝，而共同殉國，寧靖王亦完存其髮，沒有接受清王朝的勸降。「吟鞭款段迷餘靄，流水潺湲咽暮聲。圭璧寒光留姓氏，朱家坏土足增榮」四句書寫了寧靖王的介圭仍因為寧靖王的節烈事蹟，而千古受人瞻仰。

其二

年來竹滬等荒區，獨有英墳草未枯。一死成仁宗室重，五妃全節古今無。鳳陽落日悲靈魄，鯤島黃沙葬烈軀。為問朱家舊龍種，天潢生氣壯蓬壺。〔註110〕

「年來竹滬等荒區，獨有英墳草未枯。一死成仁宗室重，五妃全節古今無」之句書寫了寧靖王墓的荒涼。他的殉國之舉，使得明朝宗室因而受人敬重。他的五位妃子的全節之事，亦是古今難得一見。「為問朱家舊龍種，天潢生氣壯蓬壺」二句書寫身為朱元璋九世孫的寧靖王朱術桂其壯烈事蹟在臺灣島上留下了一個典範。

（三）五妃

日治時期，對於五妃的歌詠，一直未曾斷絕。筆者以為詩人此時歌詠五

〔註109〕連城璧：〈過竹滬弔寧靖王〉，《全臺詩——智慧型全臺詩知識庫》，上網日期：20150502，網址：http://xdcm.nmtl.gov.tw/twp/b/b02.htm。此詩收於「連城璧詩集」手稿，第二首又載妙心寺藏本《省廬剪報》，南社課題。
〔註110〕連城璧：〈過竹滬弔寧靖王〉，《全臺詩——智慧型全臺詩知識庫》，上網日期：20150502，網址：http://xdcm.nmtl.gov.tw/twp/b/b02.htm。此詩收於「連城璧詩集」手稿，第二首又載妙心寺藏本《省廬剪報》，南社課題。

妃，具有忠國忠君的言外之意。茲舉要分述之。

林朝崧（1875～1915）有〈魁斗山五妃廟〉：

> 遙望魁斗山，纍纍盡荒冢。何處弔貞魂，古廟松楸拱。憶昔明室亡，
> 金枝落蠻壤。抱衾五麗人，相隨依草莽。殘喘延海濱，位號慚盧擁。
> 時節憶中原，對泣目盡腫。草雞經三世，澎湖失反掌。東寧霸氣沈，
> 門?吉門?失降表往。寓公死已晚，執梃忍為長。衣冠見高皇，幸保
> 髮種種。置酒別諸姬，新人善侍奉。豈知烈女心，一一感恩寵。就
> 義君王前，爭先無怖恐。嗚呼王殉國，五妃殉王勇。久宜薦蘋蘩，
> 俎豆一堂享。惜哉未陪葬，兩地隔靈爽。至今朝竹滬，月夜環佩響。
> 我來讀遺碑，城南閒挂杖。小名猶可識，題詠間足償。最愛范九池，
> 十首詩慨慷。彤管揚芳徽，萬代共瞻仰。〔註111〕

「遙望魁斗山，纍纍盡荒冢」之句，書寫著詩人遙望著魁斗山上纍纍的荒塚。
「豈知烈女心，一一感恩寵。就義君王前，爭先無怖恐。久宜薦蘋蘩，俎豆
一堂享。惜哉未陪葬，兩地隔靈爽。至今朝竹滬，月夜環佩響」之句對著殉
節的五妃發出敬仰之心，以為其勇足以祀享，唯一可惜的是未能陪葬寧靖王，
相信她們若有靈，當朝著竹滬，不忘故主。林朝崧表示所有稱頌五妃的詩作
中，他最喜愛范咸的絕句，相當的慷慨激昂，而五妃之節義，亦將隨之萬古
流芳。

梁啓超（1873～1929）1911 年訪臺兩週，遊臺期間，留下詩八十九首，
詞十二首。其〈桂園曲有引〉，論及寧靖王與五妃之事，如下：

> 明寧靖王朱術桂以永曆十八年，奉詔入臺，監鄭軍。延平待以宗藩
> 禮，三世不衰。克塽降，王義不辱。集諸妃王氏袁氏荷姑梅姑秀姐
> 而詔之曰：「孤不德，將全髮膚以見先帝先王於地下，若輩可自為計。」
> 僉泣對曰：「王死國，妾死王，義一也。遂笄服駢縊於堂，遺民哀焉。
> 合葬諸臺南之桂子山，號五妃墓。享祀弗替，越二百二十八年。新
> 會梁啓超游臺灣，以道遠未能謁也。述其事以作歌，時清明後五日
> 也。
>
> 鶯老花飛桂子山，天高月冷聞佩環。人尋法曲淒涼後，地接蓬萊縹
> 緲間。憶侍王孫竄荊棘，珊瑚寶玦還顏色。萬里依劉落日黃，五湖

〔註111〕 林朝崧：〈魁斗山五妃廟〉，《無悶草堂詩存・卷三（丙午至庚戌）・魁斗山五
妃廟》，臺灣文獻叢刊，第七二種，頁88。

從范烟波碧。九州南盡有桃源，華表飛來一鶴尊。高帝神靈仍日月，
五溪雲物自山川。陌上條桑衣鬢綠，賣珠呼婢脩蘿屋。歸來分偶迭
添香，好伴君王夜深讀。謂言萬事共悠悠，劫後相依一散愁。天荒
地老存三恪，裙布釵荊占一丘。黑風一夜吹滄海，朱顏未換雕欄改。
虎臣執挺傳車忙，龍種攀髯弓劍在。金環翟茀拜堂皇，王死官家妾
死王。翠瀾永閟千年井，素練紛飛六月霜。滿目衣冠籠腐鼠，如此
江山在兒女。合門盡節九京香，萬古大明一坏土。百年南雪蝕冬青，
靈物深深護碧城。遺老久忘劉氏臘，秋燐猶作鮑家聲。我來再換紅
羊劫，景陽冷盡龍鸞血。雨濕清明有夢歸，海枯碣石憑誰說。天涯
盡處晚濤哀，刮骨酸風起夜臺。莫唱靈均遺襪曲，九疑帝子不歸來。
〔註112〕

梁啓超此詩序中說明其於清明後五日有感於五妃之節烈，因道路遙遠未能到
魁斗山，所以述其事，而作此詩，表示對她們的敬仰，亦表示對日人統治的
感慨。「天高月冷聞佩環」之句，乃是詩人想像之筆，描寫在桂子山上的夜晚，
有時還會聽到佩環聲，應是五妃正在懷念當時陪伴於寧靖王的時光。然而在
鄭氏投降，江山改易之時，寧靖王爲國而自縊，五妃亦隨之殉節。「我來再換
紅羊劫，景陽冷盡龍鸞血。雨濕清明有夢歸，海枯碣石憑誰說」之句，乃在
書寫：如今國家的政權又轉移，日人治臺，在清明時節，爲明殉節而亡的夢
中或許想要回鄉，然而江山改易，當初的誓言又能向誰訴說？誰又能眞正了
解她們當初的節義之情？如今只能身處遠在天涯的臺南桂子山，讓濤聲盡顯
哀悽，冷風刺骨地刮起酸楚情緒。「莫唱靈均遺襪曲，九疑帝子不歸來」之句，
乃是詩人的規勸之語：希望五妃們不要再吟唱屈原哀怨的離騷之歌，因爲在
時勢改易之下，日本已經統治臺灣，王爺更可能永遠都不會回來了。

　　陳渭川（1879～1912）爲臺南人，有〈題五妃廟壁〉：
　　　　身捐國難縊君前，落得嶂巒淚雨煙。使作丈夫當不死，河山破碎力
　　　　回天。〔註113〕
「身捐國難縊君前，落得嶂巒淚雨煙」二句書寫五妃在寧靖王殉國之前自縊
殉節，其節義令人敬佩、憐惜。而「使作丈夫當不死，河山破碎力回天」二

〔註112〕梁啓超：〈桂園曲有引〉，《全臺詩——智慧型全臺詩知識庫》，上網日期：
　　　　20150502，網址：http://xdcm.nmtl.gov.tw/twp/b/b02.htm。
〔註113〕陳渭川：〈題五妃廟壁〉，《全臺詩》，第30冊，頁299。

句表達五妃若是男兒，那麼反清復明是可以期待完成。詩人有藉五妃之殉節，批判當時男子不如女子的寓意。

蔡佩香有〈魁斗山弔五妃墓〉：

三峰陡起落雙眸，魚貫明星照十洲。勁節無虧齊五嶽，貞魂有感足千秋。相從早被君王喜，同縊能教鬼子愁。巾幗尚知亡國難，採風永自仰荒邱。〔註114〕

蔡佩香此詩亦是稱頌五妃之貞節。首先起筆敘述魁斗山的形勢，接著說明她們的節操足以令千秋後世之人感佩。「巾幗尚知亡國難，採風永自仰荒邱」之句在稱讚她們以巾幗之身，而共赴國難，讓後人永難忘懷。

魏清德（1886～1964）亦有〈五妃墓〉：

保髮乘桴事已非，蛾眉視死亦如歸。平生讀史哀時淚，桂子山頭弔五妃。〔註115〕

「保髮乘桴事已非，蛾眉視死亦如歸」首句乃指寧靖王乘桴來臺為了保存頭髮、捍衛家國文化的大事，已隨著鄭克塽投降清朝，已經完全沒有任何希望。可敬可嘆的是五位妃子亦視死如歸的追隨王爺殉節。「平生讀史哀時淚，桂子山頭弔五妃」之句乃是詩人魏清德書寫自己在閱讀這一段歷史時，也為時代的無奈而感慨，所以就在桂子山頭憑弔她們的以生命為代價所留下的節烈事跡。

許南英（1855～1917）在1916年有〈二十五日為五妃殉節日同雲石祭奠成詩二首之二〉：

長嘯西風賦大招，荒墳剝落轉幽寥。魂歸環珮西江月，氣壯山河大海潮。奇節竟符天地數，闡幽尤待聖明朝。離離秋草王孫泣，寄語山民莫採樵。〔註116〕

「長嘯西風賦大招，荒墳剝落轉幽寥。魂歸環珮西江月，氣壯山河大海潮」

〔註114〕蔡佩香：〈魁斗山弔五妃墓〉，《全臺詩——智慧型全臺詩知識庫》，上網日期：20150502，網址：http://xdcm.nmtl.gov.tw/twp/b/b02.htm。此詩收於《漢文臺灣日日新報》，「藝苑」欄，1906年2月6日，第一版。

〔註115〕魏清德：〈五妃墓〉，《全臺詩——智慧型全臺詩知識庫》，上網日期：20150502，網址：http://xdcm.nmtl.gov.tw/twp/b/b02.htm。

〔註116〕許南英：〈二十五日為五妃殉節日同雲石祭奠成詩二首之二〉，《全臺詩——智慧型全臺詩知識庫》，上網日期：20150502，網址：http://xdcm.nmtl.gov.tw/twp/b/b02.htm。此詩收於許南英《窺園留草》，又載石萬壽〈趙雲石喬梓詩文初輯－詩〉。

四句書寫桂子山五妃墓的荒涼寂寥，亦稱揚其節烈事蹟可與山河、大海的雄雄相比。「奇節竟符天地數，闡幽尤待聖明朝」之句稱許其節操。而「闡幽尤待聖明朝」中的「聖明朝」可見作者內心仍有所期待。

（四）沈光文

　　沈光文（1612～1688），被譽爲海東文獻初祖，[註117] 同時也是南明之臣中踏上臺灣本島的第一人，有「文化開臺第一人」[註118]、「臺灣孔子」[註119] 之稱。然而其於鄭經治臺時期遠遁山林，低調度日。至清領時期，與清康熙時的季麒光（？～？）相互來往唱和，處境頗爲尷尬。在日治時期的古典詩人面對政權的改易的情況，與當時沈光文的經驗頗有相類似之處，因此對沈光文頗多關注。

　　施士洁（1856～1922），清臺灣縣治（今臺南市）人，爲進士施瓊芳之次子。《後蘇龕詩鈔》[註120] 有〈弔沈斯菴遺老〉二首：

其一

　　　四明望族相門材（先生四明相國文恭公一貫之族孫），浩劫殘生瘴海
　　　來。葬里猶稱善化（葬臺南善化里）；萍漂集竟失「文開」（所著詩
　　　文號「文開集」，今已失傳）！蜉蝣身世餘名教（卻李制府率泰之聘）；
　　　鸚**敎**詞章總禍胎（作賦寓諷鄭經，幾罹不測）。淒絕「東寧流寓考」
　　　（著「東寧流寓考」），□□□爲逸民哀！[註121]

「四明望族相門材，浩劫殘生瘴海來。葬里猶稱善化；萍漂集竟失「文開」！」四句書寫沈光文的身世及漂洋過海來臺、最後葬於臺南善化地區，其所著之「文開集」至今已散佚的情形。「蜉蝣身世餘名教；鸚鸝詞章總禍胎。淒絕「東寧流寓考」，□□□爲逸民哀」四句表達作者對沈光文際遇的憐惜，以飄搖於

〔註117〕季麒光：〈沈太僕傳〉：「公居臺三十餘年，及見延平三世盛衰。前此諸公述作，多以兵火散佚。而公得保天年于承平之後，海東文獻，推爲初祖。」，《蠡測彙鈔‧附錄‧沈太僕傳》，頁56。

〔註118〕張萍：〈文化開臺第一人──四明沈光文〉，《寧波市委黨政學報》，2012年，第6期，頁94～95。

〔註119〕劉建林：〈臺灣孔子沈光文〉，《臺聲》，光明日報社，2013年第1期，頁55～56。

〔註120〕由施士洁〈後蘇龕詩鈔自序〉：「光緒庚子重九日，耐道人施士洁□□□□□岑二松寄廬」，可知此書乃成於光緒庚子重九，可推知此詩乃作於日治時期。

〔註121〕施士洁：〈弔沈斯菴遺老〉，《後蘇龕合集‧後蘇龕詩鈔卷八‧古今體詩一百三十三首‧弔沈斯菴遺老》，臺灣文獻叢刊，第二一五種，頁194。

天地之間的蜉蝣喻其一生的行跡。並敘述其得罪於鄭經的緣故：寫賦來譏諷鄭經。沈光文在臺灣流寓半生的際遇，足以讓後人為之一掬同情之淚。

其二

罡風謫墜「草雞」窠（鄭氏入臺時有「草雞」之讖），「絕命」天球
喚奈何（寧靖王字天球，有「絕命詞」）！勝國衣冠前太僕（官明太
僕少卿），荒山「草木」老頭陀（入山為僧，著有「草木雜記」）。騎
鯨霸業空憑弔（有人夢鄭氏騎大鯨入鹿耳門），「夢蝶」游蹤亦剎那
（遺老李正青題所居亭曰「夢蝶」）。剩有龍宮方術在，仙人島上活
人多（平日好施醫藥）！〔註122〕

「勝國衣冠前太僕（官明太僕少卿），荒山「草木」老頭陀」二句陳述沈光文
在明鄭時期在臺灣的遭遇：官為明朝太僕少卿，在臺灣卻是一介老僧。作者
憐惜沈光文身世坎坷之意，於其中可見。「剩有龍宮方術在，仙人島上活人多」
二句則是稱讚沈光文雖然命運乖蹇，卻能在臺灣仁民愛物，懸壺濟世，活人
不少。

陳瑚（1875〜1922）苗栗苑裡人，亦有〈懷沈斯庵先生〉二首：

其一

西臺晞髮痛遺民，避地南瀛第一人。浩劫餘生存碩果，空門垂老棄
儒巾。文風早被端由汝，天子雖尊不得臣。孤島田橫無限恨，白頭
猶見海揚塵。〔註123〕

「西臺晞髮痛遺民，避地南瀛第一人」二句書寫沈光文的身世，高潔地堅守
自己的信念，身為明朝遺民，且為來臺的第一人。「浩劫餘生存碩果，空門垂
老棄儒巾」二句敘說沈光文被鄭經迫害，被迫逃亡而成為僧人，只能在今天
的臺南善化一帶行醫、教書。「文風早被端由汝，天子雖尊不得臣」二句中，
前句讚頌沈光文為開臺文風第一人，後句則是慨嘆鄭經主政之下，寧靖王朱
術桂雖為皇室宗親，卻也無天子之尊的待遇，明朝遺民不能對他稱臣。「孤島
田橫無限恨，白頭猶見海揚塵」二句書寫明鄭王朝的覆滅，使得髮已斑白的

〔註122〕施士洁：〈弔沈斯菴遺老〉，《後蘇龕合集・後蘇龕詩鈔卷八・古今體詩一百三
　　　　十三首・弔沈斯菴遺老》，臺灣文獻叢刊，第二一五種，頁194。

〔註123〕陳瑚：〈懷沈斯庵先生〉，《全臺詩──智慧型全臺詩知識庫》，上網日期：
　　　　20150502，網址：http://xdcm.nmtl.gov.tw/twp/b/b02.htm。此詩收於《枕山詩
　　　　抄》，又載彭國棟《廣臺灣詩乘》、吳幅員《臺灣詩鈔》、王建竹《臺中詩乘》。

沈光文在年紀老邁之後，還看見世事變遷的景況，徒留無限的憾恨。

其二

書生無力挽銀河，回首中原灑淚多。甘作萍蓬標氣節，獨開草昧起
絃歌。蠻花犵鳥供吟詠，勢宦權門脫網羅。至竟餘生修淨果，百年
家國兩蹉跎。〔註124〕

「書生無力挽銀河，回首中原灑淚多。甘作萍蓬標氣節，獨開草昧起絃歌」
四句歌頌沈光文身為一介書生，卻為了氣節，離開中土，甘作浮萍、飄蓬於
天涯，來到蠻荒草昧地帶教化人民。「蠻花犵鳥供吟詠，勢宦權門脫網羅」二
句書寫他來到臺灣的境遇：有當地獨有的花木、鳥獸作為他的吟詠之資，也
逃遇了明鄭王朝的權力鬥爭。「至竟餘生修淨果，百年家國兩蹉跎」二句慨嘆
沈光文的晚年最終結局竟然是成為一名僧人，致力於修行。而對他而言，最
重要的「家」與「國」都是沒有成就，相當令人遺憾。

陳紹年（1852～1915），日治初移居至中國，後又回臺擔任東螺東堡保良
局局長、雲林紳董公議總局局長等職。有〈懷沈斯菴先生〉二首：

其一

一木難支明祚休，山中花草尚含愁。英雄末路耽吟詠，詩集於今鯤
島留。〔註125〕

「一木難支明祚休，山中花草尚含愁」二句感嘆沈光文雖有意於獻身明朝，
卻孤木難支，明朝國祚停止。只能滿懷愁緒地對山中花草吟詠內心傷痛。「英
雄末路耽吟詠，詩集於今鯤島留」二句書寫沈光文的晚年只能沉浸於詩中的
世界，以抒自己內心鬱結，他的詩集在現今的臺灣依然被稱頌、流傳。

其二

河山破碎詎堪收，依附草雞等楚囚。完髮未能怨殊命，重逢先帝不
勝羞。〔註126〕

〔註124〕陳瑚：〈懷沈斯庵先生〉，《全臺詩——智慧型全臺詩知識庫》，上網日期：
　　　　20150502，網址：http://xdcm.nmtl.gov.tw/twp/b/b02.htm。此詩收於《枕山詩
　　　　抄》，又載彭國棟《廣臺灣詩乘》、吳幅員《臺灣詩鈔》、王建竹《臺中詩乘》。
〔註125〕陳紹年：〈懷沈斯菴先生〉，《全臺詩——智慧型全臺詩知識庫》，上網日期：
　　　　20150502，網址：http://xdcm.nmtl.gov.tw/twp/b/b02.htm。
〔註126〕陳紹年：〈懷沈斯菴先生〉，《全臺詩——智慧型全臺詩知識庫》，上網日期：
　　　　20150502，網址：http://xdcm.nmtl.gov.tw/twp/b/b02.htm。

「河山破碎詎堪收，依附草雞等楚囚」二句以批判的立場書寫明鄭的政權如同最終楚囚對泣的表現，在山河破碎、國家飄搖的情形之下，沈光文和寧靖王朱術桂只能依附不可靠的鄭氏政權。「完髮未能怨殊命，重逢先帝不勝羞」二句乃針對朱術桂的絕命辭「艱辛避海外，總為數莖髮；於今事畢矣，祖宗應容納」〔註127〕而發，批判朱術桂未能善盡職責，愧對祖先。此詩用語甚為強硬，為少見的批判明朝宗室、遺民、鄭氏政權之作。

自 1624 年至 1895 年，臺南地區歷經荷蘭人、明鄭、清朝、日本等政權統治，首當其衝地面對政權的改易。三百多年間，歷經興亡盛衰之事，誠可謂歷盡滄桑。日治時期，臺灣為日本政治、文化實驗所，臺南地區詩人們面對日本統治，有其官方立場的稱揚：歡迎兒玉都督南巡、慶饗老典的歌頌、鐵道開通的歡欣、戰爭時支持日本勝利的歡呼。

1895 年劉永福在臺南堅守，領導抗日，而後兵敗，逃往大陸。其間有許多「哀臺灣」諸作，強烈地表達臺灣被割讓、棄守的悲憤。在此之後，古典詩人們藉地利之便，緬懷明鄭時期的人物，發而為詩，抒發內心幽思。

圖 3　日治時期，臺南火車站，資料來源：何培齊《日治時期的臺南》，
　　　臺北市國家圖書館出版，2007 年，頁 130。

〔註127〕蔣師轍：《臺游日記‧臺游日記卷一‧光緒十八年四月》，臺灣文獻叢刊，第六種，頁 19。

第五章 現代化的書寫

　　古典詩是傳統的文學形式，然而處於現代化的社會中，亦將出現了迥異於往昔的書寫，時空的差異，致使文學作品也會呈現出不同的面貌。

　　器物的演進，也會帶來思想的轉變。在資訊來源多元的今日，所面臨到的問題必定與資訊匱乏的時代有相當大的差異，是以在思想上必有許多變遷。在臺灣進入清領後期至日治初期，西風東漸的腳步加快，亦有許多新的素材被古典詩所取用。在此根據臺南地區相關的古典詩中有關現代化的書寫分析討論。

第一節　電線

電報在 1844 年的美國發表後，就在世界各地漸次傳開：

> 18 世紀 30 年代，由于鐵路迅速發展，迫切需要一種不受天氣影響、沒有時間限制又比火車跑得快的通信工具。此時，發明電報的基本技術條件（電池、銅線、電磁感應器）也已具備。1837 年，英國庫克和惠斯通設計制造了第一個有線電報，且不斷加以改進，發報速度不斷提高。這種電報很快在鐵路通信中獲得了應用。他們的電報系統的特點是電文直接指向字母。……美國人莫爾斯在 1844 年 5 月 24 日的美國國會大廳裏，親自按動電報機按鍵。隨著一連串嘀嘀嗒嗒聲響起，電文通過電線很快傳到了數十公裏外的巴爾的摩。他的助手准確無誤地把電文譯了出來。莫爾斯電報的成功轟動了美

國、英國和世界其他各國,他的電報很快風靡全球。〔註1〕

臺灣在牡丹社事件後,大臣沈葆楨奏請架設電線,以利於軍情的傳送,光緒3年巡府丁日昌任內完成了臺南府城到安平及旗後的電報線。連橫《臺灣通史》有相關的記載:

> 同治十三年牡丹之役,欽差大臣沈葆楨治軍臺南,奏請架設電線,以速軍情。乃由丹墨國人德勒耶攬辦。光緒三年,巡撫丁日昌議由臺南府城至鳳山之旗後,先行開辦,飭游擊沈國先率福州船政電報學堂學生蘇汝灼等,以七月初十日自郡起工,九月初五日告成。凡二線:一自郡治達安平,一達旗後,計長九十五里。是爲南路電線之始。〔註2〕

何澂(?~?),光緒元年(1875)5月福建巡撫王凱泰因牡丹社事件奉旨來臺,何澂參幕來臺,有〈臺陽雜詠〉,其中有提及電報線:

二十四首之十八

> 年來事事法西英,更仿洋操立練營(郡中設左、右兩翼練營,仿西法操演)。電線已看傳信速(自府城至旂後,已通電線),火輪尚待置車成(現擬築鐵路);格林礮購新時樣(格林連珠礮出英國,最爲精捷;臺地已購得十餘尊),來復槍嗤舊日名(舊有來復槍,近改用後膛槍)。城社憑依狐鼠狡,無端民教起紛爭(洋人各處設立教堂,無賴子倚爲護身符;往往民教交鬨,致費周章)!〔註3〕

詩中敘及:近年來幾乎所有的事都是效法西方、英國,也學習洋人軍事訓練,成立了練營。自府城到旗後也建立了電報線,以後傳遞訊息就可以相當快速,不受天候影響。火車也即將購置完成,新式殺傷力大的格林機關槍也已經購置了十幾尊,新型的槍統也是改用後膛槍。從西方傳來的宗教,在府城地區也設有許多教堂,然而近來卻成爲許多無賴子的護身之地,平添許多管理上的麻煩。

　　此詩反應了清領後期清廷在自強運動中對臺灣的建設,由詩中的敘述,

〔註1〕 〈電報的原理是怎樣的?〉,上網日期:20150203,網址:http://tc.wangchao.net.cn/xinxi/detail_1251806.html。

〔註2〕 連橫:《臺灣通史・郵傳志・郵電》,臺灣文獻叢刊,第一二八種,卷十九,頁533~535。

〔註3〕 何澂:〈臺陽雜詠〉,《臺灣雜詠合刻・臺灣雜詠合刻・臺陽雜詠》,臺灣文獻叢刊,第二八種,頁72。

可知其現代化的建設是以軍事爲主要的範疇，是以電報線的設置代表著軍情傳遞有了大幅度的改進，也顯示了清朝政府對臺灣戰略地位有了新的認知，也願意對臺灣有了更多經營。臺南府城爲當時臺灣的最高行政單位，因此電報線的設置必定以臺南爲優先設置的區域。

第二節　砲臺（鋼砲）、潛水艇

　　臺灣近代化的推展，最主要的動機在於軍事上的強化。電報線的設置是爲了傳遞軍情迅速。在海防部分，砲臺的設置亦是相當重要的一環。謝紀康在〈沈葆楨對臺灣的開發建設－兼論臺灣近代化的由來〉曾提及：

> 沈葆楨以臺地綿亙千餘里，防不勝防，而臺南郡城爲根本重地，城去海十里而近，洋船砲力，及之有餘，爲免於敵船砲轟郡城之威脅，於是審視地形，計劃在安平郡城距海十里的紅毛臺仿西洋新法興建礮臺，並配以西洋巨礮。……，此礮臺於光緒二年（1876 年）八月完成，爲中國最新式用混凝土所建礮臺。〔註4〕

是以沈葆楨計畫安平地區營建了砲臺，此砲臺在光緒 2 年完工。

　　馬清樞（？～？）在光緒 3 年（1877）與何澂、汪序東、林鶴蓀等人在臺唱和，作〈臺陽雜興〉三十首。其〈臺陽雜興　三十首之五〉有論及安平砲臺：

> 龜蛇對峙鎖孤城，草蔓煙荒統領營。古寺何人尋海會，砲臺邇日築安平。春初高樹蜩螗沸，夜半疏櫺蜥蝪鳴。太息合歡山下路，月明漸少嘴琴聲。（作者註：「以竹爲弓，長四寸，番童以唇鼓之；番女聞而合意者，姻。」）。〔註5〕

詩中針對臺南地區有所書寫，並提及了安平在近日有構築砲臺，而此砲臺即是在沈葆楨經營臺灣時的成果。唐贊袞亦有〈冬日，親赴砲臺再校二十八尊

〔註4〕　謝紀康：〈沈葆楨對臺灣的開發建設——兼論臺灣近代化的由來〉，頁 13。上網日期：20150506，網址：http://203.68.184.6:8080/dspace/bitstream/987654321/1008/1/%E8%AC%9D%E7%B4%80%E5%BA%B7-%E6%B2%88%E8%91%86%E6%A5%8D%E5%8D%8D%E8%87%BA%E7%81%A3%E7%9A%84%E9%96%8B%E7%99%BC%E5%BB%BA%E8%A8%AD-%E5%85%BC%E8%AB%96%E5%8F%B0%E7%81%A3.pdf。

〔註5〕　馬清樞：〈臺陽雜興〉，《臺灣雜詠合刻·臺灣雜詠合刻·臺陽雜興》，臺灣文獻叢刊，第二八種，頁 54。

鋼砲〉詩，如下：

> 鋼砲製自佛郎機，咭唎砲乃過之。我于年冬閱軍壘，沙墩石壁如布
> 碁。長鯨鼓浪雷電鬥，銜尾再遍催鱗甃。莫笑黃金擲虛牝，堪以利
> 器雄島夷。〔註6〕

唐贊袞此詩中敘及安平砲臺中的 28 尊鋼砲來自於法國，而他在冬天來此閱
兵，看到此地浪濤洶湧，沙墩石壁如棋子一般排列。點閱過此處的武器及士
兵之後，他相當有信心，以爲可以倚仗這個 28 尊鋼砲，無懼於外國的強權。
雖然此時臺南地區已非全臺的行政首府，然而從詩中的書寫，仍可看出臺南
的地位仍然相當重要。

日治時期，臺南趙鍾麒（1863～1936）有〈古砲臺〉，書寫著安平古砲臺
的懷古之情：

> 當年血肉此飛彈，敗鼓殘旗剩水寒。半壁金湯新劫火，萬人骸骨舊
> 桑磐。紅衣不見將軍面，赤血空摧烈士肝。鑿石門開天塹險，樓臺
> 一樣改前觀。〔註7〕

詩人趙鍾麒來到古砲臺戰場，遙想著當年戰況激烈，血肉橫飛，敗鼓殘旗的
景象中，只感受海水刺骨的寒冷。在這樣悲壯的戰況下，成千上萬的士兵犧
牲生命。此時見不到將軍，而留下來的將士只能白白地付出生命。如此的天
塹之險，仍然不敵外力，樓臺一樣面臨了變動，與以往的景觀迥異。

隨著時代的日新月異，在戰場上有許多新式武器的出現，詩人書寫戰爭
的場景時，這些新式武器都是其詩中新的素材。日治時期，海防上亦有新式
攻擊性武器出現，譬如臺南地區詩人謝汝銓（1871～1953）即有敘及潛水艇
之詩：

<h3 style="text-align:center">〈潛水艇　二首〉</h3>

> 爪哇初海戰，忠烈九軍神。碎敵潛航艦，蛟龍出沒頻。
>
> 殺敵奮精神，風濤冒險頻。美洲沿岸到，砲擊出驚人。〔註8〕

〔註6〕 唐贊袞：〈冬日，冬日親赴砲臺再校廿八尊鋼砲〉，《臺灣關係文獻集零‧十六
臺陽集‧冬日，冬日親赴砲臺再校廿八尊鋼砲》，臺灣文獻叢刊，第三〇九種，
頁 152。

〔註7〕 趙鍾麒：〈古砲臺〉，《全臺詩——智慧型全臺詩知識庫》，上網日期：20150502，
網址：http://xdcm.nmtl.gov.tw/twp/b/b02.htm。此詩收於盧嘉興〈記臺南府城詩
壇領袖趙雲石喬梓〉，又載石萬壽〈趙雲石喬梓詩文初輯－詩〉。

〔註8〕 謝汝銓：〈潛水艇〉，《全臺詩——智慧型全臺詩知識庫》，上網日期：20150502，

此詩發表於 1942 年，為第二次世界大戰期間。詩人站在統治者的立場，歌頌日本在爪哇地區與同盟國的海戰。詩中以水中蛟龍譬喻日本的潛水艇行動矯捷，難以捉摸。並且讚美日本潛水艇具有奮勇殺敵的愛國精神，冒著風濤，頻頻到美洲沿岸伺機發動砲擊，具有強大的殺傷力。

第三節　飛機

　　日治時期，在海中有潛水艇，在空中的攻擊性武器則是飛機。在詩人謝汝銓（1871～1953）的作品中，亦有數首是關於戰爭時期使用飛機攻擊敵人之作，〈霧社蕃叛軍警協勦兩旬遂平感賦〉：

> 昭和庚午秋欲冬，霧社何因偏恣凶。塵殺蒼靈數逾百，小鰍大浪翻千重。星火紛馳羽書急，官民憤氣填膺胸。軍警雙邊命齊下，臨機措置殊從容。搏兔卻教用全力，疾風飄忽高山封。斷崖深谷涉無路，空際飛機偵敵蹤。草木灰塵獸禽匿，砲煙彈雨籠群峰。六社頑迷死相抗，穴藏不得號寒蛩。兩旬繞及戰氛靖，妖夢一場醒梵鐘。撫墾徒勞過卅載，縱橫阡陌誰為農。更憐寂寞櫻花放，把酒無人遊興濃。

〔註9〕

此詩乃是書寫 1930 年所發生的霧社事件。由於謝汝銓站在官方立場，是以詩中是指責原住民逞凶的行為。詩中敘述了在昭和庚午年秋末冬初之時，霧社地區的原住民不知為何的殺害了數百無辜的生命。在如此的情況下，政府及人民聽到了這個消息，無不義憤填膺。於是軍隊及警察二邊雙管齊下，針對霧社地區的原住民進行圍剿。由於霧社在高山中，有許多的斷崖及深谷，只好派出飛機來偵察敵人的蹤跡。在一連串的砲煙彈雨中，所有的野獸也都躲避、藏匿。經過了 20 日，戰事才加以平定，這一場造反的惡夢才得以停止。

　　在詩人的書寫中，飛機為戰爭時重要的偵察武器。他有〈詠逐敵機　二首〉，書寫著敵人以飛機攻擊時的情形：

網址：http://xdcm.nmtl.gov.tw/twp/b/b02.htm。此詩收於《崇聖道德報》第四十一號，「詩壇」欄，猗蘭吟社課題，1942 年 7 月 28 日。

〔註9〕　謝汝銓：〈霧社蕃叛軍警協勦兩旬遂平感賦〉，《全臺詩——智慧型全臺詩知識庫》，上網日期：20150502，網址：http://xdcm.nmtl.gov.tw/twp/b/b02.htm。此詩收於《臺灣日日新報》，「詩壇」欄，1930 年 11 月 22 日，第四版，又載《奎府樓詩草》。

其一

潛襲敵機至，碧空高處飛。風聲松竹厲，雲影北東微。弱小如○鴉，
猖狂似海○。我軍荒驚起，四面急功圍。（作者註：「此指松山投下
之○彈。」）

其二

捲土或重來，防空注意該。瓦斯飄○霧，炸藥響狂雷。探照燈常射，
高攻砲待開。時時嚴守望，擊破落塵埃。〔註10〕

第一首敘述敵人的飛機在碧空高處潛襲而來，此時風吹過松竹之類的植物，
發出淒厲的聲音，空中因為飛機的飛過，北東之處也留下了微微的雲影。由
於飛機投下了炮彈，是以自己所屬的軍隊也開始驚急地開始反擊。

第二首書寫了己方因為經歷了空襲，所以對自己的人馬有了提醒：要注
意空中的防守。飛機可以拋下瓦斯毒霧、及炸藥來瘋狂攻擊。為了有所防範，
自己的國家可要以探照燈來掃射，來獲取敵人飛機的行蹤，並將高攻砲待命
發射，以擊落敵機。在時時刻刻地嚴加守望之際，就將敵機擊破使之落入塵
埃之中。

謝汝銓又有〈皇軍破徐州喜賦〉，其中亦提及飛機，如下：

昭和戊寅（編者按：戊寅，即 1938 年）年，五月十九日。皇軍破徐
州，風捲枯葉疾。哀哉蔣介石，愚哉李宗仁。師稱五十萬，善戰究
無人。慘澹苦經營，金城詡堅塞。聖戰我皇軍，南北攻粉碎。正如
昔德軍，破俄樹奇勳。包圍湖沼地，殲滅死紛紛。敵帥傳嚴令，士
氣鼓剛勁。決戰大運河，言有重要性。不徒關勝敗，國家繫存亡。
事勢難收拾，飛機走倉皇。責任甘自棄，終慚為將帥。茫茫何處逃，
隻身無地寄。皇軍最仁恕，勸降機飛去。降票散空中，得此持為據。
降者數萬兵，皆得保餘生。敗軍既如此，良民更同情。津浦線開通，
隴海線掌握。北中兩政權，融合早成局。南北我貔貅，聯絡陸自由。
縱橫事勸撫，治化宏禹州。寧豫皖三省，犬牙交錯境。其間沃野多，
產物得調整。武漢大脅威，蜀陝叛幾希。八閩與兩粵，離散待時機。

〔註10〕 謝汝銓：〈詠逐敵機〉，《全臺詩——智慧型全臺詩知識庫》，上網日期：
20150502，網址：http://xdcm.nmtl.gov.tw/twp/b/b02.htm。此詩收於《臺灣日日
新報》，1938 年 5 月 3 日，夕刊第四版。編者按：《全臺詩》第 25 冊已收錄謝
汝銓詩作，出版時未及收錄此詩，後有增補於「智慧型全臺詩知識庫」。

金廈兩孤島，暴軍早清掃。漸復舊時容，歡聲聞載道。國黨與共黨，

歐美俄依存。回頭如不早，流毒遍城村。宜速斂雄心，轅門泥首謝。

振興大亞洲，創我東方霸。〔註11〕

此詩乃書寫中日戰爭中的徐州會戰，作者書寫的立場是站在日本帝國的立場，是以詩中對於中國的統帥多所批評。詩中一開始即點明戰爭的時間、地點在 1938 年的徐州，當時的日軍以秋風掃落葉之姿，襲捲了徐州。悲哀的蔣介石及愚蠢的李宗仁，號稱率領了五十萬的大軍，然而其中卻並沒有一個人善於打仗。只能慘淡的苦撐著謹守在城中不敢出軍。我們的皇軍是如此地善戰，將南北都擊潰，如同以前的德國軍隊，打敗了俄國，建立了戰功。日軍包圍了湖沼地，並且殲滅了無數的敵人。而敵國的將領也傳達了嚴屬的軍令，他們的士氣也再次的鼓舞起來。雙方決戰於大運河，此戰役相當重要，已經是攸關國家存亡。因為事情的發展終將難以收拾，所以對方的敵機倉皇逃走。日軍在此戰役中表現了仁恕的精神，用勸降的飛機散發著傳單，只要拿著傳單作為依據，數萬的士兵就可以留下性命。對於敵人的士兵尚能寬容，日軍對於良民就更加的寬厚了。所以，敵人失敗乃是早晚之事，應該早點認輸、道歉、投降。而日本將振興大亞洲，創建東方霸業。

　　詩中的描述的飛機不只是攻擊性武器，亦有散發傳單的功能。在中日戰爭期間，擔任著勸降的任務。

　　因為飛機的功能巨大，所以連潤澤飛機的蓖麻也就值得書寫，謝汝銓於 1944 年有〈蓖麻〉詩，如下：

豈只堪為藥，飛機潤澤需。搾油收子熟，織布剝皮枯。葉綠緣深刻，

柯丹色淺敷。栽培充國用，隙地不容蕪。〔註12〕

詩中敘寫了蓖麻的功效，不是作為中藥的療效，亦是飛機潤澤之需。種子成熟後，可將它搾油，以供飛機潤澤。在如此重要的作用下，定然是細加照顧，不容許它們荒蕪下去。

〔註11〕謝汝銓：〈皇軍破徐州喜賦〉，《全臺詩──智慧型全臺詩知識庫》，上網日期：20150502，網址：http://xdcm.nmtl.gov.tw/twp/b/b02.htm。此詩收於《風月報》第六十五期，「詩壇」欄，1938 年 6 月 1 日，又載《臺灣日日新報》，「臺日漢詩壇」欄，1938 年 6 月 14 日，夕刊第四版、鄭金柱《現代傑作愛國詩選集》。

〔註12〕謝汝銓：〈蓖麻〉，《全臺詩──智慧型全臺詩知識庫》，上網日期：20150502，網址：http://xdcm.nmtl.gov.tw/twp/b/b02.htm。此詩收於《詩報》第三百一十八號，「詩壇」欄，1944 年 8 月 7 日。

日治時期，臺南地區的詩人王則修（1867～1952）亦有書寫飛機的詩作，
如〈航空〉二首：

其一

獨駕飛機去，如雷響幾遭。萬軍俱膽破，片翼凌雲高。陣結排空迥，
聲雄出塞豪。翩翩鷹鳥似，鵬路任翔翱。〔註13〕

此詩書寫飛機的殺傷力、在空中的制霸力。雖然只有一架飛機，但只要它在
高空中投擲了炮彈，如雷地響了幾遭。就足以使得萬軍嚇得膽破魂奪。有時
飛機是成列成陣地在高空中排列，如同出塞一般的聲勢雄壯。飛機在天空飛
翔如同鷹鳥一般悠然自得，亦如同大鵬自由自在地翱翔。

其二

戰鬥干戈外，飛機更擅雄。盤雲舒健翮，破霧入長空。下視兵如蟻，
高騫翼若鴻。文明嗟近世，人巧奪天工。〔註14〕

詩中盛讚了飛機在戰爭中所扮演的角色，在空中可以盤雲、破霧。飛機如同
鴻鳥般在高空中展開它的雙翼，從空中俯視，戰場上的士兵如螻蟻般微小。
近代科技的發達真令人讚嘆，如此人為的作品（飛機）幾乎可以巧奪天工了。

詩中敘寫了飛機的精巧，使得人們得以在天空中來去自如，如同鴻鳥一
般，自在翱翔，呈現了古典詩中現代化的一面。古典與現代的碰撞，使得文
學作品呈現迥異往昔的奇特風格。

臺南地區的詩人謝鯉魚（1892～1959）於1943年春天亦有詩作談及飛機，
如〈曉起〉（作者註：「1943年春の作。」）：

飛機軋軋曉雲忙，大地河山百戰場。喜鵲無聲鴉亂噪，耳邊消息太
淒涼。〔註15〕

詩中呈現了詩人對戰爭的厭倦。一開始即點明書寫的時間在早晨。一大早飛
機就在空中雲霧間傳來軋軋地機器聲，繁忙地飛來飛去，而此時的大地河山
又是飽經戰火的場地了。如此的聲響，在詩人的耳裡，並沒有喜悅之感，因

〔註13〕王則修：〈航空〉，龔顯宗編，《則修先生詩文集·下·雜篇》，臺南市立圖書館，2004年12月，頁429。
〔註14〕王則修：〈航空〉，龔顯宗編，《則修先生詩文集·下·雜篇》，臺南市立圖書館，2004年12月，頁429。
〔註15〕謝鯉魚：〈曉起〉（作者註：「1943年春の作。」），《全臺詩——智慧型全臺詩知識庫》，上網日期：20150502，網址：http://xdcm.nmtl.gov.tw/twp/b/b02.htm。此詩收於謝國雄編《謝溪秋その詩とおもかげ》。

此他說「喜鵲無聲」，只有報憂的「鴉噪」。因為如此的飛機聲音，只會帶來淒涼的結果。

在日治時期的臺南地區詩人飛機書寫中，都是和軍事、戰爭相關，並沒有將視為一般大眾運輸工具的書寫。

第四節　輪船

明鄭至日治時期，臺灣與外地的交通仍然以航運為主。在自強運動之後輪船的書寫，唐贊袞〈甲午（1894）除日余游臺北乘飛捷輪艘開赴臺南夜行海中機房大火幾罹於厄幸蒙天佑轉危為安因紀以詩〉：

> 捧檄駕飛輪，豈為鈞鼇客；陡驚狂飆翻（時風甚屬），翕赫海波赤。
> 須臾烈燄起，旋轉若電激；既虞焚其身，尤慮胥及溺。死將瀕於九，
> 生詎贖以百。人聲喧轟來，束手苦無策；鳴鉦申號令，運水復絡繹。
> 幸而風漸微，火亦勢將抑；如脫秦、楚圍，如釋陳、蔡厄。如香可
> 返魂，如蟾載生魄。萬口齊籲天，舉手慶加額；免為捉月人，騎鯨
> 尋李白。〔註16〕

從詩題的論述可知詩人當時乘坐輪船時間為 1894 年，為甲午戰爭之前往來臺北與臺南的書寫。其所乘坐的輪船為飛捷輪船，航程為臺灣海峽中臺北到臺南的航線。因為在航程中輪船機房發生大火，相當危險，因此，他以詩歌將此段航程的紀錄下來。

詩中提及他是奉朝廷之命，才會從臺北搭輪船到臺南，並非為了自己私人旅遊。當時臺灣海峽上風速相當大，突然之間風疾浪高，海波翻湧。不久，機房大火燃起，如同閃電激烈，讓人不禁擔憂火勢若擴大，將使船身波及，而船上的人可能會瀕於溺死的險境。此時人聲喧鬧，但是大家都苦無良策。只有配合著運送著水，盼望火勢能受控制。幸運的是風漸漸微弱了，火勢也受到抑制。此時，大家都額首稱慶，萬口齊聲感謝上天。自己也將免於和傳說中的李白同樣的下場。

由詩中可以推測出在當時搭乘輪船往返臺北和臺南是當時人較常選擇的交通方式；且搭乘輪船雖然已較以往的帆船便捷，然而在臺灣海峽中航行仍

〔註16〕唐贊袞：〈甲午除日，余游臺北，乘「飛捷」輪艘開赴臺南；夜行海中，機房大火，幾罹於厄。幸蒙天佑，轉危為安；因紀以詩〉，《臺灣關係文獻集零‧十六　臺陽集‧詠電氣鐙》，臺灣文獻叢刊，第三○九種，頁 170。

有其風險存在。

唐贊袞亦有〈余由臺北乘輪來南，復履本任；假崇文書院小住一宿，次日便移入署〉詩，同樣書寫了他臺北、臺南的往返是乘坐著雙輪，如下：

> 嶄巖雙輪投（來輪載有大砲），巨浸片帆卸（由輪舟換小舟抵岸）；
> 無煩津吏迎，暫憩勞人駕。去住本無心，官衙等傳舍；飛燕翔翩翩，
> 堂前識王、謝。〔註17〕

詩中首先說明他所乘坐的輪船上載有軍事裝備——大砲。之後，再論及他到達臺南時必須由輪船換小船上岸，書寫了在甲午戰爭前安平的港口並不能直接停泊輪船的情形，代表著安平航運功能的受限。接著作者書寫其內心的悠然，說明他不重視繁文縟節，不須官吏前來相迎，只有官衙前的飛燕，才會識得誰是昔日的王、謝等達官貴人吧。

臺南地區詩人許南英有〈和秋河送行原韻〉詩，此詩為 1897、1898 年間的作品，當時臺灣已是日本統治，詩人將離開臺灣，因而有此作：

> 近將告歸，此心欲碎。復承秋河見惠佳章，迴環雒誦，情見乎詞。
> 李謫仙云：「桃花潭水深千尺，不及汪倫送我情」！秋河殆有過之無
> 不及也。月影橫窗，移燈覓句；即用原韻，聊寫離懷。〉
> 炎海深無極，如君送我情。海水碾飛輪，如君送我行。我本林泉癖，
> 無意謁帝京。胡天苦相厄，鯨鯢肆東瀛。誰呼蒼葛死，孰諒伯夷清。
> 家山悵已矣，避地偕寡兄。漂搖無定處，遑計身外名。主人勉相勖，
> 酌我以巨觥。勸我賈餘勇，莫負寸心盟。慷慨贈多金，策勵奮前程。
> 為貧為祿仕，聽鼓五羊城。努力還自愛，勿墮我家聲。我愛我秋河，
> 才迅如律令。新詩壓行李，讀罷心為傾。搔首問青天，天高月正明。
> 欲別轉無言，感愧心交縈。〔註18〕

因為臺灣進入日治時期，詩人舉家離去，知交好友秋河前來送行，並贈詩作，詩人內心充滿了感傷之情，並和秋河送行詩以原韻而作離別之詩。詩中以海水深無極，譬喻好友之情；以飛輪碾海水而行，比擬好友送行之舉。意即見

〔註17〕唐贊袞：〈余由臺北乘輪來南，復履本任；假崇文書院小住一宿，次日便移入署〉，《臺灣關係文獻集零・余由臺北乘輪來南，復履本任；假崇文書院小住一宿，次日便移入》，臺灣文獻叢刊，第三○九種，頁182。

〔註18〕許南英：〈和秋河送行原韻〉，《全臺詩——智慧型全臺詩知識庫》，上網日期：20150502，網址：http://xdcm.nmtl.gov.tw/twp/b/b02.htm。此詩收於許南英《窺園留草》。

海水之深，作者即念好友之情；觀輪船飛輪碾海水而過，猶如好友在身旁送行。由於山河變色，對作者而言，是一個沉重的打擊。因此帶著自己的親人，遠離此地，不禁有飄然無依之感。幸運的是蒙受好友贈金鼓勵作者奮厲前程，作者亦將前進於五羊城——廣州，努力有所作為。

在詩人的敘寫中，當時的輪船仍為往來外地的重要運輸工具。

許南英於 1917 年有〈春日次蟬窟主人原韻之二〉，亦提及了輪船：

> 萬里飛輪去，行裝萬卷詩。浮雲遊子志，新月女郎眉。琴劍壯行色，
>
> 關山結故知。鴛鴦生並命，風雨不相離。〔註19〕

詩題中所提及的蟬窟主人為林景仁（1893～1940），此詩為許南英和林景仁的應和之作，顯示二人私交甚篤。詩中提及自己當初乘著輪船，渡過萬里的路程遠離了家鄉，行囊中裝滿了萬卷詩。詩人望著天上的浮雲，想著自己飄泊天涯的人生，孤獨地望著高懸於空中猶如女郎眉形般的新月。琴與劍使得我的行程顯得更加豪壯，可貴的是，遠在家鄉之外，仍然還可以與同鄉的你結為故知。詩人最後期待自己和好友林景仁即使歷經了生命中的風雨，卻還依然可以不相離棄對方。

第五節　火車、鐵路

工業革命之後，將蒸汽機運用到火車之中，使得運輸的時間得以控制，並大量地降低，且可以較不受天候的影響，使得陸上的交通可以較以往快速便捷。是以蒸汽鐵路運輸的興建，代表陸上的交通進入了新紀元。

臺灣早在清朝末朝，巡撫劉銘傳就有規劃基隆至臺南的路線，並開始著手興建。然而，繼任的邵友濂因為財政問題，僅完成基隆至臺北及臺北到新竹兩線。到了日治時期，1908 年後藤新平成立臺灣鐵道部，並自己擔任鐵道部部長，由鐵道技師長谷川謹介規劃縱貫鐵路，將清代舊線計畫進行九成以上的大幅度修正，外加由南部地方開始新建的的路段，終於在 1908 年於中部接軌，全線通車營運。

為此，臺灣總督府在同年 10 月 24 日，於臺中公園舉行「縱貫鐵道全通式」。自此之後，臺南與臺北及高雄之間已有火車可供搭乘。此事影響甚大，

〔註19〕許南英：〈春日次蟬窟主人原韻之二〉，《全臺詩——智慧型全臺詩知識庫》，上網日期：20150502，網址：http://xdcm.nmtl.gov.tw/twp/b/b02.htm。此詩收於許南英《窺園留草》。

是以當時有許多慶祝鐵道開通的古典詩作。由於此時的火車屬於蒸汽火車，因此當時皆以「汽車」稱之。

臺北詩人劉育英（？～？）有〈祝鐵道全通式〉，如下：

> 臺南臺北本一家，因隔山川來往賒。首尾曷作常山蛇，惟拓通途運汽車。汽車具有回天力，能使泰通消否塞。慰問治臺良有司，誰躋百姓安樂國。記得當年劉巡撫，曾從鐵道宏建樹。功未半解組歸，無復繼起通全部。及讓我邦登版圖，重開草昧出奇謨。穿山跨壑期長進，不使如前○半途。喜今鐵道聯成日，縱貫全臺如畫一。車聲轆轆恣星馳，勢若行空天馬疾。起自基隆迄打狗，一來一往互奔走。朝發夕至不踰時，乘客因之忘坐久。千里程途咫尺中，木牛流馬恥言功。轉輸日以千百計，南北于茲貨利通。不見山人足魚澤足木，耕者有衣織有穀。相資緩急在須臾，三百萬人齊受福。十年政府費經營，此日全通式舉行。親王奉詔來參列，一道歡呼萬歲聲。歡聲感慰眾來賓，問俗觀風喜作新。更願吐蕃長服教，車還同軌視同仁。

〔註20〕

詩人開頭即言：「臺南臺北」本一家，只因以往有山川阻隔，所以往來相當不方便。現在因為火車的開通，所以才有辦法作出首尾相應、互相救援的常山蛇。由於火車具有回天之功，所以才能如此將社會由壞變好。在如此車同軌的情況下，臺灣願意永遠臣服於日本的統治。此詩顯示出鐵路的開通，使得社會觀感變得更好，具有收服臺灣社會民心的效果。

臺南詩人羅秀惠（1865～1943）在1908年亦有〈歡迎閑院宮殿下並祝開通式〉詩，如下：

> 地無歐亞國西東，競爭文明尚交通。得寸則尺窮締造，力補缺憾天無功。生本臺人識臺史，中郎略地曾抵此。厥後荷蘭次延平，開闢猶是草創耳。臺里距離三百懸，南北隔絕直天淵。鯤溟狼嶠成險塞，馬蘭犳草半荒煙。周有黎民棄如屣，抗不奉詔復爾爾。皇赫震怒命專征，北白川宮南進旅。倏然攬轡頌澄清，殖民統治費經營。經營子來成不日，殖民史上博好評。縱貫鐵道資創建，十稔工廝八億萬。

〔註20〕 劉育英：〈祝鐵道全通式〉，《全臺詩——智慧型全臺詩知識庫》，上網日期：20150502，網址：http://xdcm.nmtl.gov.tw/twp/b/b02.htm。此詩收於《臺灣日日新報‧漢文版》，「祝詞」欄，1908年10月24日，第八版。

從此拓殖卜開通，疆理何嘗畛域限。帝曰咨命爾臣工，俞汝往哉開
院宮。屏翰勻宣龍種重，山川生色蠻花紅。前後天潢兩駐馭，秋肅
春溫新雨露。昔年開創今營成，代天巡狩諸侯度。炎荒何幸荷龍光，
思我王度爭望風。一片昇平簇歌舞，軒鼓歡迎表熱衷。幨帷覆幬宣
風始，君門不愁隔萬里。試看臨線新擴張，後山橫貫將繼起。闢險
通夷奪化工，朔南暨訖聲教同。軌物三臺群遍德，同胞何以答盛隆。

〔註21〕

詩作中指出：無論是歐洲或亞洲，在現代文明的激烈競爭中，最重視的就是
交通運輸部分，總是努力的要克服天然的障礙。在臺灣的歷史中，不論是荷
蘭人及鄭氏時期，在交通上的建設，仍是屬於草創時期。臺灣南北距離約三
百多里，南北相隔直如天淵。安平、鹿耳門、恆春等地為險要的關口，而後
山臺東及少數民族的地方有大半區域仍屬荒煙地帶。在日本天皇的命令下，
征服之軍一來臺，臺灣很快速地就太平，大家都歌頌不已。在日本的經營沒
有多久，就頗受好評。其中以鐵道的開通，耗費十年八億萬元，最受人稱許。
因為鐵道興建完成，日後出門就可以不愁路途遙遠。臺北、臺中、臺南皆可
暢通無阻，臺灣的同胞將如何才能回報皇恩盛隆？

謝維巖（1879～1921）亦有慶賀〈祝鐵道全通式〉：

百里車聲似水流，煙花鼓吹下瀛洲。劈空雷電飛群蟄，匝地龍蛇鑄
九州。旭日蒸雲中堰曉，西風鐵笛大墩秋。從茲有道平如坦，北衛
南屏任客遊。〔註22〕

長達百里的火車聲傳來，如同河水的流動聲。在風景優美的鼓吹演奏聲下，
火車在臺灣完成全西部全通。

趙鍾麒（1863～1936）亦有〈祝鐵道全通式〉：

南朔遙天近比鄰，輪車利用大前民。交通政策機關備，固陋乾坤刷
洗新。十載文明長進步，萬年經濟有治人。真成樂土皇恩溥，幸福
增來福海春。〔註23〕

〔註21〕謝維巖：〈祝鐵道全通式〉，《全臺詩──智慧型全臺詩知識庫》，上網日期：
　　　20150502，網址：http://xdcm.nmtl.gov.tw/twp/b/b02.htm。此詩收於《漢文臺灣
　　　日日新報》，「祝詞」欄，1908 年 10 月 24 日，第八版。
〔註22〕趙鍾麒：〈祝鐵道全通式〉，《全臺詩──智慧型全臺詩知識庫》，上網日期：
　　　20150502，網址：http://xdcm.nmtl.gov.tw/twp/b/b02.htm。
〔註23〕蔡佩香：〈汽車〉，《全臺詩──智慧型全臺詩知識庫》，上網日期：20150502，

「交通政策機關備，固陋乾坤刷洗新。十載文明長進步，萬年經濟有治人」
之句歌頌了鐵道的建設的德政。並以此為日本天皇恩德的展現。

蔡佩香（1867～1925）為臺南市安平人，1908年有〈汽車〉二首：

其一

車聲徹夜走隆隆，鐵軌平鋪萬里通。乍暗乍明山腹過，果然人巧奪
天工。

其二

輪船履險直如夷，猶慮風濤震撼時。不及火車馳瞬息，往來熙攘免
傾危。〔註24〕

「車聲徹夜走隆隆，鐵軌平鋪萬里通」以狀聲的方式摹寫了火車聲隆隆，代
表了萬里都能通行的讚頌。「不及火車馳瞬息，往來熙攘免傾危」之句稱讚了
火車的機動性及安全性遠較輪船為高。

謝國文（1887～1938），台灣臺南人，有〈月津歸途雜詠〉五首，其中敘
述自己從新營火車站候車、乘坐的情景，茲舉四首：

其二

舉頭山北渺雲煙，獨坐無聊思悄然。最是耐人偏性急，幾回望眼竹
枝穿。〔註25〕

「舉頭山北渺雲煙，獨坐無聊思悄然」表達作者獨自在新營站候車，擡頭可
以看到山上白雲繚繞的景象，因為獨自回家，內心甚為寂寥。「最是耐人偏性
急，幾回望眼竹枝穿」二句表達自己歸心似箭，數次對著竹林望眼欲穿。

其三

旋聞壁上叩鐘聲，俗客增多厭易生。曠野無林難避暑，綠窗簾下且
閒行。〔註26〕

網址：http://xdcm.nmtl.gov.tw/twp/b/b02.htm。此詩收於王炳南《南瀛詩選》（二）。

〔註24〕蔡佩香：〈汽車〉，《全臺詩──智慧型全臺詩知識庫》，上網日期：20150502，
網址：http://xdcm.nmtl.gov.tw/twp/b/b02.htm。此詩收於《漢文臺灣日日新報》，
「藝苑」欄，1908年9月25日，第一版。

〔註25〕謝國文：〈月津歸途雜詠〉，《全臺詩──智慧型全臺詩知識庫》，上網日期：
20150615，網址：http://xdcm.nmtl.gov.tw/twp/b/b02.htm。收於《省盧遺稿》。

〔註26〕謝國文：〈月津歸途雜詠〉，《全臺詩──智慧型全臺詩知識庫》，上網日期：
20150615，網址：http://xdcm.nmtl.gov.tw/twp/b/b02.htm。收於《省盧遺稿》。

「旋聞壁上叩鐘聲，俗客增多厭易生」二句的場景仍舊在新營車站，此時牆上的鐘聲響起，旅客也漸漸增加。人潮擁擠的情形下，作者內心有了不耐。「曠野無林難避暑，綠窗簷下且閒行」說明作者為了避免人潮、酷暑，就在綠窗下閒步。

其四

　　一聲汽笛暮雲哀，車走轔轔往復回。到處園林曾賞識，萬山千樹送
　　迎來。〔註27〕

「一聲汽笛暮雲哀，車走轔轔往復回」二句描摹當時的火車行進的情形。在一聲汽笛的哀聲結束後，火車開始它的行程。「到處園林曾賞識，萬山千樹送迎來」二句書寫從火車內向外看的情景：眼前所見的園林都是以往曾見過的景象，萬山千樹似乎也都迎著行人、再道別。

其五

　　溪橋越盡又山坡，數里濃煙繞樹過。滿眼風光當夏令，竹園深處務
　　農多。〔註28〕

「溪橋越盡又山坡，數里濃煙繞樹過」二句書寫作者乘坐火車，翻山越嶺、越過小溪、樹林，不受阻礙的情形。「滿眼風光當夏令，竹園深處務農多」二句點出季節為夏季，眼前一片綠意，而在竹園深處亦有農人在工作。

　　謝汝銓（1871～1953）為臺南市人，於1913年有〈汽車　眞韻〉：

　　兩條鐵軌挾飛輪，推挽教疑有鬼神。萬里關山成咫尺，驛亭昏曉送
　　行人。〔註29〕

「萬里關山成咫尺，驛亭昏曉送行人」二句書寫鐵道的開通改變了人的生活方式，在火車站也會常看到有人在送別的場景。

　　謝汝銓亦有〈驛頭所見〉，如下：

　　驛頭潛送遠游人，癡立庭中淚濕巾。強把檀郎輕載去，無情聲動火

〔註27〕謝國文：〈月津歸途雜詠〉，《全臺詩——智慧型全臺詩知識庫》，上網日期：20150615，網址：http://xdcm.nmtl.gov.tw/twp/b/b02.htm。收於《省廬遺稿》。

〔註28〕謝國文：〈月津歸途雜詠〉，《全臺詩——智慧型全臺詩知識庫》，上網日期：20150615，網址：http://xdcm.nmtl.gov.tw/twp/b/b02.htm。收於《省廬遺稿》。

〔註29〕謝汝銓：〈汽車　眞韻〉，《全臺詩——智慧型全臺詩知識庫》，上網日期：20150502，網址：http://xdcm.nmtl.gov.tw/twp/b/b02.htm。此詩收於《臺灣日日新報》，「瀛社詩壇」欄，1913年9月7日，第六版，又載吳耀林《南瀛詩選》。

車輪。〔註30〕

此詩乃書寫在火車站送別的情景。時至今日，亦可常常看見相類似的場景。

第六節　自轉車

謝維巖（1879～1921）有〈自轉車〉之作：

> 步從來可當車，憑君駕馭上前途。挽回風雅雙輪在，蹈破雲山一騎
> 孤。翠蓋金根空粉飾，花驄玉輅總牽拘。不如獨運新機軸，底事鞭
> 笞等賤駑。〔註31〕

此詩乃書寫自行車的便利，可以用風雅的雙輪，踏破各路山頭。以往騎馬、騎牛的方式，都不如以機器爲軸心的自行車，可以免去鞭打動物的殘忍之事。

王則修（1867～1952）也有〈自轉車〉六首：

其一

> 迢迢輾轆走天涯，獨駕輕車一力賒。不用馬牛供載驟，雙憑健足逐
> 飛霞。〔註32〕

首句以狀聲詞輾轆來描摹騎自行車時的車輪轉動聲，「走天涯」三字書寫自行車可以讓人騎乘至遠方。「獨駕輕車一力賒」一句表達自行車的便利，只要一個人力自可綽綽有餘，而且它相當輕便。「不用馬牛供載驟，雙憑健足逐飛霞」二句敘寫自行車的出現，使得牛、馬等獸力可以不再是必需之物，只要憑著人的雙腿，就可以用很快的速度去追逐飛霞呢！

其二

> 何須電閃鼓雷車，足踏如飛萬里遐。恍似仙人乘雲氣，火輪旋轉去
> 來賒。〔註33〕

「何須電閃鼓雷車，足踏如飛萬里遐」二句再次書寫自行車的神奇之處在於

〔註30〕謝汝銓：〈驛頭所見〉，《全臺詩——智慧型全臺詩知識庫》，上網日期：20150502，網址：http://xdcm.nmtl.gov.tw/twp/b/b02.htm。此詩收於《奎府樓詩草》。

〔註31〕謝維巖：〈自轉車〉，《全臺詩》，第30冊，頁475。

〔註32〕王則修：〈自轉車〉，龔顯宗編，《則修先生詩文集‧下‧雜篇》，臺南市立圖書館，2004年12月，頁198。

〔註33〕王則修：〈自轉車〉，龔顯宗編，《則修先生詩文集‧下‧雜篇》，臺南市立圖書館，2004年12月，頁198。

用人的雙足足以像飛地一般踏遍萬里之遠。「恍似仙人乘雲氣，火輪旋轉去來
賒」二句書寫騎乘自行車時，速度快時有恍似神仙騰雲一般的錯覺，輪子轉
動時相當地從容自如。

其三

文明巧製一輕車，逐電追風陋五花。自去自來還自動，木牛流馬未
曾加。〔註34〕

「文明巧製一輕車，逐電追風陋五花」二句稱讚自行車是文明巧製之下的產
品，它足以逐電追風的便利，使得珍貴的五花馬在相形之下都顯得簡陋了。「自
去自來還自動，木牛流馬未曾加」二句稱許自行車的自動便利，就連三國時
期諸葛亮的妻子黃月英所發明的木牛和流馬都無法與之相比。

其四

小戎駟驖漫爭誇，巧製車師自一家。鼓動兩輪憑健足，身輕坐穩到
天涯。〔註35〕

「小戎駟驖漫爭誇，巧製車師自一家」二句以《詩經·秦風·小戎》和《詩
經·秦風·駟驖》中的兵車及毛黑健壯的四馬和自行車相比較，以為自行車
的出現，使得小戎和駟驖的描述顯得過於誇耀。「鼓動兩輪憑健足，身輕坐穩
到天涯」二句呈現騎乘自行車的情形：以雙足鼓動兩輪，人就可輕輕鬆鬆地
穩坐到天邊之遠。

其五

輾轆掌中聽小車，自來自去路三叉。兒童不識文明器，疑是秋風鐵
馬譁。〔註36〕

「輾轆掌中聽小車，自來自去路三叉」二句書寫在騎乘自行車時，手握掌握
方向的手把，腳下傳來輾轆的車輪轉動聲，就這在來去自如在三叉路上來往。
「兒童不識文明器，疑是秋風鐵馬譁」書寫小孩子沒見過自行車這樣的文明
產物，還以為是有著鐵騎勁旅的大軍到來呢！

〔註34〕王則修：〈自轉車〉，龔顯宗編，《則修先生詩文集·下·雜篇》，臺南市立圖
　　　　書館，2004年12月，頁198。
〔註35〕王則修：〈自轉車〉，龔顯宗編，《則修先生詩文集·下·雜篇》，臺南市立圖
　　　　書館，2004年12月，頁198。
〔註36〕王則修：〈自轉車〉，龔顯宗編，《則修先生詩文集·下·雜篇》，臺南市立圖
　　　　書館，2004年12月，頁198。

其六

風追電逐疾輕車，絕跡奔塵輶轆遷。大好江山王道蕩，驅馳日月兩
輪誇。〔註37〕

「風追電逐疾輕車，絕跡奔塵輶轆遷」二句書寫自行車的速度及里程數皆是
相當令人驚嘆，可以如同風追電逐一般。「大好江山王道蕩，驅馳日月兩輪誇」
二句則是稱頌現代的文明技術，可以使得人們可以輕易地在陸上四處遨遊。

連橫有〈自轉車〉之作：

春風暖日試平蕪，閒駕輕車就熟途。花外塵飛工宛轉，柳陰路曲任
馳驅。雙輪御電傳歐土，萬里行空擬宛渠。自去自來能自主，何須
大雅倩人扶？〔註38〕

「春風暖日試平蕪，閒駕輕車就熟途」二句書寫作者在春天風和日麗之時，
在郊外平坦的原野上騎乘自行車，悠閒地騎著輕便的自行車，在熟悉的小路
上來回的奔馳。「花外塵飛工宛轉，柳陰路曲任馳驅」二句書寫作者內心的悠
閒寫意，在花間柳陰下自在地馳驅，那是何等的寫意！「雙輪御電傳歐土，
萬里行空擬宛渠」二句書寫自行車的輕便，似乎可以將作者帶到海角天邊，
因此作者說可以「傳歐陸」，也可以將他帶到傳說中的國度——宛渠。「自去
自來能自主，何須大雅倩人扶」之句說明騎乘自行車的自主性相當高，不需
要高尚雅正請人家來幫扶，就可以騎乘，出發到遠方了。

謝鯉魚（1892～1959）有〈自轉車〉：

般輅周輿體各殊，心裁別製出歐儒。縱橫不蹈人前轍，運用全憑手
自扶。記取飛輪知進止，莫因輕轂亂馳驅。他年憑軾東藩下，歷盡
艱危啟壯圖。〔註39〕

「般輅周輿體各殊，心裁別製出歐儒」二句書寫歐洲的新興交通方式——自
行車有別出心裁之處。「縱橫不蹈人前轍，運用全憑手自扶」二句書寫騎乘自
行車時的特殊之處，憑藉著個人的手就可以操縱地很好。「記取飛輪知進止，
莫因輕轂亂馳驅」二句則是告誡騎乘的人必須知道進退，可不要因為個人方

〔註37〕 王則修：〈自轉車〉，龔顯宗編，《則修先生詩文集・下・雜篇》，臺南市立圖
書館，2004年12月，頁198。

〔註38〕 連橫：〈自轉車〉，《全臺詩》，第30冊，頁290。

〔註39〕 謝鯉魚：〈自轉車〉，《全臺詩——智慧型全臺詩知識庫》，上網日期：20150502，
網址：http://xdcm.nmtl.gov.tw/twp/b/b02.htm。此詩收於盧嘉興〈清末遺儒臺南
謝氏昆仲文武秀才〉。

便而在路上橫衝直撞。「他年憑軾東藩下，歷盡艱危啓壯圖」二句表達作者的雄心壯志，他期許騎乘的人應記取以前的人是如何地滿懷壯志，歷盡艱難的開拓疆土的心志，而不應輕率地過日。

第七節　自鳴鐘

　　自鳴鐘的出現代表計時方式的改變，更精細的分割時間，可以使時間做更有效率的運用。在自強運動時期，就有自鳴鐘的出現：

　　施瓊芳（1815～1868），清臺灣縣治（今臺南市）人。有〈詠自鳴鐘〉：

> 幾架洋鍾市舶通，西來琛賚慕皇風。授時法出璣衡外，演樂音諧律呂中。試處驚誇如意寶，鑄成疑采自然銅。鼓車記里傳華製，未許遐藩獨擅工。〔註40〕

「幾架洋鍾市舶通，西來琛賚慕皇風。授時法出璣衡外，演樂音諧律呂中」四句書寫自鳴鐘的來歷，及其特殊的計時及報時方式。詩人有幾架來自西洋的報鐘，那是來自西方的人仰慕我皇朝所獻貢的財貨。他們的計時方式不是以日影來衡量，而且報時的方式是以音樂來呈現，相當和諧悅耳。「試處驚誇如意寶，鑄成疑采自然銅。鼓車記里傳華製，未許遐藩獨擅工」此四句乃對其製作精美有所驚嘆。其實中國古代就有記里的鼓車，不見得比外國人會遜色多少啊。後四句中詩人有傳達不服輸的意思。

　　施士洁（1856～1922）為施瓊芳之次子。亦有〈自鳴鐘〉六首：

其一

> 年來到處有西風，處處高樓處處鐘。惱煞春申江上路，不分子午亂丁東。〔註41〕

「年來到處有西風，處處高樓處處鐘」表示了西風東漸，處處都可以看到現代化的計時方式。「惱煞春申江上路，不分子午亂丁東」二句書寫守舊之人對其不符合原來的時辰計時方式，又會隨時報時的響起，有些不能適應。

〔註40〕施瓊芳：〈詠自鳴鐘〉，《全臺詩——智慧型全臺詩知識庫》，上網日期：20150502，網址：http://xdcm.nmtl.gov.tw/twp/b/b02.htm。原屬《石蘭山館遺稿》卷十五〈詩鈔〉九。
〔註41〕施士洁：〈自鳴鐘〉，《後蘇龕合集‧後蘇龕詩鈔卷二‧古今體詩一百三十四首‧自鳴鐘》，臺灣文獻叢刊，第二一五種，頁56。

其二

十二辰牌次第行，善鳴原不假人鳴。此中何處非天籟，誰成頑銅鑄
得成。〔註42〕

自鳴鐘也是由分成 12 等分來計時，它自己就能整點報時，而不需再用人爲方
式來報時。而它所發出的音樂也當屬天籟吧，誰會知道破銅爛鐵也能融鑄成
自鳴鐘呢？

其三

機關世上日紛紛，借汝光陰□□分。報夜司晨應不誤，休教飯後始
相聞。〔註43〕

有了自鳴鐘後，當今的世界可說是機械化的世界了。日後不論是在夜裡，或
是早晨，報時必定不會有任何人爲的因素而有所耽誤了。

其四

飛輪走線權衡妙，折矩周規造化融。鍱是蕤賓鏡夷則，合成一體自
然銅。〔註44〕

「飛輪走線權衡妙，折矩周規造化融」二句書寫了自鳴鐘的外觀，有秒針、
分針、時針等配合著齒輪來運轉，又有方形、圓形等外觀。「鍱是蕤賓鏡夷則，
合成一體自然銅」二句書寫由鐵製的機械而有各種和諧的樂音出現，渾成一
體，相當的和諧、神奇。

其五

神鍼指定雙聲遞，怒杵橫衝黃窾轟。莫道小鳴無氣力，乘時一動也
錚錚。〔註45〕

此詩書寫整點報時的樂音相當響亮，不要以爲它只是小小的鳴叫番，在報時
的聲響一發動時，錚錚的金屬聲也是非常響亮的。

〔註42〕施士洁：〈自鳴鐘〉，《後蘇龕合集・後蘇龕詩鈔卷二・古今體詩一百三十四首・
　　　　自鳴鐘》，臺灣文獻叢刊，第二一五種，頁56。
〔註43〕施士洁：〈自鳴鐘〉，《後蘇龕合集・後蘇龕詩鈔卷二・古今體詩一百三十四首・
　　　　自鳴鐘》，臺灣文獻叢刊，第二一五種，頁56。
〔註44〕施士洁：〈自鳴鐘〉，《後蘇龕合集・後蘇龕詩鈔卷二・古今體詩一百三十四首・
　　　　自鳴鐘》，臺灣文獻叢刊，第二一五種，頁56。
〔註45〕施士洁：〈自鳴鐘〉，《後蘇龕合集・後蘇龕詩鈔卷二・古今體詩一百三十四首・
　　　　自鳴鐘》，臺灣文獻叢刊，第二一五種，頁56。

其六

何人傳到西來法，玉漏銅壺未足誇；我有貓晴更工巧，畫成正午牡

丹花。〔註46〕

是誰將這個西方的自鳴鐘傳到這裡來呢？相較之下，古代以漏刻之法計時的
玉漏銅壺就顯得遜色不少。不過詩人有貓晴等上等玉石可以製作成更加工巧
的玉漏銅壺，正好可以畫上正午牡丹，顯得在藝術境界上更加有格調。

　　唐贊袞亦有〈范繼庭同年餽自鳴鐘，賦謝〉之作，顯示在光緒時自鳴鐘
已是常見之物，如下：

其一

一年三百六旬，一日一十二時；同年同官相遺，臺地可識地支（時

余官臺道、繼庭官安平令，同在一城）。

此爲六言詩，書寫自鳴鐘來自於同事及同年范繼庭，在臺地亦可以看到將一
日分成 12 等分的自鳴鐘。

其二

一蟻珠盤九曲，一鍼輪轉萬竅；西洋來自東瀛，不用雞人司晷。〔註47〕

由齒輪轉動標誌時間，有了這個來自日本的西洋鐘，自此不需要專司的人來
報時了，顯示器物的轉變，亦帶來了制度的轉變。

第八節　電燈

　　電燈的出現，使得臺地的人可以善用夜晚的時間。對人類作息的改變有
很大的影響。

　　光緒年間的唐贊袞有〈詠電氣鐙〉之作：

鮫冰一片動寒芒，珠箔高懸澈滿堂（邵筱帥招飲撫署，見新製此鐙）；

數月龍輝簾影薄，長鯨掣海耀晶光。〔註48〕

此時電燈尚不普及，是以作者說在邵友濂的地方有看到這樣的燈，忍不住就

〔註46〕施士洁：〈自鳴鐘〉，《後蘇龕合集・後蘇龕詩鈔卷二・古今體詩一百三十四首・
　　　　自鳴鐘》，臺灣文獻叢刊，第二一五種，頁56。
〔註47〕唐贊袞：〈范繼庭同年餽自鳴鐘，賦謝〉，《臺灣關係文獻集零・十六　臺陽集・
　　　　范繼庭同年餽自鳴鐘，賦謝》，臺灣文獻叢刊，第三〇九種，頁151。
〔註48〕唐贊袞：〈詠電氣鐙〉，《臺灣關係文獻集零・十六　臺陽集・詠電氣鐙》，臺
　　　　灣文獻叢刊，第三〇九種，頁169。

發爲而詩了。

日治時期的謝國文（1887～1938）有〈電燈〉：

> 宜風宜雨又宜晴，火樹銀花不夜城。一線牽情猶未斷，泥人清夢到
> 天明。〔註49〕

「宜風宜雨又宜晴，火樹銀花不夜城」說明了電燈不懼風雨，任何時候都可以綻放光明的便利性。

連城璧（1873～1958）有〈電燈〉：

> 水力相攻馬力揮，滿城頃刻燭齊輝。瓦斯近日低聲價，電學文明奪
> 化機。〔註50〕

「滿城頃刻燭齊輝」說明了電燈的神奇，整個城在這一刻同時大放光明。所以作者最後說「瓦斯近日低聲價，電學文明奪化機」，表示最近瓦斯的價格也較爲低廉，全是因爲電燈的出現而改變了世界。

第九節　眼鏡

唐贊袞有〈年逾四十，雙瞳漸暗；亟假靉靆以助其明，庶免霧裏看花之誚也〉：

> 年逾四十目力減，寶匣幸獲雙明珠；得之功比刮膜眼，青鐙點墨不
> 誤朱。〔註51〕

「之功比刮膜眼，青鐙點墨不誤朱」書寫了因爲眼鏡的出現，所以得以讓眼睛重見其明，得以閱讀的功效。

第十節　製茶機

黃守謙（1871～1927）在1914有〈觀安平鎮製茶機〉：

> 嘉種文明製，非徒手足工。巧機驚陸羽，美味快盧仝。柳葉分餘線，

〔註49〕 謝國文：〈電燈〉，《全臺詩——智慧型全臺詩知識庫》，上網日期：20150502，
　　　　網址：http://xdcm.nmtl.gov.tw/twp/b/b02.htm。收於《省廬遺稿》。
〔註50〕 連城璧：〈電燈〉，《全臺詩——智慧型全臺詩知識庫》，上網日期：20150502，
　　　　網址：http://xdcm.nmtl.gov.tw/twp/b/b02.htm。此詩收於吳耀林《南瀛詩選》。
〔註51〕 唐贊袞：〈年逾四十，雙瞳漸暗；亟假靉靆以助其明，庶免霧裏看花之誚也〉，
　　　　《臺灣關係文獻集零‧十六　臺陽集‧臺陽集/府署儀門內有臥樹一株，甚奇
　　　　崛；偶題一絕》，臺灣文獻叢刊，第三〇九種，頁172。

　　（作者註：「綠茶。」）桃花別樣紅。（作者註：「紅茶。」）龍牙償渴

　　望，售路暢西東。〔註52〕

「嘉種文明製，非徒手足工」說明了機械化時代的來臨，一切都是以機械爲
開端。昭示了時代的變遷。「巧機驚陸羽，美味快盧仝」之句書寫了機械化產
品的品質優良，連茶聖陸羽、好茶成癖的盧仝也會爲機器的精巧、產品的美
味而大吃一驚。「柳葉分餘線，桃花別樣紅」之句說明這個製茶機也可以製作
出綠茶和紅茶。「龍牙償渴望，售路暢西東」之句則是在預祝這個機器所製作
的產品將可以外銷到西方及東方。

第十一節　電話

　　電話的出現使得人與人之間的溝通可以更方便、更有效率，謝維巖（1879
～1921）有〈電話〉：

　　莫言音信無由達，千里人情一線牽。難得口頭交更好，箇中聲氣暗

　　相傳。〔註53〕

此詩中書寫了電話傳音的神奇。讓人明確的感受到時代的腳步，正在大步向
前。

　　謝汝銓（1871～1953）亦有〈無線電話〉：

　　聲音超遞去來傳，萬里眞如一室然。波短波長機括動，氣流浩蕩轉

　　遙天。〔註54〕

萬里之遙也能像同處一室一樣的傳遞訊息。詩人傳神的傳達了電話的神奇之
處。

第十二節　寫眞（照片）

　　照片能將人的記憶更眞實的保存下來，而日治時期臺南地區亦有寫眞的

〔註52〕黃守謙：〈觀安平鎮製茶機〉，《全臺詩——智慧型全臺詩知識庫》，上網日期：
　　　　20150502，網址：http://xdcm.nmtl.gov.tw/twp/b/b02.htm。此詩收於《臺灣日日
　　　　新報》，1914 年 9 月 29 日，第三版。
〔註53〕謝維巖：〈電話〉，《全臺詩》，第 30 冊，頁 475。
〔註54〕謝汝銓：〈無線電話〉，《全臺詩——智慧型全臺詩知識庫》，上網日期：
　　　　20150502，網址：http://xdcm.nmtl.gov.tw/twp/b/b02.htm。此詩收於《臺灣日日
　　　　新報》，臺北州聯吟會，1934 年 7 月 14 日，第十二版。

詩作，如連橫〈臺南竹枝詞〉：

> 娉婷鏡影豔留痕，底事桃花笑不言？莫怪別離人不見，寫真相對亦
> 消魂。
>
> 寫真，則照相也。其法始於西人，以熱蘭炯薰玻璃面，用琉璜水涅之，
> 對人而照，使其影透入鏡中，然後以銀硝紙承影，日光隙入，痕留淡
> 墨，神態如生。凡男女相悅者各以寫真贈答，示不忘也。〔註55〕

詩人說明在日治時期有「男女相悅者各以寫真贈答，示不忘也」的習俗，因
此用照片來傳達思念，是當時流行的作法。

連橫有〈題阿梅寫真，爲無悶作〉：

> 冰心鐵骨玉無瑕，放鶴歸來月未斜。羨汝孤山林處士，一春無事伴
> 梅花。〔註56〕

無悶爲林朝崧（1875～1915），是連橫的好友，這首詩乃爲戲謔之作。阿梅當
爲林朝崧的紅粉知己。作者以林和靖以梅爲妻的典故爲譬喻，在阿梅的照片
下留下詩句，對林朝崧有美女相伴表達欣羨之情。

謝維巖（1879～1921）在 1908 年也有〈寄題阿梅小照即柬無悶〉：

> 生小江南第幾家，春風繪出一枝斜。霜輕月冷何人見？道是林逋得
> 意花。〔註57〕

謝維巖與連橫爲好友，亦與林朝崧交好，所以才會有這樣的戲謔之作。「生小
江南第幾家，春風繪出一枝斜」二句乃是藉著書寫梅花在春風中綻放，來描
摹阿梅在照片上正是青春美麗，花正開放嬌俏模樣。「霜輕月冷何人見？道是
林逋得意花」二句以林逋比擬林朝崧，以林逋愛梅的故事，來影射林朝崧也
愛阿梅，既顯嘲弄又饒富趣味，令人不覺莞爾。

連橫又有〈自題小照〉，頗能表達對自己內心的感慨：

> 杜牧清狂氣未馴，年來琴劍困風塵。欲留姓氏千秋後，不作英雄作
> 美人。〔註58〕

〔註55〕 連橫：〈臺南竹枝詞〉，《劍花室詩集·外集之一·臺南竹枝詞》，臺灣文獻叢
　　　　刊，第九四種，頁 121。

〔註56〕 連橫：〈題阿梅寫真，爲無悶作〉，《劍花室詩集·外集之一·題阿梅寫真，爲
　　　　無悶作》，臺灣文獻叢刊，第九四種，頁 110。

〔註57〕 謝維巖：〈寄題阿梅小照即柬無悶〉，《全臺詩》，第 30 冊，頁 426。

〔註58〕 連橫：〈自題小照〉，《劍花室詩集·外集之一·自題小照》，臺灣文獻叢刊，
　　　　第九四種，頁 104。

作者藉著自己的照片，在上面題詩，抒發對自己的感想，頗有自我審視的意味。由「杜牧清狂氣未馴，年來琴劍困風塵」二句作者以杜牧流連青樓，個性清狂未馴來譬喻自己，以杜牧的懷才不遇比擬自己亦是不受重用，自憐自傷之意，流露無遺。「欲留姓氏千秋後，不作英雄作美人」二句更是顯露了作者的鬱悶之感。想要在名留千秋萬世，那就不作英雄，作美人就可以了。字裡行間，表達了男子無用世的感慨。

　　王則修（1867～1952）有〈攝影〉二首：

　　　　欲把生平紀念眞，攜來珂版寫精神。從茲地隔人千里，風雨聯床夜夜親。〔註59〕

「欲把生平紀念眞，攜來珂版寫精神」二句說明攝影將影像眞實的保留下來的功能。「從茲地隔人千里，風雨聯床夜夜親」二句書寫自攝影技術的出現之後，遠隔千里的人，也可藉由相片來夜夜思念、親近影中之人。

　　　　不勞妙筆爲傳神，鏡裡春光面目眞。笑我皤皤雙鬢改，白頭長對少年人。〔註60〕

「不勞妙筆爲傳神，鏡裡春光面目眞」二句書寫科技的進步，在相片中可以呈現較筆墨更爲精準的面目、神韻。「笑我皤皤雙鬢改，白頭長對少年人」二句乃是書寫年華老去的詩人看著以往青春年少的自己在影中的形象，不禁感慨歲月流逝。

　　林逢春（1868～1936）在1919年有〈題喬裝寫眞〉：

　　　　榴禪寺裡會吟儔，話到浮生悟慧修。欲著袈裟方島佛，廬山面似舊時名。〔註61〕

此詩仍是作者在裝扮成和尚的照片上留下的詩作。「榴禪寺裡會吟儔，話到浮生悟慧修」二句書寫詩人到開元寺（榴禪寺爲清朝時的舊稱）參加詩社的吟誦聚會，在聚會之中談論到佛理的情形。「欲著袈裟方島佛，廬山面似舊時名」二句書寫他想要藉著穿著袈裟來模倣唐朝賈島爲僧時的樣子，但顯然喬裝的結果，還是像詩人原本的樣子。

　　隨著時世變遷，現代化的器物，使得人們生活更加便利，也影響了人們

〔註59〕王則修：〈攝影〉，龔顯宗編，《則修先生詩文集・下・雜篇・一》，頁355。
〔註60〕王則修：〈攝影〉，龔顯宗編：《則修先生詩文集・下・雜篇・一》，頁355。
〔註61〕林逢春：〈題喬裝寫眞〉，《全臺詩——智慧型全臺詩知識庫》，上網日期：20150502，網址：http://xdcm.nmtl.gov.tw/twp/b/b02.htm。此詩收於《臺灣日日新報》，「詩壇」欄，1919年7月18日，第六版。

思維模式。清領後期及日治時期，有許多新的事物，古典詩人新奇之餘，亦加以發為詩歌，除了表達他們的驚訝，也呈現了清領後期及日治時期臺南地區生活的樣貌。

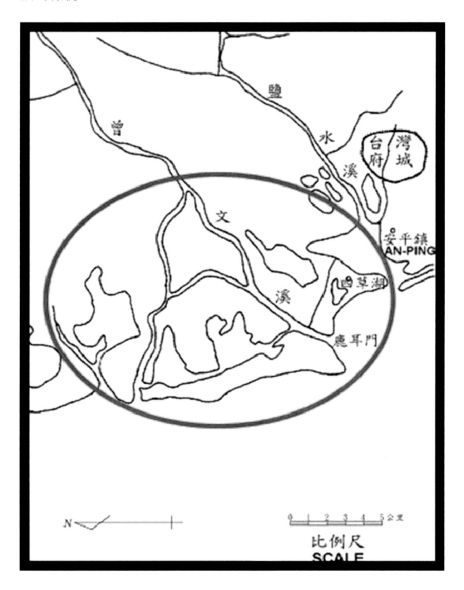

圖 4　（1822～1894）臺南區海岸沙洲及海埔地狀況圖（圖中圈選處為台江內
　　　海因曾文溪而逐近陸化。）資料來源：王信智《日治時代安平港口機
　　　能的變遷》，國立臺東大學教育研究所碩士論文，2005 年，頁 19。轉
　　　引重繪自林朝成等，1998，《安平區誌》，第 42 頁，台南市安平區公所。

圖 5　竹筏（原說明：「用圓竹組成小舟，使用在臺灣南部的淺海。漁業用的
　　　竹筏，可以出海到較遠的地方。」資料來源：何培齊《日治時期的臺
　　　南》，臺北市國家圖書館出版，2007 年，頁 121。

第六章　海洋的書寫

　　臺南地區原來為臺灣西南部最大的海灣，稱為臺江內海，為明代福建漁民捕魚時重要的活動區域：

> 台南原來是個大海灣，又名台江內海，這裡是鹹淡水交界的淺海，
> 有很多沙洲，其東北部有曾文溪、鹽水溪兩條河流從山區流出，有
> 充足的淡水，所以這裡是鯔魚最喜歡的環境。這個港灣也是臺灣西
> 南部最大的，所以這裡當然是明代福建漁民的首選之地。〔註1〕
> 這個大港灣只有西北部有兩個開口，西南部是連接陸地的沙嘴，即
> 一鯤身到七鯤身。西北部的兩個開口，北面是鹿耳門水道，南面是
> 北線尾和一鯤身之間的水道。閩南語的線、汕同音，所以北線尾其
> 實是北汕尾。〔註2〕

臺南地區的歷史發展乃是由港口開始，再向四面八方擴散，自古至今臺南地區的港口數80多個以上，在全臺之中為數一數二：

> 大臺南地區的發展，港口是起頭，然後向四面八方擴散。荷蘭文獻
> 記載，畫拉雅4大社都在港道上'都是史前時期的港口。雖然史前
> 時期沒有文字記載，但從後來歷史文獻記載，就可看出端倪。麻豆
> 社就出現麻豆港；目加溜灣就出現目加溜灣港；新港社就出現新港；
> 蕭瓏社，雖然，沒有蕭瓏港的記載，其實質還是個港。《續修臺灣府

〔註1〕　周運中：〈明末臺灣地圖的一則新史料〉，《福州大學學報（哲學社會科學版）》，
　　　　2014年第1期，頁9。

〔註2〕　周運中：〈明末臺灣地圖的一則新史料〉，《福州大學學報（哲學社會科學版）》，
　　　　2014年第1期，頁9。

志》記載：「蕭瓏街：距縣七十里。在安定西保。濱海民番貿易。」
〔註3〕

爲數 80 多個歷史港口，再加上近代人工開發的北門漁港（蘆竹溝
港）、將軍漁港及青山漁港，大臺南出現的港口數可能居全國之冠。
〔註4〕

港口是人口聚集，貿易鼎盛、政經發達、宗教蓬勃的街市或聚落。
因此，港口都是軍事佈防的重地。〔註5〕

在荷蘭人統治臺灣之前，已有漢人在臺灣海域活動，可概分爲四種類型——
季節性漁民、季節性農民、海盜、海商：

> 在荷蘭人統治台灣之前，漢人便已經在台灣海域活動。這些人各自
> 發展成了4種帶有冒險性格的季節性移民。而這4種移民，也成了
> 最早開發台灣的外來移民。……福建漁民在漁季時，追逐著魚群來
> 到台灣捕魚，並在沿岸居住，當漁季結束後，便返回福建。後來荷
> 蘭統治台灣，漁民開始繳稅並仍然定期來台灣捕魚。漁民們雖然未
> 長期定居，但是他們帶回家鄉的資訊卻讓更多漢人熟悉台灣。這群
> 打魚郎，我們稱之爲「季節性的漁民」。……荷蘭人統治台灣之後，
> 獎勵農業開墾，於是農業移民便依靠船隻往返中國與台灣之間。這
> 些農民，固定於每年初冬搭船隨東北季風來台耕種，到隔年秋收之
> 後，又趁西南季風還未結束前，趕回老家。這些移民，生產力高且
> 農耕技術比平埔族優越，進而影響了平埔族農耕方式。但農民們仍
> 然是不定居的耕種，我們稱之爲「季節性的農民」。……明末實施海
> 禁，福建、廣東沿海一帶人多地貧，生活困苦，老百姓迫於生計，
> 鋌而走險當起海盜，並在台灣海域與沿岸港口活動。海盜勢力最強
> 盛的當屬顏思齊、鄭芝龍，本縣的倒風內海曾是他們活動頻繁的地
> 區，當時通行台海附近船隻，必插鄭旗，且繳交通行稅，否則必遭
> 劫掠，連荷蘭當局也必須委屈求全。海盜們以劫掠爲主，台灣對他
> 們來說，只不過是被用做棲息的場所和臨時的退路而已，從未眞正
> 打算長期經營。……明朝政府因爲無法降服鄭芝龍，便進行招撫，

〔註3〕 許清保：《大臺南的港口》，台南市政府文化局出版，2013 年，頁 65。
〔註4〕 許清保：《大臺南的港口》，台南市政府文化局出版，2013 年，頁 65。
〔註5〕 許清保：《大臺南的港口》，台南市政府文化局出版，2013 年，頁 65。

並授以官職。這使得鄭氏集團，既有軍事武力，又能經營海上貿易。於是海盜變成了聰明的海上商人，海商從海上貿易中賺取高額利潤，再用來維持海商們的武力。久而久之，以鄭氏船隊爲主的海商們，成爲海上貿易霸主，並掌握了中國東南海岸的制海權。此時，荷蘭人雖然統治台灣，但鄭氏卻是他們在東南亞海域進行貿易活動的主要對手。〔註6〕

荷蘭人在暴利的驅使下，成立東印度公司後，企圖搶佔澳門，奪取對華貿易的利益：

荷蘭東印度公司成立後不久，1603 年公司的船隊在麻六甲附近搶劫了一艘葡萄牙商船，擄獲十餘萬件中國瓷器，次年，這批瓷器在阿姆斯特丹公開拍賣，結果被搶購一空，轟動了整個歐洲。從此荷蘭東印度公司的股票水漲船高。在暴利的驅策之下，荷蘭東印度公司立即派遣另一支艦隊，企圖一舉奪下葡萄牙在華的貿易據點澳門，搶佔對華貿易的利益。〔註7〕

但在一番周折後，他們在 17 世紀來到臺南安平，建立熱蘭遮城：

西元 1624 年，荷蘭自澎湖撤退，轉往台灣安平，在此建立熱蘭遮城與熱蘭遮街，並以此作爲統治台灣的中心，將安平發展成重要貿易港口市鎮。〔註8〕

荷蘭人抵達臺南時，當時的臺灣西南部爲成群羅列的洲潟海岸，後來漸漸淤積，成爲魚塭、陸地，安平也漸漸不具有港口貿易功能的優勢：

荷蘭人在 17 世紀抵達時，今臺灣的西南部仍爲成群羅列的洲潟海岸。進入清領時期，潟湖因曾文溪改道等因素而日漸淤積。原台江內海淤積後，最普遍的用途是闢爲魚塭。在日治時期時，抵達海濱的二鯤鯓砲臺（億載金城）尚需要竹筏。但台南市政府則於 1990 年代開發第五期重劃區，填平魚塭及遷移市政府至此後，目前已成

〔註6〕　〈南瀛早期的四種新移民〉，《認識南瀛別冊・台南縣國小五年級本土教材》，上網日期：20150702，網址：http://nbooks.tnc.edu.tw/3_1.htm。

〔註7〕　陸傳傑、曾樹銘：《航向臺灣　海洋臺灣舟船誌》，新北市：遠足文化事業股份有限公司，2013 年，頁 92。

〔註8〕　王信智：《日治時代安平港口機能的變遷》，國立台東大學社會科教學碩士班碩士論文，2006 年 8 月，頁 1。

> 一片市區至億載金城爲止。〔註9〕
> 安平於 17 世紀時,荷蘭人發現安平具備優良港口的條件,並將安平
> 港口建設爲貿易港口市鎮。明鄭時期與清領時期,安平仍爲台灣對
> 外貿易的重鎮,但因爲安平港口附近有多條溪流水系,河水沖刷大
> 量泥沙入海,並在出海口附近海岸與港口堆積,使得原本優良的港
> 口條件逐漸惡化,並影響安平港口貿易運輸功能。〔註10〕

臺南地區的發展,與海洋關係密切。古典詩人由大陸來臺灣,必定經歷一趟
前所未有的交通體驗,所以古典詩作中有關臺南地區的部分,港口地位尚未
被中、北部取代之前,海洋場域的部分必定難以被忽略。

第一節　明鄭時期

　　中國自古以農立國,對於海洋的書寫相當地陌生,然而明清時期,已進
入了海上私人貿易興起的時期。而明鄭時期以臺灣作爲反清復明的基地,海
洋更是西進時必須先克服的第一道難關,當時清朝政府對臺灣實施海禁政
策,鄭經即位後,努力發展對外貿易,使得安平對外貿易情況有所好轉:

> 西元 1662 年,鄭成功驅逐荷蘭人後,台灣正式進入明鄭時期。鄭成
> 功以台南爲其政治中心,積極進行台灣內部的開拓,此時安平港口
> 貿易因滿清政府實施海禁,以及鄭氏在大陸東南沿海的貿易基地全
> 失,而呈現嚴重衰退。直至鄭經繼位後,進行與東亞大陸間的走私
> 貿易,並與英國、日本及南洋各地貿易通商,安平的貿易情況才逐
> 漸好轉。〔註11〕

由此可知:明鄭時期,海洋是他們活動的主要區域。因此,即使《全臺詩》
中明鄭時期詩人不多,但是,他們對於海洋的書寫卻是相當可觀,其中以鄭
經的詩作以海洋爲場域的數量最多,茲分述之。

〔註9〕　〈看見台江──臺南市安南區公所全球資訊網〉,上網日期:20150526,網址:
　　　　www.annan.gov.tw/main.php?menu=river。
〔註10〕　王信智:《日治時代安平港口機能的變遷・摘要》,國立台東大學社會科教學
　　　　碩士班碩士論文,2006 年 8 月。
〔註11〕　王信智:《日治時代安平港口機能的變遷》,國立台東大學社會科教學碩士班
　　　　碩士論文,2006 年 8 月,頁 1。

一、盧若騰

　　盧若騰有〈哀溺海〉，表達臺灣海峽風浪可怕，溺死於此者甚多，作者甚感哀傷：

〈哀溺海〉

　　將士妻妾汎海遇風，不任眩嘔，自溺死者數人；作此哀之

　　少婦登舟去，風濤不可支。眩眸逢蜩蛸，豔質嫁蛟螭。盡室爲遷客，

　　招魂復望誰。化成精衛鳥，填海有餘悲。〔註12〕

此詩寫作背景應在於反對鄭成功取臺之時。因此詩中所書寫的海洋是可怕、奪走大批人性命的場所。詩中以將士妻妾爲書寫對象，因爲鄭成功將率軍東渡來臺，其中，必定經過海浪洶湧、海風強勁的海域，所以，在頭暈目眩、嘔吐不堪的情形下，許多士兵發生溺水死亡的事件。這些東渡來臺的士兵們，他們的家人幾乎都是客居他鄉，如此，又有誰能爲這些溺死的人招魂呢？而這些溺水而亡的士兵們，即使他們死後化成精衛鳥，他們的仍然是難填餘悲啊。

　　因爲盧若騰站在反對鄭氏取臺的立場，是以他的作品有數首都是描述反對東進之意，如〈殉衣篇〉、〈長蛇篇〉、〈東都行〉，大類如此。本詩敘寫的海洋場域當爲臺灣海峽。除了反對東進的立場外，當時臺灣海峽對他們而言，亦是陌生的場域，相當神秘難測。而海的另一端——臺灣島，在詩人的心中也是劃歸爲洪荒野蠻之區，所以在這首詩中所敘述的海域乃爲充滿狂風、巨浪、難以跨越甚至致命的可怕場景。

　　盧若騰又有〈石尤風〉，書寫著海風「石尤風」的可怕：

　　石尤風，吹捲海雲如轉蓬。連艘載米一萬石，巨浪打頭不得東。東

　　征將士饑欲死，西望糧船來不駛。再遭石尤阻幾程，索我枯魚之肆

　　矣。噫吁嚱，人生慘毒莫如饑。沿海生靈慘毒遍，今日也叫將士知。

　　〔註13〕

在《瑯嬛記》中有一則關於石尤風的記載：相傳有一位石氏女和其夫尤郎感情甚好，有一日尤郎遠行從商，其妻石氏勸阻不成。尤郎外出甚久未歸，石

〔註12〕盧若騰〈哀溺海〉，二四五　島噫詩／島噫詩／五言律／將士妻妾汎海遇風不任眩嘔自溺死者數人作此哀之，頁34。

〔註13〕盧若騰：〈石尤風〉，《島噫詩・島噫詩・五言律・將士妻妾汎海遇風不任眩嘔自溺死者數人作此哀之》，臺灣文獻叢刊，第二四五種，頁25。

氏思念甚深，重疾而長嘆：

> 吾恨不能阻其行，以至於此，今凡商旅遠行，吾當作大風爲天下婦
>
> 人阻之。〔註14〕

詩人以石尤風爲名，即指打頭逆風之意。開頭二句「石尤風，吹捲海雲如轉蓬」即書寫海上逆風相當強勁可怕，將海上的雲吹捲如隨風飄轉的蓬草，海雲猶如此，而人更是無法去面臨此自然界巨大的力量。「連艘載米一萬石，巨浪打頭不得東」，此句書寫因石尤風之故，海上巨浪洶湧，使得載糧食之船無法向東運送糧食。由此句說明了東征將士爲何飢欲死的原因。其詩中所書寫臺海的場域是如此險惡，表達了爲東征面臨此困難處境的莫可奈何，從「沿海生靈慘毒遍」之句，盧若騰間接地表達對東進臺灣政策的不贊同。

二、鄭經

龔師顯宗曾說鄭經是臺灣海洋文學的鼻祖。〔註15〕鄭經《東壁樓集》乃其自廈門退守臺灣十年間（1664～1674）的作品〔註16〕觀之，關於海洋之詩數量甚爲可觀，不愧爲臺灣海洋文學的鼻祖。其〈觀滄海〉一詩作於1664年經澎湖到臺灣穩定政權時：

> 蕩蕩臨滄海，洋洋喚碧波。日月若湧起，星辰盡滂沱。乘風飛巨浪，
>
> 聲如發怒訶。呼吸百川水，藏納不爲多。環轉連天地，華夷在盤渦。
>
> 大哉滄海水，萬里未盡邁。〔註17〕

面臨遼闊的大海，滿懷壯志的的鄭經，筆下呈現的也是浩浩蕩蕩的壯美場面。

〔註14〕（元）伊世珍：《瑯嬛記》卷中引江湖紀聞：「尤風者，傳聞爲石氏女，嫁爲尤郎婦，情好甚篤。爲商遠行，妻阻之，不從。尤出不歸，妻憶之病亡。臨亡長歎曰：「吾恨不能阻其行，以至於此。今凡有商旅遠行，吾當作大風，爲天下婦人阻之。」自後商旅發船值打逆風，則曰：「此石尤風也。」遂止不行。婦人以夫姓爲名，故曰「石尤」。由此觀之，古時仍有尤姓也。近有一榜人自言有奇術，恆曰：「人能與我百錢，吾能返此風。」人有與之，風果止。後人雲乃密書「我爲石娘喚尤郎歸也，須放我舟行」十四字，沉水中。」，上網日期：20141102，網址：https://zh.wikisource.org/zh-hant/%E7%91%AF%E5%AC%9B%E8%A8%98。

〔註15〕龔顯宗：《從臺灣到異域：文學研究論稿》，2008，頁4～5。

〔註16〕黃騰德：《鄭經詩歌研究──以《東壁樓集》爲探討重點》，臺灣師範大學碩士論文，2010年6月，頁1～2。

〔註17〕鄭經：〈觀滄海〉，《全臺詩──智慧型全臺詩知識庫》，上網日期：20141102，網址：http://xdcm.nmtl.gov.tw/twp/b/b02.htm。《東壁樓集》，泉州刻本。

乘風飛馳於巨浪之上，波濤怒吼之聲，亦可反映其叱咤風雲於政壇的雄心壯志。「呼吸百川水，藏納不爲多」，寫得是「海納百川」，亦可視爲胸懷天下之心。歌詠的主角是大海，反射的是作者對未來的遠大理想。

　　鄭經有〈東壁樓〉一詩，書寫東壁樓可見的景觀，其中有海景環繞：

　　　　高樓遠峙白雲邊，綠海環城動碧漣。孤渚彩霞生畫閣，一江明月度
　　　　漁船。朱簾斜捲盤波日，玉檻橫棲出岫煙。聽政餘閒覺寂寞，寄情
　　　　山水墨翰筵。〔註18〕

觀其詩中一、二句「高樓遠峙白雲邊，綠海環城動碧漣」，可知所居之處可說是四周環海，且樓層相當高聳，白雲繚繞其間。緊接著爲夕陽之景「孤渚彩霞生畫閣，一江明月度漁船」，眼前呈現爲孤渚，意謂東壁樓當在沙洲之上，以鄭經當時活動的地方來推斷，當爲臺江內海之區。「孤」字亦反映出作者內心的寂寞，眼前雖是畫閣的場景，卻因爲是日落彩霞於孤渚之時，呈現著作者內心的不安定感。黃昏之後，便是黑夜了，眼前所見之景爲明月於廣大的水面上照著點點燈火的漁舟，亦反應其內心之孤寂。接著二句之景「朱簾斜捲盤波日，玉檻橫棲出岫煙」當爲日出之時。視角爲樓閣之中，隔著朱簾看著水上日出，原爲旭日東升之景，卻非敍寫其光芒萬丈、氣勢如虹，反以朱簾斜捲阻隔視線，予人難以窺其全貌，加以岫煙的出現，更增添了朦朧之感。從日落、明月、盤日，間接書寫詩人不寐的夜，亦表達了其心中難以言喻的孤單之情。末二句「聽政餘閒覺寂寞，寄情山水墨翰筵」，直接敍寫了他的寂寞之感：在聽政餘閒之際，寄情於山水詩畫之中。

　　鄭經有〈東樓望〉，心中繫念，於其中可見：

　　　　東閣出水濱，騁望若無憑。環檻青山聳，大海雲氣蒸。風恬波不揚，
　　　　戲潮雙石鯪。遠岫何蔥翠，芳林曉煙凝。未報秋光轉，已見逐鳥鷹。
　　　　臨風動遠懷，擊楫念清澄。〔註19〕

首句「東閣出水濱，騁望若無憑」，寫出作者登高望遠，心有所思，從「騁望若無憑」推知可見眼前之景爲遼闊的大海，心境亦當開闊。「環檻青山聳，大海雲氣蒸」之句，點出其所在之東樓，當爲東壁樓，亦是青山聳翠，大海一望無際，雲氣蒸騰，是晴朗好天氣。「風恬波不揚，戲潮雙石鯪」，在晴朗的天氣下，海恬靜無甚波浪。時序尚未到達秋天，老鷹出來追逐鳥以覓食。「臨

〔註18〕鄭經：〈東壁樓〉，《全臺詩》，第 1 冊，頁 137。
〔註19〕鄭經：〈東樓望〉，《全臺詩》，第 1 冊，頁 73。

風動遠懷，擊楫念清澄」，此句直接點出其臨風遠懷所動者——在於「擊楫」之思。此處以祖逖北伐渡江之時，拍擊船槳，立誓收復河山的典故〔註20〕，表達自己心心所念即在於復國大業，海清河晏清澄之時。只是時勢所趨，使他憂思繚繞，詩中有強烈的孤寂之感。

鄭經詩中所呈現的海景，富有相當多樣面貌，〈春興〉所書寫即爲春天的海：

> 萬里雲煙合，輕絲細雨飄。芊芊河上草，裊裊新柳條。爭紅桃杏樹，
> 花葉盤枝嬌。百川奔綠海，清波出處遙。杳渺長天際，浮沉一漁舠。
> 日暮雲邊轉，欸欸不停橈。〔註21〕

「萬里雲煙合，輕絲細雨飄」書寫了遼闊的景象，搭配著輕絲細雨。「芊芊河上草，裊裊新柳條。爭紅桃杏樹，花葉盤枝嬌」則是呈現著春天芳草青青、綠柳婀娜，百花爭妍，顏色紛呈等充滿生命力的景象。「百川奔綠海，清波出處遙」之句，雖抒寫了百川奔騰入海的壯美場面，但仍然有著春天柔和翠綠的氣息。「杳渺長天際，浮沉一漁舠。日暮雲邊轉，欸欸不停橈」末句則以日暮作結，則詩人心緒亦有轉入蒼涼之感。

因爲臺灣特殊炎熱的氣候，時有乾旱之憂，鄭經有描述下雨中的海景之作：

喜雨

> 永日憂焚望雨時，海天風電乍紛披。雲霓交集碧空暗，民物遍沾膏
> 澤熙。鼓腹高吟多稼曲，揮琴載詠芄苗詩。喜深夢寐轉驚覺，惟願
> 年年勿失期。〔註22〕

在詩人擔憂乾旱釀災，而祈盼降雨之時，忽見「海天風電乍紛披」，遼闊的海面上風強勁的颶、閃電、霹靂紛亂地出現，相當具有視覺、聽覺上的震撼效果。「喜深夢寐轉驚覺」，在作者夜深夢寐，被如此驚人之勢驚起，看著如此聲光刺激的場面，卻是滿懷喜悅、並祈願年年雨都能不違農時，促使農民豐

〔註20〕《晉書·列傳第三十二，祖逖》：「帝乃以逖爲奮威將軍、豫州刺史，給千人
　　　　廩，布三千匹，不給鎧仗，使自招募。仍將本流徙部曲百餘家渡江，中流擊
　　　　楫而誓曰：「祖逖不能清中原而復濟者，有如大江！」辭色壯烈，眾皆慨歎。」，
　　　　上網日期：20141104，網址：http://ctext.org/wiki.pl?if=gb&chapter=413318&
　　　　searchu=%E7%A5%96%E9%80%96。
〔註21〕鄭經：〈春興〉，《全臺詩》，第 1 冊，頁 79。
〔註22〕鄭經：〈喜雨〉，《全臺詩》，第 1 冊，頁 135。

收。其仁民愛物之心，可見一斑。

　　鄭經〈雨〉書寫海上雨景及人民歡聲雷動的情景：

> 海氣合空際，飛雲乍觸石。電光忽閃爍，雷霆聲嚇嚇。煙霧席捲來，
> 皓日變無赤。烈風吹淅淅，驟雨飛入宅。溝壑水漫漫，盈流遍千陌。
> 歡呼聲載道，歌薰繞霄碧。〔註23〕

此詩中亦是呈現了波瀾壯闊、風起雲湧、閃電頻出、霹靂環起的震懾景象。
雲霧漫天襲捲而來，原先的皓日已無原本的赤紅之色。強風吹拂驟雨，宅中
亦有斜掃而入的暴雨。使得溝壑水滿、阡陌溢滿了水。如此強悍的景象，人
們的反應卻是歡聲載道、歡喜欲歌，可知乾旱已久，如此一場驟雨，恰恰是
上蒼的恩賜，因此人們皆歡聲雷動。如此震撼壯闊的場面，人們的反應卻是
如此的富有生命力。鄭經如實地呈現臺海的一大特色。

　　除了雨中的海之外，鄭經〈返照〉則是刻畫黃昏的海：

> 朝出山首東，暮歸海之西。碧波盤赤珠，晚霞傍日鑣。餘影映芳林，
> 鳥驚飛復棲。將落象天曉，誤唱司晨雞。〔註24〕

「朝出山首東，暮歸海之西」意指早晨出發至臺灣本島，黃昏時回到臺江內
海東壁樓上。「碧波盤赤珠，晚霞傍日鑣」之句書寫了黃昏之景，火紅色的落
日盪漾於碧波之中，在落日餘暉之中彩霞滿天。「餘影映芳林，鳥驚飛復棲」
書寫了在彩霞的光影之中，樹林不掩其秀美；鳥兒在驚飛之後都歸巢棲息了。
「將落象天曉，誤唱司晨雞」之句，書寫海中落日之景與天將亮之景過於相
似，致使公雞在誤以日落為日出，而開始報曉的有趣景象。

　　鄭經喜歡觀海，〈海望〉詩中亦有書寫海洋朝風起浪、夜潮怒號、天晴蜃
樓、霧中陰靄之景：

> 滄波一望接天窩，茫茫無隙漏纖毫。朝風疊起千層浪，潮聲夜靜如
> 怒號。包羅天地垣掖內，星月浮沉出波濤。天晴蜃樓常吐氣，霧中
> 陰靄翻山螯。萬斛海航隨波出，遠看猶如一鴻毛。欲窮四望無邊際，
> 平明霽色陟江皐。〔註25〕

因其觀海經驗豐富，是以海洋中各種千變萬化的面貌皆於其詩中呈現。「滄波
一望接天窩，茫茫無隙漏纖毫」之句，書寫海天一線之景，亦表現了眼前之

〔註23〕鄭經：〈雨〉，《全臺詩》，第1冊，頁75。
〔註24〕鄭經：〈返照〉，《全臺詩》，第1冊，頁76。
〔註25〕鄭經：〈海望〉，《全臺詩》第一冊，頁106。

景的遼闊無邊的特殊景觀。「朝風疊起千層浪」之句，敘寫了早上海風強勁吹疊起千層浪濤的壯觀之景。「潮聲夜靜如怒號」之句，表達了夜深人靜之時，耳邊迴響著潮聲澎湃如發怒號叫之聲。「包羅天地垣掀內，星月浮沉出波濤」前一句書寫了海天一色的景觀，海面的廣大遼闊彷彿在一個山水城中包羅一個廣大的天地，後一句表現了夜間星月倒映波濤於上下起伏之間。「天晴蜃樓常吐氣，霧中陰霾翻山鰲」，表達了天晴與陰霧中節海上奇景。天晴時，時常可見海市蜃樓之景；陰霧時可見霧氣由海上瀰漫翻躍於山林之間。「萬斛海航隨波出，遠看猶如一鴻毛」與海中形成廣大的天地相較，海上的船隻猶如鴻毛一樣微小。「欲窮四望無邊際，平明霽色陟江皋」，則是書寫詩人為了將海景盡收眼底，於天亮之際晴朗時分登上較高的丘陵來觀看海洋。

詩人又有海天一色景色書寫，如〈地盡天水合〉一詩所述：

> 水天旋轉山川鏤，星斗耀光如錦鋪。綠海迴環蒼昊接，黃河遠出碧
> 空徒。乾坤渺渺橫相麗，江漢洋洋渙不孤。盡裏華夷垣掀內，中原
> 只似一團壺。〔註26〕

極目遠望地盡天水合的海天一色之景，彷彿水與天上下顛倒，山川之影倒映於水面之上，予以人視覺上的錯覺，似乎山川鏤刻於水中。在繁星閃耀的海面上，更是如同一塊耀眼的錦緞鋪排著。「綠海迴環蒼昊接，黃河遠出碧空徒」二句海天的交接之處，可見綠海迴環與蒼天相接，而河流似乎自碧空中緩緩流出。「乾坤渺渺橫相麗，江漢洋洋渙不孤」二句寫天地間渺遠遼闊互相呈現水平面的麗色，在天水相合之際江、河、海和諧地呈現一個浩瀚汪洋之景。「盡裏華夷垣掀內，中原只似一團壺」之句則是化用了晉朝王嘉《拾遺記·高辛》中的典故，如下：

> 三壺，則海中三山也。一曰方壺，則方丈也；二曰蓬壺，則蓬萊也；
> 三曰瀛壺，則瀛洲也。形如壺器。

從臺海西望地盡天水之處，只覺遠望中原，只見天水的極盡之處，即是浩瀚之天水相合之景，它如同一海外仙山，形如壺器地包裹住天地。

在壯闊的場景下，通常會感受自身之渺小，有時亦會產生如此的想法：許多是非爭端本質上似乎並沒有太多意義，是否只是在作蝸角之爭？或許是因為如此，詩人有日暮時在舟中遠望而產生隱逸之心的書寫，如〈舟中〉所敘：

〔註26〕鄭經：〈地盡天水合〉，《全臺詩》，第1冊，頁134。

縹緲滄波駕扁舟，蒼濛水際與雲遊。群峰絕巘看多斷，遠渚長江望
欲浮。樹裡人家煙宿靄，海中波浪水長悠。天晴處處殘霞浦，日落
萋萋芳草洲。兩岸明沙棲白鷺，一江碧浸沒玄鷗。乘風漁艇無邊出，
依岫暮雲何處求。朝出煙霞堪作侶，夜歸風月可相酬。時來隱臥千
尋壁，閒去逍遙百丈湫。獨坐船中獵景色，頻居水上領清幽。朱門
富貴休稱羨，莫若投簪漱素流。〔註27〕

此詩當是作者於臺江內海中行舟所見，或為其「聽政餘閒覺寂寞」，遂泛舟入
海，以遣散心期之作。「縹緲滄波駕扁舟，蒼濛水際與雲遊」二句書寫在縹緲
的大海滄波之間駕著一艘小船，在一片蒼茫的水際間與雲共同遨遊。「群峰絕
巘看多斷，遠渚長江望欲浮」之句，書寫在舟中望向臺島陸地，可見那高聳
的群峰絕巘有多處斷裂、更顯崢嶸，遠處沙洲在臺江內海中似乎將飄浮起來。
「樹裡人家煙宿靄，海中波浪水長悠」之句，述說在舟中遠望臺島陸地時，
所見的樹裡人家的炊煙與暮靄互相交融的景象，望海中看時，則是日暮時分，
水面波浪悠緩起伏的場面。「天晴處處殘霞浦，日落萋萋芳草洲」之句，書寫
天晴日落的沙州景象，即是日落殘霞照著芳草萋萋的沙洲，瀰漫著落日迷離
殘缺之美。「兩岸明沙棲白鷺，一江碧浸沒玄鷗」二句書寫臺江內海兩岸的沙
洲中的生物活動為白鷺與玄鷗，詩句至此，已有強烈的隱逸之心，因為詩人
目前身邊所伴者就只有無機心的白鷺與鷗鳥。「乘風漁艇無邊出，依岫暮雲何
處求。朝出煙霞堪作侶，夜歸風月可相酬」順著風的漁舟在廣大而無邊際的
大海中航行，何處可以追尋到依傍著山峰的晚霞呢？在如此美景中徜徉，早
上有煙、霞有情地相伴，夜時有風、月與我相酬答。「時來隱臥千尋壁，閒去
逍遙百丈湫」，在如此的嘉景之下，我當然時來隱臥千尋之壁，閒遐之時到一
片汪洋的大海去逍遙。「獨坐船中獵景色，頻居水上領清幽」，而獨坐船中的
詩人獵取景色、領略清幽之後，更是徜徉其中，樂此不疲。最後更是直接地
書寫「朱門富貴休稱羨，莫若投簪漱素流」，表達不如歸隱的心意。

詩人雖在政治上有其抱負理想，然而其孤獨寂寞的心緒亦時時於其詩中
可見。所以在其聽政餘閒覺寂寞之時，遠眺大海，雖是遼闊之景，卻時含蒼
涼之感。鄭經海洋詩中的場景，有關日暮、夜間的書寫，著墨甚多，昭示著
詩人憂思不寐，其中難掩消頹之感，正為詩人心中憂思的直接呈現，此或可
作為其壽不永的原因之一。

〔註27〕鄭經：〈舟中〉，《全臺詩》第一冊，頁160。

鄭經又有〈獨見海中月〉之作，亦爲黑夜之景：

> 近水高樓半接天，晚清明月掛樓前。清輝出沒無窮際，遠影浮沉莫測邊。大海煙波成渺渺，孤輪雲漢自娟娟。憑欄獨覽多思想，聊酌數杯枕麴眠。〔註28〕

「近水高樓半接天，晚清明月掛樓前」，當爲東壁樓夜間場景。一輪明月高掛樓前，照著未眠的詩人。「清輝出沒無窮際，遠影浮沉莫測邊」，月亮所活動的場域在無邊無際的海上，遠處的月影在遼闊無法測量的波濤之間浮浮沉沉。「大海煙波成渺渺，孤輪雲漢自娟娟」之句書寫著大海上煙波渺遠無際，一輪明月孤單地高掛在天空中。「憑欄獨覽多思想，聊酌數杯枕麴眠」之句，書寫了作者夜裡孤獨地憑欄望月，內心有諸多心緒，只能喝數杯酒，以伴自己入眠。月，在古典詩裡有許多的象徵，曹操《短歌行》：「明明如月，何時可掇？」明月喻指賢才，曹操在此亦表達了渴求賢才的憂思。而鄭經的憂思爲何？從他的東樓望遠的「擊楫念清澄」到黑夜中遙望著海上一輪明月，其家國之思必然深入骨髓，不可或忘。其內心之憂如此之深，是以亦唯有杜康，或可稍解其憂，伴其入眠。

海上之月爲鄭經所書寫的對象的詩，有〈海靜月色眞〉二首：

其一

> 霧斂風恬月露形，環江浪靜列晶屏。清波遠際傳書鯉，魄桂懸空掩爝螢。綠海沙中栖雁足，碧霄雲裡影霜翎。縱觀景色幽無盡，不覺孤輪午夜停。〔註29〕

此爲書寫海上靜月之景。「霧斂風恬月露形，環江浪靜列晶屏」，首聯從霧收風息，月兒顯現身影，再書寫著臺江四周風平浪靜，波濤如鏡倒映著星月交輝的的光景。「清波遠際傳書鯉，魄桂懸空掩爝螢」二句書寫遙遠的波濤正傳遞著來自遠方的訊息，在這遼闊的海面上懸掛著一輪明月，皎潔的月光使得螢火蟲的光芒難以被看出。「綠海沙中栖雁足，碧霄雲裡影霜翎」之句，點出時序已是秋季，是以雁鳥在綠海沙灘中留下足跡，在高空中亦有其飛過的影子。「縱觀景色幽無盡，不覺孤輪午夜停」末聯指出作者於此特殊的環境中，啓發了無盡的幽微之思，不知不覺中，已至午夜時分了。

〔註28〕鄭經：〈獨見海中月〉，《全臺詩》，第1冊，頁142。
〔註29〕鄭經：〈海靜月色眞〉，《全臺詩》，第1冊，頁135～136。

其二

　　滿江巨浪息無形，映海太陰環玉屏。兩岸漁舟如落鷺，一天星斗若
　　飛螢。清輝潮影動龍甲，耀彩露光渾鶴翎。萬里雲收波上月，碧波
　　明月共流停。〔註30〕

首聯「滿江巨浪息無形，映海太陰環玉屏」亦為海上靜月之景，曾為滿江滔
天巨浪的臺江海域，現在是風波已平息無形，眼前所呈現的是一輪明月高掛
天空，與倒映之月，相互輝映。此時兩岸的漁船如落鷺一般棲息於沙洲之上，
滿天的星斗如同飛動的螢火蟲，閃耀著光輝。在如此星月交輝的夜裡，波浪
中閃爍的光輝，如同水中蛟龍舞動，龍甲閃爍光芒；也像白鶴顯露其閃耀的
白翎。在萬里遼闊的海面上，沒有任何雲影，只有一輪明月於高空中閃耀；
碧綠的海面靜止如鏡，彷彿明月與海共同靜止於這一刻。

　　此二首將靜夜海上之景書寫的如在目前，猶如現今短片的手法，呈現出
一個具有空寂之意的海上明月，波光粼粼。若非真的熟悉海洋、喜愛海洋，
斷然無法呈現。而此一景象相當幽靜，亦反射出作者心中幽靜、難以被人理
解的一面。

　　鄭經亦有在夜中獨閒步，眺遠望海之作，亦呈現其孤月當空之景，如
〈夜〉：

　　夜天高無雲，四郊如日曒。風清帶微涼，月出東方窈。閒步山坡上，
　　極目任遠眺。蜃氣憑海起，水煙水際遠。群星列燦爛，孤月獨皎皎。
　　一輪中空懸，遍照乾坤表。〔註31〕

在晴朗的月夜，四郊如日光明亮之時，詩人鄭經閒步山坡上，極目遠眺，所
望之海，有著海上蜃氣之幻景，其中水上煙霧繚繞，如此景色，應別有一番
虛幻之境，然而詩人視之平淡，並無多餘著墨，顯示其對於海上奇景已是相
當熟悉。接下來他所書寫的部分，依然在其所著重之「孤月當空」之景，在
群星羅列著星空的燦爛時，「孤月獨皎皎」之句，依然呈現著月亮孤獨朗照，
並且由它空中懸掛，負責遍照乾坤。筆者以為此時詩中所書寫的明月猶如鄭
經自身的寫照。雖有眾多臣子相助，依然感受孤獨朗照的責任，其心中壓力，
亦可側見。

　　有時，鄭經深夜未眠，一人獨坐，度過漫漫長夜，在樓閣之中，極目遠

〔註30〕鄭經：〈海靜月色真〉，《全臺詩》，第1冊，頁135～136。
〔註31〕鄭經：〈夜〉，《全臺詩》，第1冊，頁74。

望，別有一番寂寥之感，如〈暗飛螢自照〉：

> 秋深獨坐度清宵，乍雨乍晴風動搖。夜靜飛星四野爛，更闌流火一
> 江昭。輝輝微影盈荒岸，點點餘光射晚潮。海溟迢迢幽靡際，碧空
> 景色自參寥。〔註32〕

秋天將盡之時，獨自一人深夜不寐，坐度清冷之夜，已令人備感孤獨。加以
氣候不穩，乍雨乍晴，風吹不停，更加撩人心絃。靜夜裡，螢火蟲四處飛舞，
在臺江岸邊猶如流火。螢火蟲之光必須在無光的環境裡，才能顯示其明亮。
從「四野爛」及「一江昭」，可以推知詩人所居處之夜相當暗黑。如此的熒光
盈滿了荒涼的岸邊，也映照了晚上的潮水。在如此黑暗未眠的海景，雖有螢
火，然而「海溟迢迢」，帶給作者乃是幽深無邊的景象，書寫的自然是作者深
夜寂寥無邊之感。

　　除了漫漫長夜之外，作者亦有海上日出之景，由其中的場景的書寫，也
可觀其較為積極的那一面，如〈紅見海東雲〉：

> 月落天將曉，蕭索動秋晨。微光連靉靆，彩霞遍九濱。輕煙逐風捲，
> 宿霧繞蒼旻。影動龍蛇舞，爛漫若披麟。滄波出處所，白雲隱紅輪。
> 〔註33〕

月兒西落，在蕭索的秋天中，詩人迎接早晨的到來。海上可見日出，推知其
所處乃在臺江內海中。在雲多而昏暗的場景中，透出一派微光，此時朝霞已
遍滿九濱之中。海面上風捲著輕煙，朝霧瀰漫著整個天空。在海中，猶如有
龍蛇飛舞，致使波瀾動搖。海面上，波光粼粼，爛漫整個水域。就在大海波
濤動搖之間，白雲間隱隱地出現了一個紅輪，宣示著一天的到來。

　　詩中以海上日出為書寫對象，以一幕幕的畫面紀錄著日出的每一個不同
的場景，猶如一場紀錄片。而由紅輪出現的場景，亦昭示對希望的到來。在
此刻的鄭經，面對生活是充滿朝氣與希望。由眾多海洋詩中的書寫，可見鄭
經內心擁有許多不同的面貌。

第二節　清領時期

　　臺灣四面環海，自古至日治時期，對外的交通就是以航運為主。沿續著

〔註32〕鄭經：〈暗飛螢自照〉，《全臺詩》，第 1 冊，頁 137。
〔註33〕鄭經：〈紅見海東雲〉，《全臺詩》，第 1 冊，頁 83。

明鄭時期，清朝統治臺灣時，臺灣與大陸的航線就是鹿耳門及安平到廈門為最早的航線。其中必須經過臺江內海及黑水溝，這二個地方，是當時海上交通時，公認的凶險之處。《重修臺灣縣志》提及，臺廈之間的往來稱為「橫洋」，如下：

> 臺海潮流，止分南北。臺廈往來，橫流而渡，號曰「橫洋」。自臺抵
> 澎為小洋，自澎抵廈為大洋，故亦稱「重洋」。〔註34〕

「自臺抵澎為小洋，自澎抵廈為大洋，故亦稱『重洋』」，對宦遊詩人而言，他們就是歷經了遠渡重洋的關卡，才能來到臺灣。《臺灣志略》中記載由鹿耳門出發到廈門會經過的海域：

> 鹿耳門外，初出洋時水色皆白。東顧臺山，煙雲竹樹，疊翠浮藍，
> 自南抵北，羅列一片，絕似屏障畫圖。已而漸遠，水色變為淡藍，
> 臺山猶隱現於海面。旋見水色皆黑，則小洋之黑水溝也。過溝，黑
> 水轉淡，繼而深碧，澎湖諸島在指顧間矣。自澎湖放洋，近處水皆
> 碧色，漸遠則或蒼或赤，蒼者若靛綠，赤者若臙紅。再過，深黑如
> 墨，即大洋之黑水溝，橫流迅駛，乃渡臺最險處。既過，水色依然
> 蒼赤。有純赤處，是名紅水溝，不甚險。比見水皆碧色，則青水洋
> 也。頃刻上白水，而內地兩太武山屹然挺出於鷁首矣（南風時，駕
> 駛近南，先見鎮海之南太武；北風時，駕駛近北，先見金門之北太
> 武）。〔註35〕

由鹿耳門出發，此時海水皆為白色。不久離臺漸遠，水色漸轉為淡藍色，很快地轉為黑色，此為小洋的黑水溝。過了黑水溝，顏色轉淡後，又轉為深綠色，此時就到達澎湖了。之後再從澎湖出發，水為碧綠色，漸漸地，就雜有其他顏色，有時蒼綠，有時靛綠，有時紅。之後，就是大洋的黑水溝，海水深黑如墨，是渡臺最危險的地方。過了這裡，就是紅水溝，最後是青水洋、上白水，金門就不遠了。

清領初期時來臺的黃叔璥就有敘述臺灣府外的航線固若金湯之語：

> 臺郡無形勝可據，四圍皆海，水底鐵板沙線，橫空布列，無異金湯。
> 鹿耳門港路紆迴，舟觸沙線立碎。南礁樹白旗，北礁樹黑旗，名曰

〔註34〕王必昌：《重修臺灣縣志‧山水志‧海道》，臺灣文獻叢刊，第一一三種，卷二，頁52。

〔註35〕李元春：《臺灣志略‧地志》，臺灣文獻叢刊，第一八種，卷一，頁15～16。

> 盪纓，亦曰標子，以便出入。潮長水深丈四、五尺，潮退不及一丈，
>
> 入門必懸起後舵乃進。〔註36〕

臺灣府四周環海，水底有鐵板沙線，到處羅布，固若金湯。鹿耳門的港路迂迴，船只要一不小心，觸碰到鐵板沙線，就立刻破碎。因此必須標記，樹立旗子，稱爲盪纓。這一條是進入清領初期進入臺灣的重要海路。

到了清領末期的《臺游日記》中，其來臺的航線，就不是從鹿耳門、安平入臺，而是從臺北的淡水：

> 二十一日，晨起，約南陔、士澣同　小輪舟入郡。滬尾至郡郭三十
>
> 里，往來有小輪舟，人索錢五十，行李以石計，數如之。〔註37〕

從航運的地位的改變，可知到清領末期，北部的開發已較南部迅速。臺南地區的港口功能不如以往。而《臺游日記》的記載中，亦可以知道臺灣南北的來往，亦是以輪船爲交通工具：

> 略一涉歷，復登輪舶，憑闌側顧，山勢邐迤，如屏如幢，艸蕪蒙密，
>
> 不見山骨。……二十四日，□日。炎方氣候迥殊，易綿而裌，汗仍
>
> 浹背。日晡，抵臺南四草湖泊焉。〔註38〕

唐贊袞有〈甲午（1894）除日余游臺北乘飛捷輪艘開赴臺南夜行海中機房大火幾罹於厄幸蒙天佑轉危爲安因紀以詩〉：

> 捧檄駕飛輪，豈爲鈞鼇客；陡驚狂飆翻（時風甚厲），翕赫海波赤。
>
> 須臾烈燄起，旋轉若電激；既虞焚其身，尤慮胥及溺。死將瀕於九，
>
> 生詎贖以百。人聲喧轟來，束手苦無策；鳴鉦申號令，運水復絡繹。
>
> 幸而風漸微，火亦勢將抑；如脫秦、楚圍，如釋陳、蔡厄。如香可
>
> 返魂，如蟾載生魄。萬口齊籲天，舉手慶加額；免爲捉月人，騎鯨
>
> 尋李白。〔註39〕

從詩題的論述可知詩人當時乘坐輪船時間爲 1894 年，爲甲午戰爭之前往來臺

〔註36〕黃叔璥：《臺海使槎錄・赤崁筆談・形勢》，臺灣文獻叢刊，第四種，卷一，
　　　　頁 6。

〔註37〕蔣師轍：《臺游日記・臺游日記卷一・光緒十八年三月》，臺灣文獻叢刊，第
　　　　六種，頁 12～15。

〔註38〕蔣師轍：《臺游日記・臺游日記卷一・光緒十八年三月》，臺灣文獻叢刊，第
　　　　六種，頁 12～15。

〔註39〕唐贊袞：〈甲午除日，余游臺北，乘「飛捷」輪艘開赴臺南；夜行海中，機房
　　　　大火，幾罹於厄。幸蒙天佑，轉危爲安；因紀以詩〉，《臺灣關係文獻集零・
　　　　十六　臺陽集・詠電氣鐙》，臺灣文獻叢刊，第三〇九種，頁 170。

北與臺南的書寫。其所乘坐的輪船爲飛捷輪船，航程爲臺灣海峽中臺北到臺
南的航線。因爲在航程中輪船機房發生大火，相當危險，因此，他以詩歌將
此段航程的紀錄下來。

一、黑水溝

李元春在《臺灣志略》中論及黑水溝可分爲大洋和小洋：

> 黑水溝爲澎、廈分界處，廣約六七十里，險冠諸海。其深無底，水
> 黑如墨，湍激悍怒，勢又稍窪。舟利乘風疾行，亂流而渡，遲則波
> 濤衝擊，易致針路差失（按黑水溝有二：其在澎湖之西者，廣可八
> 十餘里，爲澎、廈分界處，水黑如墨，名曰大洋；其在澎湖之東者，
> 廣亦八十餘里，則爲臺、澎分界處，名曰小洋。小洋水比大洋更黑，
> 其深無底。大洋風靜時，尚可寄椗，小洋則不可寄椗，其險過於大
> 洋；此前輩諸書紀載所未及辨也）。〔註40〕

大洋在廈門到澎湖之間，小洋在澎湖到臺灣之間。黑水溝相當凶險，李元春
特別指出小洋的黑水溝較大洋的凶險。

郁永河於 1697 年到臺灣採硫磺，有〈渡黑水溝〉之作：

> 浩蕩孤帆入杳冥，碧空無際漾浮萍；風翻駭浪千山白，水接遙天一
> 線青；回首中原飛野馬，揚舲萬里指晨星；扶搖乍徙非難事，莫訝
> 莊生語不經。〔註41〕

在浩蕩的海域中，自己所搭乘的船更顯孤單的進入一片蒼茫之中。眼前所見
的只是無邊無際的場景。在這樣的航程裡，想起莊子的摶扶搖之語，就相當
肯定他的言論是有可信之處的。

孫元衡在 1705 年來臺，亦有〈黑水溝〉：

> 大海洪波，止分順逆。凡往異域，順勢而行。惟臺與廈藏岸七百里，
> 號曰橫洋。中有黑水溝，色如墨，曰墨洋；驚濤鼎沸，險冠諸海。
> 或言順流而東，則爲弱水。昔有閩船，飄至弱水之東，閱十二年始
> 得還中土。
>
> 氣勢不容陳茂罵，犇騰難著謝安吟。十洲遍歷橫洋險，百谷同歸弱
> 水沉。黔浪隱檣天在白，神光湧櫂日當心。方知渾沌無終極，不省

〔註40〕李元春：《臺灣志略·地志》，臺灣文獻叢刊，第一八種，卷一，頁 16。
〔註41〕郁永河：《裨海紀遊》，臺灣文獻叢刊，第四四種，卷上，頁 6。

人間變古今。〔註42〕

黑水溝的氣勢，連東漢時陳茂的叫罵聲都沒辦法令他緩和下來，就連以鎮定著稱的謝安，也難以強自鎮定。在這海域十洲之中當以此橫洋是最驚險的海域，這裡也有號稱為百谷同歸的弱水。在此處浪濤洶湧，猶如天翻地覆一般，在海面上彷彿有太陽在其中的神光閃耀著。詩人經歷過如此的航程，而有了新的體悟：天地宇宙是如此的無窮無盡，而人是如此的渺小、卑微。

吳廷華（？～？），雍正3年（1725）任福建海防同治，嘗奉檄查臺灣倉庫，並協同諸羅縣平亂。有詩作〈渡臺灣〉其中有提到黑水溝：

其一

君問臺灣路，滄溟地欲浮。十更約千里（海舟以更計里，更約七十
餘里。），八宇只孤舟。旁瞷金門島，橫衝黑水溝。相傳舊疆域，隋
號小琉球。〔註43〕

吳廷華此詩中敘述了廈門到臺灣的航程約有十更。而在《續修臺灣縣志》中亦有計程的記載：

海洋行舟以磁為漏筒，如酒壺狀，中實細沙懸之。沙從筒眼滲出，
復以一筒承之。上筒沙盡，下筒沙滿更換，是為一更。每一日夜共
十更。每更舟行可四十餘里；而風潮有順逆，駕駛有遲速。以一人
取木片，赴船首投海中，即從船首疾行至船尾，木片與人行齊至為
準；或人行先木片至，則為不上更；或木片先人行至，則為過更，
計所差之尺寸，酌更數之多寡，便知所行遠近。〔註44〕

海洋行舟以類酒壺狀的漏筒來計算，上筒沙子漏盡，下筒沙滿更換，是為一更。每更船行約40里。所以依此而論，臺、廈之間約400里左右。

謝家樹（？～？），乾隆17年（1752）三月由建寧教授調任臺灣府儒學教授，後以父憂去。乾隆27年（1761）兼攝臺灣府儒學訓導。亦有〈黑水溝〉：

由來黑水出梁州，大海無端劃此溝。可是三危分舊派，胡為一道獨
中流。巨鼇折足元黃混，角燕揚鰓日月幽。萬斛塵心都蕩盡，蓬萊

〔註42〕孫元衡：《赤崁集・乙酉》，臺灣文獻叢刊，第一〇種，卷一，頁5～6。
〔註43〕吳廷華：〈渡臺灣〉，《臺灣詩鈔・吳廷華・渡臺灣》，臺灣文獻叢刊，第二八
　　　　〇種，頁32～33。
〔註44〕謝金鑾、鄭兼才：《續修臺灣縣志・地志・海道》，臺灣文獻叢刊，第一四〇
　　　　種，卷一，頁28。

　　咫尺浪颼颼。〔註45〕

在這無垠的大海裡出現了如此危險的黑水溝，使得詩人在海濤洶湧，晃得昏天黑地的時候，所有的塵俗之思全都散盡，腦中所存只剩餘眼前的浪濤了。

　　朱仕玠（1712～？）於乾隆 28 年（1763）任鳳山縣教諭，有〈由黑水溝夜泛小洋〉：

> 舟過黑水溝，舵工顏如墨。畏驚驪龍睡，檣艣快掀擊。回瞻黑奔渾，
> 弱膽尚餘惕。行舸颯飄颻，颶張迅弩激。便堪瀛壺遊，卻恐銀潢逼。
> 夜久風更怒，崩濤恣湔濩。何得萬鼓角，號呶闟深黑。蒼茫神鬼集，
> 哀傷天地窄。始知潛鱗介，喚喁伸膈臆。茲行固留滯，肝腸已結塞。
> 宵征太蒼黃，履險更迷適。誰能鞭羲車，光展陽烏翼。〔註46〕

在夜晚渡過黑水溝的經歷，使作者餘悸猶存。黑色如墨的海域，風濤巨大，在如此猛烈浪濤的襲擊下，作者內心不禁祈禱天快快亮起。

　　胡健（？～？）在乾隆三 31 年（1766）任澎湖通判，政績尤多。乾隆 35 五年（1770）補鹿港同知，在臺創立澎瀛書院，為澎湖諸生赴試寓所，士民為之立祀於文石書院。乾隆 37 年（1774）陞臺灣北路理番同知。有〈渡海紀行〉詩，提及黑水溝：

> 時維二月中和節，天氣晴明浪澄徹。鷲門待濟匝月餘，一朝理楫心
> 怡悅。鳴鑼擊鼓舟師迎，拔碇許許歡同聲。抓桅整繚候風信，四面
> 飄飄揚旗旌。港繞山迴指大燈，兩峰對峙如門徑。絮絮鐘磬出雲端，
> 共言此地頗幽勝。探奇未暇躡屐登，訂遊約爽虎溪僧（虎溪僧曾約
> 余舟過，遊大燈山。）。好山看遍且觀海，眼界開豁心神凝。停橈忽
> 向寮羅（地名）掉，呀呻無風亦簸灕。更兼海氣湧臊腥，重暈頭眩
> 輕也備。守風七日藉風便，倏忽千里茫無邊。島嶼青青四山失，只
> 見上天下水相膠連。渾淪囊括地軸逸，洗濯星辰浴日月。有如混沌
> 未分之兩儀，朔南何方東西暆。餘皇巨艦輕於毛，一葉泛泛隨波濤。
> 後船瞥見前船底，彷彿露出鯤魚尻。形形色色見未見，灼灼爍爍閃
> 流電。似熒非熒燐非燐，云乃鹹氣浮光夜炫煽。認副駕（渡洋官船
> 為正駕，餘船為副駕。），招鄰舟，火號高燒明星流。天雞未鳴天已

〔註45〕謝金鑾：〈黑水溝〉，《重修臺灣縣志‧山水志‧海道‧教授謝家樹詩》，臺灣文獻叢刊，第一一三種，卷二，頁 56。

〔註46〕朱仕玠：《小琉球漫誌‧泛海紀程》，臺灣文獻叢刊，第三種，卷一，頁 12。

白，茫茫飛渡黑水溝（海中有黑水如溝）。黑水之溝黑逾墨，蛟鯨宮
闕龍伯國。任爾銅船鐵梢公，每每過之生喘息。我曾泛歷江與湖，
自謂大觀難爲徒。睹此爽然翻自失，川淳瀆渚等盃盂。浩浩落落有
如此，一腔豪氣何時已。酒酣夜半擊楫歌，刮起黃頭盡傾耳。最憐
徐福三千人，昔年過此曾問津。求仙採藥那可得，至今漆齒作文身。
八十年前驅鱷戰（謂平鄭逆也。），兇人革心先革面。九州之外又九
州，盡入版圖要荒甸。置官命吏滄溟東，捧檄萬里乘長風。坎險如
夷履平地，丈夫如此亦豪雄。〔註47〕

作者紀錄由廈門到鹿耳門的海域，其中提及黑水溝中的海色比墨還黑，是水
中各路神仙的居處，所以再資深的航海人員，每次經過這裡時，都會相當地
小心謹慎，經過之後，都會大大的喘息。可見其艱險難以形容。

　　林樹梅（？～？）道光6年（1826），又隨其父來臺駐西螺堡，調署澎湖
左營遊擊。其〈渡臺紀事〉：

我家嶼金門，太武山巉嶤。對峙曰臺灣，昔號鯨鯢穴。我父將水師，
奉檄靖餘孽。（嘉慶十年（1805），蔡逆入臺，家君合大軍擊破之。）
嗟我生也晚，未隨觀溟渤。十三遊東甌，十五客南粵。便欲乘長風，
一訪神仙窟。適值戍臺兵，肆攘警報發。我父仍奉命，權署安平缺。
維時秋八月，治裝戒士卒。疾馳六百里，過門不肯歇。（泊舟金門後
浦港，守風請家君登岸，不許。）拔碇出料羅，（港名，在金門東。）
浪湧長空沒。戰艦輕如梭，隨波爲凹凸。漸至黑水溝，鬼哭陰雲結。
大魚能吞舟，腹有死人骨。水立龍尾垂，掀簸舟屢蹶。夜聞人語喧，
云是補艙裂。亞班登桅巔，整帆虞風折。（亞班，海舟理帆繩者。）
倏忽鹿耳門，指點旌旗掣。官弁紛來迎，鳴鉦撐竹筏。轉思風不息，
落漈命當絕。出險如再生，驚定翻愉悦。軍靜民久安，寒暑今再閱。
平生誇壯遊，夢寐猶恍惚。何當更東行，使我壯心切。〔註48〕

林樹梅在嘉慶年間隨著父親前往安平，路經黑水溝時，有鬼哭神嚎陰雲集結
之景，令人不禁膽寒不已。此處有吞舟的大魚，在波濤的波動之間，船隻幾

〔註47〕胡建偉：〈渡海紀行〉，《澎湖紀略藝文紀・詩・渡海紀行・胡建偉》，臺灣文
　　　　獻叢刊，第一〇九種，卷之十二，頁273～274。

〔註48〕林樹梅：〈渡臺紀事〉，《全臺詩——智慧型全臺詩知識庫》，上網日期：
　　　　20141102，網址：http://xdcm.nmtl.gov.tw/twp/b/b02.htm。此詩收於《歗雲詩鈔》。

欲翻覆，最後在驚濤駭浪之中，詩人終於到達了鹿耳門。結束了令他驚心動
魄的航程。

周凱（？～1837），道光 13 年（1833）署分巡臺灣兵備道，其〈十八日
抵澎湖潮退風作不能進口收泊嵵裏〉：

> 夜渡黑水溝，（即黑水洋，其水獨窪，故又稱溝。）朝見澎湖山。小
> 奚先拍手，喜得履人寰。忽地東風狂似虎，竹篙灣前難轉彎。我帆
> 力與風力持，自辰及午力漸屛。欲進不能退不可，裏頭弟兄汗潸潸。
> 舵公無計問斗手，（斗手能至桅頂望風色。）出海失聲呼亞班。西嶼
> 吼門不可到，山寮花嶼胡能灣。（泊船一稱灣船。）桶盤頭，風櫃尾，
> （澳名。）石齒巉巉如豺豻。四角仔，八掛水，（澎湖潮水四流，名
> 八掛水。）濤頭簇簇如刀鐶。惟有嵵裏差可泊，對面虎井尤兇頑。
> 去冬臺灣陳大令，身落水櫃浮潺湲。（嵵裏即陳杰峰同年失事處，坐
> 冰櫃中得救。）其下須防举硞石，齧繩斷椗藏陰姦。倉黃議論卒無
> 定，舵工轉柁如轉環。賴有偏裨號黃九，力持大議帆重扳。（水師外
> 委黃金創議將帆扳高數尺。）飛廉稍怯我船入，隱然茅茨見閭閻。
> 須臾下椗風亦殺，人鬼相懸呼吸間。時也余獨腔中惡，告天無罪憐
> 痌瘝。邪許聲息心顫定，迴顧僕從顏非顏。不然一帆出外塹，（地名）
> 中落潀水無時還。〔註49〕

此詩書寫在大洋的黑水溝之處，因為潮退及風作而不能進入澎湖，並因此而
遭遇險境。如此的經歷讓作者不禁駭然，而詩以志之。

烏竹芳（？～？）清道光 5 年（1825）署噶瑪蘭通判，道光 10 年（1830）
又署澎湖通判。有〈過黑水溝〉：

> 巨津一望渺無邊，黑水翻騰在眼前。日月有光波黯黯，星辰無色水
> 涓涓。幾疑蛟室成煤窟，誤認龍宮洗硯田。墨瀋潑來千萬頃，何從
> 辨得蔚藍天。〔註50〕

烏竹芳此詩書寫了黑水溝海域的詭譎，在千頃黑如墨的海水中，日月有光，
但波濤沉沉，星辰亦無映光，整個相當令人不安。

〔註49〕 周凱：〈十八日抵澎湖潮退風作不能進口收泊嵵裏〉，《澎湖續編·卷下·藝文
　　　　紀·詩·十八日抵澎湖，潮退風作，不能進口，收泊兜裏》，臺灣文獻叢刊，
　　　　第一一五種，卷下，頁 123～124。
〔註50〕 烏竹芳：〈過黑水溝〉，《澎湖續編·藝文紀·詩·過黑水溝》，臺灣文獻叢刊，
　　　　第一一五種，卷下，頁 118。

丘逢甲在〈臺灣竹枝詞〉中，亦有提及黑水溝：

> 黑海驚濤大小洋，草雞親手闢洪荒。一重苦霧一重瘴，人在腥風蜃
> 雨中。〔註51〕

丘逢甲藉由此詩，稱揚鄭成功在歷經黑濤洶湧、異常艱險的大小洋後，親手
開闢了臺灣，面對了瘴癘之氣及各種艱險，其辛勞，其氣魄，都是令人相當
感佩。

同治年間刊行的《東瀛識略》中，已經記載著有自蚶江到鹿港或由五虎
門到滬尾、雞籠的航線，都不會經過黑水溝：

> 澎湖以西百餘里為黑水洋，寬約百里，水黑如墨，雖風平日麗而天
> 容黯淡，帆檣俱震，為廈門東渡最險處；其長不知幾何？如由蚶江
> 渡至鹿仔港或由滬尾、雞籠西渡五虎門，均不經黑水洋。〔註52〕

因此，在清領後期，由蚶江或五虎門到鹿港、雞籠、淡水者，不經過黑水溝
之後，關於黑水溝的詩作，已大幅減少。

二、臺江內海

17世紀臺江內海範圍包括七鯤鯓島、北線尾島、加老灣島所包圍的水域，
相當適合船隻停泊：

> 17世紀時，安平與二至七鯤鯓列島、北線尾島、加老灣島所包圍之
> 水域名為「台江內海」。荷蘭人為擴張貿易範圍，派人來臺勘查地形，
> 認為一鯤鯓島（安平）及台江內海的港灣條件適合停泊船隻，進行
> 貿易活動。〔註53〕

當時，臺江內海長度約數十公里，其中最大島嶼為大員，因為淤塞，現今的
遺跡為四草湖及鯤鯓湖：

> 本區古為台江內海，台江內海為17世紀台灣南部的一座大潟湖，簡
> 稱台江。此湖位於台南海岸邊，是為台南市外海沙洲與海岸線中間
> 所圍繞而成，長度約為數十公里。而內海中最大島嶼為大員。

〔註51〕 丘逢甲：〈臺灣竹枝詞〉，《臺灣詩乘》，臺灣文獻叢刊，第六四種，卷五，頁
　　　　220。
〔註52〕 丁紹儀：《東瀛識略・海防　物產・海防》，臺灣文獻叢刊，第二種，卷五，
　　　　頁54。
〔註53〕 王信智：《日治時代安平港口機能的變遷》，國立台東大學社會科教學碩士班
　　　　碩士論文，2006年8月，頁1。

> 台江內海較大的遺跡是四草湖及鯤鯓湖。前者匯流鹽水溪、竹筏港、
> 運鹽古運河、嘉南大排等河川，在安平及北汕尾之間出海，也是昔
> 日安平舊港的所在地；後者則於戰後改建成為安平新港。〔註54〕

注入臺江內海的河流堆積作用旺盛，清朝康熙年間已開始日漸淤塞，而後與
陸地相接，已失去天然港灣的機能：

> 自清朝康熙年間開始，台江灣日漸淤塞，而後沙洲與沙丘的數量漸漸
> 增加且擴大，而與陸地相接，形成多處鹹水湖，具備陸地雛型，大型
> 船隻無法由其中出入台江灣已完全失去自然港灣的機能。〔註55〕

丁紹儀《東瀛識略》有鹿耳門及安平二地，自素稱天險，而日漸變遷的記載：

> 臺灣孤峙海東，非舟莫達。初止鹿耳門一口，沙堅如鐵，港道紆迴。
> 樹標水中，以誌淺深，名曰盪纓。兩舟不能並駛；稍不慎，衝擱沙
> 線，舟立碎。門內為安平鎮，設重兵扼守，夙稱天險。百餘年來，
> 淤沙擁塞，安平至郡已可陸行。海舶到臺，多泊百里外之國寨港；
> 另易小舟，盤運而進。雖潮退時深祇二、三尺，而海天浩渺，一望
> 無涯。時值夏、秋，風狂湧大，即國寨港亦不能泊。昔險今阻，不
> 同如是。縣之西北更有新港、洲仔尾二口，大舟不能至，僅容漁舟
> 出入。〔註56〕

由於臺江水域的第一站為鹿耳門，其下為鐵板砂，且港道迂迴。因此必須在
水中設立標誌，此標誌就叫做盪纓。且只能容許一艘船行進，稍有不慎，衝
撞到鐵板沙線，船會立刻碎裂。在鹿耳門後，就是安平鎮，設有重兵扼守，
一直以來，此處有天險之稱。由於道光 3 年的颶風，使得曾文溪改道，而此
處淤沙壅塞，安平到臺灣府已可以陸行。因而海船至此，必須停靠在百里之
外的國寨港，另外再換一艘小船，才能進入。此次退潮之時，雖然只有二、
三尺深，然而海天浩渺，一望無際，給予遼闊之感。若是遇到夏、秋之時，
風狂浪高，就連國寨港也不能停靠了。昔日為天險，今日是阻塞的港口，不
禁令人有無常之感。

〔註54〕〈看見台江——臺南市安南區公所全球資訊網〉，上網日期：20150526，網址：
www.annan.gov.tw/main.php?menu=river。

〔註55〕張巧芳：《地方文化的形成及其意義—安平地方的個案研究》，國立臺南大學
鄉土文化研究所碩士論文，2001 年，頁 51。

〔註56〕丁紹儀：《東瀛識略・海防 物產・海防》，臺灣文獻叢刊，第二種，卷五，
頁 51～53。

蔣師轍（1847～1904）《臺游日記》有相類似的記載：

> 暇登舵樓縱眺，求鹿耳門所在，積沙如雪，溼纓不搖，此險蓋失自
> 道光之初（道光三年七月，臺灣大風雨，鹿耳門內海沙驟長，變爲
> 平陸，見東槎紀略），不自近日始也。形勝已非，勳名猶赫，緬賜姓
> 闢土之烈，與靖海平臺之功，爲徘徊者久之。〔註57〕

在光緒年間鹿耳門已有許多積沙，而溼纓已不在水中搖晃了。那是因爲道光3
年臺灣的大風雨，使得鹿耳門內海沙突然暴增，變爲平陸。因此天險形勢已
不存在，但此處仍爲富有歷史意義的傳奇之處。

《東瀛識略》亦有記載打狗港取代安平的記錄：

> 鹿耳門南爲鳳山縣屬之打狗口，昔祇小舟能進。近年沙去水深，南
> 北有打鼓、旗後兩山彎環相抱，故一名旗後口，中可停泊百餘舟；
> 海舶往來，遂不赴鹿耳，而趨打狗：桑田滄海，於此可徵。〔註58〕

原本的打狗港只能停靠小船，近年來沙去水深，所以可以停靠一百多艘船，
因此海船往來，就不再往鹿耳門，而前往打狗的旗後口。此間的滄海桑田的
變化，可以做爲一個明證。

康熙時來臺的郁永河（1645～？）經由鹿耳門進到府城，就被鹿耳門的
天險所震懾了，在《裨海紀遊》中有詩：

> 鐵板沙連到七鯤，鯤身激浪海天昏；任教巨舶難輕犯，天險生成鹿
> 耳門。
>
> 安平城旁，自一鯤身至七鯤身，皆沙崗也。鐵板沙性重，得水則堅
> 如石，舟泊沙上，風浪掀擲，舟底立碎矣。牛車千百，日行水中，
> 曾無軌跡，其堅可知。〔註59〕

鹿耳門下來自一鯤身到七鯤身，都是鐵板沙，在此地風浪相當大，坐船進來
天昏地暗，此處由牛車接泊，數以千計的牛車在此行走，都沒有留下痕跡，
可以想見鐵板沙是如何的堅固。所以，巨大的戰船在此處也難以發揮。此處
是上天刻意形成的天險啊。

> 雪浪排空小艇橫，紅毛城勢獨崢嶸；渡頭更上牛車坐，日暮還過赤

〔註57〕 蔣師轍：《臺游日記・臺游日記卷一・光緒十八年三月》，臺灣文獻叢刊，第
六種，頁 12～15。

〔註58〕 丁紹儀：《東瀛識略・海防　物產・海防》，臺灣文獻叢刊，第二種，卷五，
頁 51～53。

〔註59〕 郁永河：《裨海紀遊》，臺灣文獻叢刊，第四四種，卷上，頁 14。

崁城。

> 渡船皆小艇也。紅毛城即今安平城，渡船往來絡繹，皆在安平、赤
> 崁二城之間。沙堅水淺，雖小艇不能達岸，必藉牛車挽之。　赤崁
> 城在郡治海岸，與安平城對峙。〔註60〕

小船在滔天雪白的巨浪中橫行而過，安平城就在此處呈現高大聳立的氣勢。在渡口處換上牛車，等到黃昏時就會到達府城了。

郁永河原本要從海路，由南至北，但卻被人給勸阻了，原因如下：

> 君亦知海道乎？凡海舶不畏大洋，而畏近山；不患深水，而患淺水。
> 舟本浮物，有椇御風，有舵辟水，雖大風浪未易沉覆；若觸礁則沉，
> 膠沙必碎，其敗立見。今自郡治至雞籠，舟依沙瀨間行，遭風無港
> 可泊，險倍大洋，何如陸行爲得乎？〔註61〕

自臺灣到雞籠，整個西部海岸線，都是沙岸分布，若是遇到風，就沒有港口可以避開，因此，危險的程度超過航行大洋的 2 倍，所以郁永河就選擇以陸行的方式到北投。

孫元衡（？～？）有〈抵臺灣〉作品，其中論及臺江內海：

> 八幅征帆落遠空，蒼龍銜燭晚波紅。洲前竹樹疑歸後，天外雲山似
> 夢中。鹿耳澄纓分左路（鹿耳門港路紆迴，以英縛竹竿別深淺，名
> 曰澄纓），鯤身沙線利南風（七嶼相連名七鯤身，其尾有沙線，南風
> 可泊）。書名紙尾知無補，著得詩筒與釣筒。〔註62〕

此詩呈現壯闊的氣勢。詩中書寫著：遠遠地可以看遠方的天空有八幅的征帆，在晚照之下海波一片紅色。鹿耳門港路迂迴，有澄纓在標誌深淺。七鯤身嶼的尾端有沙線，吹南風時，船可以在此處停泊。

> 浪言矢志在澄清，博得天涯汗漫行。山勢北盤烏鬼渡，潮聲南吼赤
> 崁城。眼明象外三千界，腸轉人間十二更（渡海以更紀程，自廈至
> 臺計十二更）。我與蘇髯同不恨，茲遊奇絕冠平生（蘇句）。〔註63〕

首二句詩人書寫自己的理想抱負：「志在澄清」，因此來到這樣一個廣闊無際的天涯水域中。此處是象外的三千界，自廈門到鹿耳門約有 12 更之遠。最後詩人以蘇軾之語作結，表示自己和蘇軾同樣沒有遺憾，因爲能夠擁有如此奇

〔註60〕　郁永河：《裨海紀遊》，臺灣文獻叢刊，第四四種，卷上，頁 14。
〔註61〕　郁永河：《裨海紀遊》，臺灣文獻叢刊，第四四種，卷中，頁 17。
〔註62〕　孫元衡：《赤崁集・乙酉》，臺灣文獻叢刊，第一○種，卷一，頁 6～7。
〔註63〕　孫元衡：《赤崁集・乙酉》，臺灣文獻叢刊，第一○種，卷一，頁 6～7。

特的仕宦經歷，已是值得開心了。

卓肇昌（？～？），清乾隆十五年（1750）舉人，有〈鹿耳門口夜泊遭風〉：

> 滔滔天上湧，栖泊未遑安。獨夜江中夢，驚濤雨後看。長絚綿浦闊，
> 孤島覺栖單。愁耐今宵永，膽深六月寒。陰熒疑遠近，怒激聽淒酸。
> 晴曉梢移陌，潮痕尚未乾。〔註64〕

鹿耳門的海浪因為風而顯得更加洶湧。作者夜晚在船中休息，在雨後的驚濤
駭浪後，倍受驚嚇。倍感孤寂的度過一夜後，對此處印象深刻。

王凱泰有〈臺灣雜詠〉三十二首中敘述失去天險形勢後的臺江，仍有海
浪可以觀看：

> 無雨無風浪打山，支離奇境現瀛寰。秋風一別錢江後，又為觀濤到
> 此間（臺島環海之浪，其名曰「湧」。銀濤山立，奇觀也、險境也）。
> 〔註65〕

此處無風無雨，卻有浪濤高到似乎具有打山的氣勢。在秋天向錢塘江的潮水
的告別後，詩人為了觀看潮水，又來到此處來觀濤了。

> 截竹編篺用作舟，乘潮人亦水中鷗（輪船不能入港，以竹篺置木桶，
> 人坐其中，隨潮出入）；忽思湖上浮梅檻，泛到中流似此不（昔人以
> 竹掣「浮梅檻」遊浙之西湖。俞巾山同年方造，未成）？〔註66〕

在詩中敘述：由於輪船不能進入鹿耳門，所以只能用竹篺掛著木桶，人坐在
桶子裡，隨著潮水出入鹿耳門。

> 安平港前官筏迎，舟人東指海潮生；謂予欲渡即須渡，如此風濤趁
> 早行（安平自四月起湧，向曉天晴，亟竹篺入港；遲則湧大不能渡
> 矣。仿青蓮「橫江詞」而反其意）。〔註67〕

此詩書寫著必須要在天將亮的晴天裡，趕往安平港，若是過了時間，「湧」大
就不能走了。

《臺陽見聞錄》中有記載臺島環海的浪，叫做「湧」：

〔註64〕 卓肇昌：〈鹿耳門口夜泊遭風〉，《重修鳳山縣志‧藝文志（中）‧詩賦‧鹿耳
門口夜泊遭風》，臺灣文獻叢刊，第一四六種，卷十二中，頁441。

〔註65〕 王凱泰：〈臺灣雜詠〉，《臺灣雜詠合刻‧臺灣雜詠合刻‧臺灣雜詠三十二首（原
註)》，臺灣文獻叢刊，第二八種，頁41。

〔註66〕 王凱泰：〈臺灣雜詠〉，《臺灣雜詠合刻‧臺灣雜詠合刻‧臺灣雜詠三十二首（原
註)》，臺灣文獻叢刊，第二八種，頁41。

〔註67〕 王凱泰：〈臺灣雜詠〉，《臺灣雜詠合刻‧臺灣雜詠合刻‧臺灣雜詠三十二首（原
註)》，臺灣文獻叢刊，第二八種，頁41。

湧

臺島環海之浪，其名曰湧。湧者，無風起浪，翻濤捲雪，舟莫能近。山前以夏秋爲甚，山後起於冬春。而安平、旂後之湧尤險。每年自四月杪起、至九月止，南風司令，巨浪拍天，驚濤動地，數十里外聲如震雷，隱隱闃闃，晝夜不息。遇海雨狂飛，勢更洶湧。本地商船，一交夏令，即避往他處。即輪船亦不能入港，以竹簰置木桶，人坐其中，轉渡數里，出入於波濤之中；近有用小火輪接載，較爲穩妥。然湧平則可行，大則不能渡矣〔註68〕

所謂的「湧」是臺島環浪的浪的名稱，是無風的情形之下，就有浪濤，其洶湧翻騰時，船都不能靠近。其中以安平和旗後的海湧特別凶險。到夏天時南風當令，巨浪拍天，所以一到夏天，本地商船就往別的港口停泊。輪船也不能入港，必須用竹簰加以接泊，人坐在木桶之中，隨著波濤，轉渡數里。

　　《臺灣通史》中，亦有敘述因爲道光以來，流沙日積，所以已多變爲漁塭來營生，如下：

郡治水仙宮之前，積水汪洋，帆檣上下，古所謂安平晚渡者，則臺江也。自道光以來，流沙日積，淤蓄不行，人民給以爲塭，稅輕利重，繼起經營。其大者廣百數十甲，區分溝畫，以資蓄淺。至今臺江之跡，僅見港道一條，以通安平而已。〔註69〕

日治時期時，臺江的遺跡，只見一條港道，可以通到安平。以往的臺江內海許多已陸化。

　　陳肇興（1831～？）在己未年（1859）有〈赤嵌竹枝詞〉之作，亦是敘述其滄海桑田的變化：

十五首之五

水淺蓬萊海又乾，安平晚渡踏成阡。鴻泥回首滄桑改，只閱春光十二年。〔註70〕

「水淺蓬萊海又乾，安平晚渡踏成阡」二句點出了昔日的晚渡，如今已是阡

〔註68〕唐贊袞：《臺陽見聞錄・臺陽見聞錄卷下・山水・湧》，臺灣文獻叢刊，第三〇種，頁120。

〔註69〕連橫：《臺灣通史・虞衡志・魚之屬》，臺灣文獻叢刊，第一二八種，卷二十八，頁714。

〔註70〕陳肇興：〈赤嵌竹枝詞〉，《陶村詩稿・己未・赤崁竹枝詞》，臺灣文獻叢刊，第一四四種，卷四，頁48。

陌之區。「鴻泥回首滄桑改，只閱春光十二年」二句道出了作者內心對世事無常的感慨。

　　道光年間的施鈺（1789～1850）是施世榜七世孫，有〈渡臺灣溝　距彰邑十二里許，水沿馬芝遴社而入海〉詩作，敘述他從彰化入海，如下：

> 不信牛皮地，如何別有溝。竹（竹滬）人待渡，魚滬水分流。番黍馬芝近，沙蜆鹿港浮。問津秋未老，获溦碧盈眸。

此為古典詩中第一篇敘及不由安平出入鹿耳門的航線出海，可知在道光年間，安平、鹿耳門的港口地位不如以往。

三、海上奇景

（一）颶風

　　在朱仕玠的《小琉球漫誌》有提及臺地有很多颶風：

> 臺地多颶，六、七月尤甚；颶將作前數日，海吼如雷，或海中鱗介諸物遊翔水面。〔註71〕

臺地有很多颶風，在六、七月的時候最多。颶風要來的前幾日，往往海吼如雷、海中有許多生物翔遊水面。

　　孫元衡在1705年有〈乙酉三月十七夜渡海遇颶天曉覓彭湖不得回西北帆屢瀕於危作歌以紀其事〉：

> 羲和鞭日日已西，金門理楫烏鵲棲。滿張雲帆夜濟海，天吳鎮靜無纖翳。東方蟾蜍照顏色，高低萬頃黃琉璃。飛廉倏來海若怒，積飆鼓銳喧鯨鯢。南箕簸揚北斗亂，馬銜罔象隨蛟犀。暴駭鏗訇兩耳裂，金甲格鬥交鼓鼙。倒懸不解雲動席，宛有異物來訶詆。伏艎僮僕嘔欲死，膽汁瀝盡攣腰臍。長夜漫漫半人鬼，舵樓一唱疑天雞。阿班眩睫瘦筋力，出海環玟頻難稽。不見彭湖見飛鳥，鳥飛已沒山轉迷。旁羅子午暮度錯，陷身異域同酸嘶。況聞北嶕沙似鐵，誤爾觸之為粉齏。回帆北向豈得已，失所猶作中原泥。浪鋒舂漢鷁首立，下漩渦白高桅低。怒濤內濺頂踵溼，悔不脫殼為鳧鷖。此事但蒙神鬼力，宜然大地真浮梯。翠華南幸公卿集，從臣舊識咸金閨。挂冠神武蹤

已邁，願乞骸骨還山谿。讀書有兒織有妻，春深煙雨把鋤犁。〔註72〕
在黃昏時遇到強風突如其然的來，而海洋也呈現暴怒的樣子，發如同鯨鯢在狂風吹襲所發出的尖銳聲，顯得相當可怕。接著就是強烈的天搖地動，在浪狂烈的翻騰搖晃下，天上的星宿看起來都像被拋起來的小米粒一樣，海神、水中凶惡的怪物全都聚集在一起，共同發威，製造出來的巨大聲響，可怕地幾乎讓人兩耳欲聾。在經過海上颶風猛烈的攻擊後，作者不禁衍生出掛冠求去的想法，希望能歸隱山林，過著有兒有妻的耕讀生活。

乾隆時趙翼亦有〈颶風歌〉：

> 昔聞海風颶最大，我今遇之驚鬥廓。誰將噫氣閉土囊，一噴咽喉不
> 可扼【一噴咽喉不可搤】。隆隆萬鼓排陣來【藜藜萬鼓排陣來】，群
> 木盡作低頭拜。鬱怒似有塊磊填，憤盈直覺虛空隘。鬼魔掀動天擺
> 摩，虎豹吼裂山破壞。立腳雖穩尚愁倒，對面相呼只如聵。可憐鸛
> 鵲也不飛【可憐鸛鵲亦不飛】，恐被趷出青天外。是時習流千戰櫂，
> 眼望赤嵌不得到。恨煞海神亦小人，借勢作威逞凶暴。湧浪上薄浮
> 空雲，濺沫橫轟發機炮。盡排鷁首柺代牢，猶自終宵驚籤掉【猶自
> 終宵驚籤棹】。風名颶母應雌風，胡為更比雄風雄。想從少女封姨後，
> 老作陰怪多神通。多神通，何不吹轉帆向東【何不吹轉颿向東】，不
> 然更到海水竭【不然更刮海水竭】，平步可達扶桑紅。吾當綠章上箋
> 奏，俾爾配食天妃宮。〔註73〕

詩人以往就曾聽聞海上颶風的風力最為強大，但自己親身在廈門經歷時，還是有震懾之感。如同鬼神掀動整個天地都翻覆，虎豹的怒吼也使得整座山遭受破壞。可憐的鳥兒嚇得都不敢飛，怕整個被搧到天邊海角。最後作者考慮要上奏表建議將颶母配食天妃宮，以免再有可怕的颶風如此的肆虐。

光緒17年來臺的唐贊袞（？～？）有〈臺道署東有澄臺可以觀海自夏徂秋颶風屢作驚濤迸涌雷響電焯擊於鯤身厥聲迥薄登斯臺也隆然震耳莫不錯愕賦此〉：

> 我登澄臺望滄海，參錯島嶼如杯罌。須臾暘谷光氣吐，五色變怪不
> 可名。洪濤洶湧九鼎沸，蛟蜃狀匿魚龍驚。狂風喧豗籤巨浪，雲山
> 千仞天際橫。崩騰蕩沃震雷鼓，鱗鬣磨碎鵬與鯨。舉杯吸海傾玉液，

〔註72〕孫元衡：《赤崁集・乙酉》，臺灣文獻叢刊，第一○種，卷一，頁4。
〔註73〕趙翼：〈颶風歌〉，《臺灣詩乘》，臺灣文獻叢刊，第六四種，卷三，頁116。

聊學秦王求長生。何時仙飛復羽化，直跨三島梯青冥。〔註74〕

作者在澄臺觀海，看到了可怕的颶風後，內心飽受驚嚇，除了有洪濤如九鼎沸水洶湧湍激外，亦有狂風喧囂、雲山千仞，崩騰的雷鼓，形成令人難以忘懷的震懾畫面，因而發之為詩。

（二）海波流火

在夜裡海上波浪流動，如同流火，景色相當奇特，所以康熙時來臺的孫元衡有〈海波夜動，燄如流火，天黑彌爛，亦奇觀也〉：

亂若春燈遠度螢，坐看光怪滿滄溟。天風吹卻半邊月，波水杳然無數星。是色是空迷住著，非仙非鬼照青熒（坡詩：湖光非鬼亦非仙）。

夜珠十斛誰拋得，欲掬微聞龍氣腥。〔註75〕

詩人覺得海上的流光零亂如春天的燈火，也像遠方的螢火。在船上看著，亦覺得是天地之間的光怪在此閃動。天風吹動了半邊的月，而波水映著月光，恍若無數的星。也像十斛的夜明珠在此閃耀，伸手想要將它拾起時，只覺得微微聞到蛟龍的腥氣。

馬清樞，光緒3年（1877），與何澂、汪序東、林鶴蓀等人在臺唱和，作〈臺陽雜興〉三十首。其中第三首提及海上波動燄如流火：

其三

水多礁石礙行舟，黃黑成文土產硫。西達閩江開鹿耳，北通浙海扼牛頭。宵波動燄如流火，嵐氣蒸衣似溯油。醉上層樓開倦眼，青山一髮是琉球（作者註：「琉球在臺海正東。」）〔註76〕

在夜晚的海中，水波流動，燄如流火，讓人相當迷醉。如此的海上奇景，馬清樞因而忍不住將它紀錄下來，發而為詩。

（三）海吼

郁永河在《裨海紀遊》中有提及海吼，其聲如錢塘怒潮，終夜不息：

十四日，陰霾，大雨，不得行；午後雨止，聞海吼聲，如錢塘怒潮，

〔註74〕唐贊袞：〈臺道署東有澄臺可以觀海自夏徂秋颶風屢作驚濤溢涌雷響電焯擊於鯤身厥聲迴薄登斯臺也隆然震耳莫不錯愕賦此〉，《臺灣關係文獻集零‧十六臺陽集》，臺灣文獻叢刊，第三〇九種，頁144。

〔註75〕孫元衡：《赤崁集‧乙酉》，臺灣文獻叢刊，第一〇種，卷一，頁5。

〔註76〕馬清樞：〈臺陽雜興〉，《臺灣雜詠合刻‧臺灣雜詠合刻‧臺陽雜興三十首（原註）》，臺灣文獻叢刊，第二八種，頁53。

至夜不息。社人云：「海吼是雨徵也」。〔註 77〕

而當地的原住民表示：海吼是下雨的徵兆。同書中亦有海吼的敘述：

海吼

海吼俗稱海叫。小吼如擊花鞚鼓，點點作撒豆聲，乍遠乍近，若斷若連；臨流聽之，有成連鼓琴之致。大吼如萬馬奔騰，鉦鼓響震，三峽崩流，萬鼎共沸；惟錢塘八月怒潮，差可彷彿，觸耳駭愕。余嘗濡足海岸，俯瞰溟渤，而靜淥淵渟，曾無波瀾，不知聲之何從出；然遠海雲氣已漸興，而風雨不旋踵至矣。海上人習聞不怪，曰：「是雨徵也」。若冬月吼，常不雨，多主風。〔註 78〕

海吼俗稱海叫，小的吼聲如擊花鞚鼓，如撒豆聲，大的吼聲如萬馬奔騰，只有錢塘怒潮，可與之相比擬。郁永河曾經試圖找出聲音的源頭，但沒有找到。當地人習慣聽聞，已見怪不怪，如果是在冬季時，海吼所代表的意思是會刮風。

朱景英有引用《裨海紀遊》的敘述，並且抒發了自己的看法：

裨海紀遊云：「海吼俗呼海叫，如擊花鞚鼓，點點作撒豆聲，乍遠乍近，若斷若連；臨流聽之，有成連鼓琴之致。大吼如萬馬奔騰，鉦鼓響震，三峽崩流，萬鼎共沸；惟錢塘八月怒潮，差可彷彿，觸耳駭愕。余常濡足海岸，俯瞰溟渤，而靜綠淵渟，曾無波瀾，不知聲之何從出。然遠海雲氣已漸興，而風雨不旋踵至矣。海上人習聞不怪，曰，是雨徵也。若冬月吼，常不雨，多主風」。此則形容頗肖。余署近海壖，每夏秋間晝夜震耳，而更闌籟寂時，枕畔喧豗，尤難成寐。值雨夜，則如洞庭合沓，令人五色無主矣！〔註 79〕

朱景英贊同郁永河在《裨海紀遊》中對海吼的敘述，並且進一步地敘說，自己在臺灣府治中，因爲靠近海邊，常常在夜晚時聽到海吼聲，在夜闌人靜時，枕畔喧囂，難以成寐。如果遇到下雨的夜晚，海吼的聲音，伴隨著雨聲，更是令人五色無主。

李元春亦有相類的記載：

臺灣縣治之海常吼。自七鯤身北至鹿耳門、南至打鼓港止，小吼似

〔註 77〕郁永河：《裨海紀遊》，臺灣文獻叢刊，第四四種，卷中，頁 19。

〔註 78〕郁永河：《裨海紀遊・海上紀略・海吼》，臺灣文獻叢刊，第四四種，頁 59。

〔註 79〕朱景英：《海東札記・記洋澳》，臺灣文獻叢刊，第一九種，卷二，頁 14。

擊花腔鼓、點點作撒豆聲，乍近乍遠，若斷若續，臨流聽之，有成連鼓琴之致；大吼如萬馬奔突，如眾鼓齊鳴，如三峽崩流，如千鼎共沸，厥聲遠聞，累數日夜罔有閒歇，驚濤溢涌，舟莫敢近，雖錢塘八月怒潮，未足擬也。或曰風兆，時亦不風；或曰濤響，何港無濤？若云雨徵，宜其近之；謂海氣發，故地籟鳴也。乃微雨輒吼，大雨而或不吼；既晴猶吼，久旱而亦時吼；斯不可解矣。惟吼聲南下而漸細，則久雨必晴，頗驗（按海自嘉義以上不吼。惟臺灣下至鳳山則吼，俗呼曰「做湧」；驚濤迅發，舟觸之，沸擊迫岸輒碎。自岸邊至中流，浪之最巨者有三疊，約廣不上十里，以外則漸平。春冬不吼，惟四月廿六日起。舟人謠曰：湧仔開目，不因風兆，不因潮汐。謂海氣一發，微雨幾潑，輒吼；或大雨不吼，大風不吼；或既晴猶吼，必待烈陽炎暴至終日則吼息。四五月之吼，鳳山最甚；六七月之吼，臺灣最甚。其地氣由南而北。七月廿六後，謂之「埔占湧」，漸輕；至中秋則不吼也。蓋夏令地氣蒸熱，自下而升，猶煮飯之滾於鍋底然）〔註80〕

李元春記載當地有海氣發，故地籟鳴也，往往有海吼；只有從臺灣下至鳳山則吼，俗呼曰「做湧」；春冬時不吼，自四月廿六日起，開始有吼聲，到了中秋就不吼了。大概是夏令時地氣蒸熱，自下而升，就像煮飯時鍋底會有滾動聲，所以才會有海吼聲。

康熙時來臺的孫元衡有〈海吼〉：

我聞百物憤恚鳴穹蒼，而何有於百谷之王？幽隘搏擊成聲光，而何有於祝融之汪？云胡吼怒彌晝夜，震撼鮫室喧龍堂？延聽千聲無遠近，氣沴風屯海為運。窮天拗怂悲莫伸，死地埋憂思欲奮。初時起類漁陽撾，七鯤噴沫開谺谽（自安平七鯤身起，故俗云鯤身響）。繁響漸臻有噓喢，萬蹄按轡行虛沙。倏如戰勝轟千軸，刮乾戾坤為起伏。灘以山摧熊虎號，砰磕成雷魔母哭。山摧石爛如寒灰，雷霆翻空偶馳逐。爾乃十日、五日吼不休，使我耳聾心矗矗。或言訇哮由積風，掛席長梢凝碧空。或言狂潮本瀾汗，進則剷沙礜石爭來攻，退則餘波呀呷殿成功；為魁為窟奔海童，朝夕池邊歷歲月，去來喧寂將母同。老農又言徵在雨，黑螭隱見青鼉舞。欂嘯年來徹宵漢，

〔註80〕 李元春：《臺灣志略・地志》，臺灣文獻叢刊，第一八種，卷一，頁 17。

炎威千里成焦土。泱泱海若大難名，我欲問之阻長鯨。水德懦弱懼

民玩，庶幾赫怒張奇兵。大賢崇實戒虛聲，股肱之喜良非輕。〔註81〕

宦遊詩人來臺，來到異域，面對蠻荒，連夜晚使都會有海吼的呼叫，對他們

而言，都算是不小的刺激。是以作者將之發而為詩以記其奇。

　　陳璸（1656～1718）有〈鹿耳春潮〉，亦提及春天時的海吼聲：

洪波淼淼鬱雲根，海口潛開鹿耳門。水忌舟行藏怪石，氣隨月應蘊

靈源。一天澄澈無高下，萬頃汪洋自吐吞。最是深春時極目，吼聲

雷動欲銷魂。〔註82〕

在鹿耳門亦時常可以聽到海吼如雷的聲響，有時也會令人有震懾到銷魂的感

受。

　　婁廣（？～？），康熙44年（1705）任分巡臺廈道標守備。亦有〈鹿耳

春潮〉，書寫著潮聲喧鬧的情形：

滄海本無垠，誰安鹿耳門？年年春到此，散作候潮喧。〔註83〕

錢琦有〈七鯤身〉詩，亦有描寫海吼的威力：

海中有鵬夜化鯤，將飛似墜忽伏蹲。浸作千年老雲根，分排玉立如

弟昆。蛟宮千丈恣雄跨，鱷浪萬里供饞吞。壯氣已作長虹吐，遠勢

欲挾孤鶩騫。如砥狂瀾留柱石，時搥天鼓殷雷門。左控安平右鹿耳，

襟帶眾匯如繞垣。當年蛙黽爭雄處，犀甲百萬齊雲屯。一聲海吼白

骨碎，潮頭戰血交流渾。自從歸我版圖後，恬波息浪清乾坤。昇平

大業垂萬古，異域往往叨殊恩。祗今窮崖絕壑地，已成紫蟹黃魚村。

我來正值三月暮，袷衣習習春風溫。玉山可望不可即，遠見一片蒼

煙痕。天地滄桑本變化，古今興廢如朝昏。況復浮生一泡影，忍能

歲月逐塵奔？眼中俗客誰與論，黯然默默銷神魂。安得如爾息健翮，

坐受晚霞與朝暾！〔註84〕

「一聲海吼白骨碎，潮頭戰血交流渾」書寫著海吼的聲勢，令人膽寒。

〔註81〕孫元衡：《赤崁集‧丁亥》，臺灣文獻叢刊，第一〇種，卷三，頁54～55。

〔註82〕陳璸：〈鹿耳春潮〉，《全臺詩——智慧型全臺詩知識庫》，上網日期：20141102，
　　　　網址：http://xdcm.nmtl.gov.tw/twp/b/b02.htm。援引自臺灣大學圖書館所藏道光
　　　　六年（1826）木刻本，丁宗洛編輯《海康陳清端公詩集》。

〔註83〕婁廣：《臺灣八詠‧鹿耳春潮》，出自周元文《重修臺灣府志‧藝文志‧詩‧
　　　　臺灣八詠》，卷十，頁417。

〔註84〕錢琦：〈七鯤身〉，《臺灣詩乘》，臺灣文獻叢刊，第六四種，卷二，頁58。

范咸又有〈再疊臺江雜詠〉：

> 密雲狂吼幾時開，鼉鼓逄逄潮汐洄（海吼遠聽如鼓聲）。沙線兩條翻白浪（鹿耳門有南線、北線），颱風六月作黃梅（颱風，□之大者，六月風雨連旬，云作秋淋）。樓船出水憑颿疾，犀甲摧人藉將才。惆悵鮫宮經百戰，忠臣血濺白沙堆（辛丑之變，水師副將許雲、游擊游崇功並戰死）。〔註85〕

詩人藉由海吼聲如戰鼓，聯想到為此死戰的英勇將士們，為之感動、心傷。

張方高（？～？）乾隆初游臺。曾任浦城訓導，陞永福教諭。有〈海吼行〉：

> 海臺矗石如鼉梁，延袤七十里以長。神工鬼斧劃滄桑，龜蛇雙峙護水鄉。氣象雄傑不可當，迴潮攖浪力堤防。妖風怪雨起微茫，倏忽鼓盪渾元黃，萬丈波濤恣猛趨。無端片石豎其傍，當車怒臂笑螳螂，詎知根柢厚難量。蟠結水府互堅剛，六鰲八柱相頡頏，能使天地乍低昂。海若不平交鬥強，橫衝直撞聲湯湯。遙如萬馬過前岡，輪蹄分蹴競騰驤。近如雷霆奮春陽，一發迸裂爭硠硠。喧如虞業鏗宮商，鳴柷伐鼓駭龍堂。幽如風松韻遠揚，悠念隱隱轉悲涼。十年島上鬢秋霜，飽聞此籟意荒荒。物情靜者享平康，相逢相讓莫相傷。溟渤萬里任徜徉，容與平和釀吉祥。胡為激怒自擾攘，日夕洶洶吼若狂。巉巖巨石鎮如常，何曾為爾縮頭藏；海乎！海乎！空奔忙。〔註86〕

張方高「十年島上鬢秋霜，飽聞此籟意荒荒」之句，可知其於臺島上已有十年之久，因此對於海吼之聲已是常常聽聞，已能不受其太多影響。所以才會以「海乎！海乎！空奔忙」作結語。

韋廷芳（？～？）在〈海音詩序〉中說明《海音詩》書名的由來，乃因潮汐海吼之聲：

> 蓋臺郡處海外，郡城又濱海，出西關，一望汪洋萬頃、碧浪迷天；顧或黿扦鯨呿，潮汐震撼，激而成聲，隱隱呿呿，如雷如鼓。自四、五兩月始，天將雨，是音即盛發；況颶母時作，海吼益甚，令人心怖。先生聞所創聞，伏枕謳吟：耳中洶湧澎湃、鬱勃怒號之音，與

〔註85〕 范咸：〈再疊臺江雜詠〉，《鳳山縣采訪冊・癸部 藝文（二）・詩詞・再疊臺江雜詠 范咸》，臺灣文獻叢刊，第七三種，頁446～447。

〔註86〕 張方高：〈海吼行〉，《臺灣詩乘》，臺灣文獻叢刊，第六四種，卷二，頁83。

胸中嶔奇磊落、牢騷不平之音，互相遙答。詩成而疾癒，殆以己詩
愈己疾歟？何其有遺音耶？抑司訓是職，有時大其聲、疾其呼，一
若分玉振金聲餘韻，發人之聾於鯤身、鹿耳間，則海音偕鐸音俱長
矣。先生爲人慷慨豪俠，絕少頭巾氣；故其爲詩，風流跌宕，而嬉
笑怒罵，欲歌欲泣，亦復激昂悲壯。一切地方因革利弊，撫時感事
咸歸月旦，往往言人所不敢言、所不能言；此誠黃鐘、大呂之音，
不作錚錚細響者。其以「海音」名篇也固宜。〔註87〕

由「耳中洶湧澎湃、鬱勃怒號之音，與胸中嶔奇磊落、牢騷不平之音，互相
遙答」，因而發爲詩作，此爲韋廷芳揣測劉家謀寫作的動機，自有其合情理之
處。

劉家謀〈海音詩〉亦有相類似記載：

秋齋臥病謝朋徒，欹枕狂吟且自娛；絕域西來聲不斷，可知歌答有
天吳。

壬子夏秋之間，臥病連月，不出戶庭。海吼時來，助以颶颮；鬱勃號
怒，壹似有不得已者。伏枕狂吟，尋聲響答韻之；曰「海音」。〔註88〕

「海吼時來，助以颶颮；鬱勃號怒，壹似有不得已者。伏枕狂吟，尋聲響答
韻之」之句，可知「海音」之名，誠然由「海吼」而來。

連橫亦有相關記錄：

「鹿耳春潮」，爲臺灣八景之一。然至四月二十六日以後，波濤洶湧
天垂海立，有萬馬奔騰之勢，亦宇內奇觀也。初，荷人既據臺灣，
聞延平將東渡，沈舟門內，杜港道。及延平至，潮水驟漲丈餘，大
小戰艦縱橫畢入。引兵登陸，克赤崁城，荷人乃降。蔡牽之亂，據
北汕，亦自沈舟，以拒官軍。自是港道漸淤，巨船不通，多泊四草
湖。鹿耳門之北爲國姓港，南爲七鯤身，而海吼爲天下奇。自夏徂
秋，驚濤坌湧，厥聲迴薄，遠近相聞。張鷺洲侍郎狀而賦之。好奇
之士就而觀之。錢唐八月之潮尚不足儗其偉大也。〔註89〕

由「鹿耳門之北爲國姓港，南爲七鯤身，而海吼爲天下奇」及「錢唐八月之

〔註87〕韋廷芳：〈海音詩・韋序〉，《臺灣雜詠合刻》，臺灣文獻叢刊，第二八種，頁1。
〔註88〕劉家謀：《海音詩》，《臺灣雜詠合刻》，臺灣文獻叢刊，第二八種，頁5。
〔註89〕連橫：《雅堂文集・筆記・臺灣史蹟志・鹿耳門》，臺灣文獻叢刊，第二○八
種，卷三，頁225。

潮尚不足儗其偉大也」之句，可以想見海吼的威力。

（四）海市

臺南在清領時期為海運重點港口，所以海市蜃樓的奇觀，亦是為人所注意在《臺灣府志》中就有紀錄：

> 臺灣縣，木岡山聳峙雲霄，赤嵌城危臨海渚；日暮□霞，極蜃樓海市之鉅觀。〔註90〕

赤嵌城高聳地可以觀海，在黃昏時煙霞滿天，可以看到海市蜃樓的奇景。

陳璸（1656～1718）有〈沙鯤漁火〉，其中就提及海市：

> 鯤徙南溟此託身，竟如雁陣列通津。戍樓轟起連朝霧，海市翻開及早春。傍晚漁歌喧水滸，零星蘆火雜鮫人。不堪孤鶴橫江過，嘹嚦清聲亂白蘋。〔註91〕

「戍樓轟起連朝霧，海市翻開及早春」之句，可知在海中常見海市蜃樓的奇景，詩人已是見怪不怪。

卓肇昌（？～？）1750年舉人，有〈鹿耳門泛舟〉：

> 小棹輕搖鹿耳隈，征人萬里賦歸來（時自京回）。潮依草岸痕初落，風度蒲帆影半開。殘日海門寒蚌蜃，隔江煙樹起樓臺。重重鎖鑰眞天險，汪漫迴瀾亦壯哉。〔註92〕

從詩句中知道作者自京城歸來，自然是具有回鄉的親切感，然而在詩中仍著重於眼前壯闊特殊的海景。由「殘日海門寒蚌蜃，隔江煙樹起樓臺」之句，可見在黃昏時寒氣迷漫當中有著海市蜃樓在隔江的煙樹間隱隱浮現。

韋國琛（？～？）為1821～1850年人士，亦有〈海市〉：

> 海立雲垂瀾擁紫，星房霧牖互天起。列肆駢闐一闤闠，隱隱十洲見城市。羅剎馮夷雜沓來，鮫宮貝闕相當開。潮聲人語若互答，頃刻變幻千萬同。別有蜃樓高百尺，波臣貰酒宴河伯。十千沽酒莫辭貧，

〔註90〕 高拱乾：《臺灣府志・封域志・形勝》，臺灣文獻叢刊，第六五種，卷一，頁7。

〔註91〕 陳璸：〈沙鯤漁火〉，《全臺詩——智慧型全臺詩知識庫》，上網日期：20141102，網址：http://xdcm.nmtl.gov.tw/twp/b/b02.htm。援引自臺灣大學圖書館所藏道光六年（1826）木刻本，丁宗洛編輯《海康陳清端公詩集》。

〔註92〕 卓肇昌：〈鹿耳門泛舟〉，《全臺詩——智慧型全臺詩知識庫》，上網日期：20141102，網址：http://xdcm.nmtl.gov.tw/twp/b/b02.htm。此詩收於王瑛曾《重修鳳山縣志》〈藝文〉，又載連橫《臺灣詩乘》、陳漢光《臺灣詩錄》。

　　　　醉視茫茫海濤白。〔註93〕

詩中前六句「海立雲垂瀾擁紫，星房霧牖互天起。列肆駢闐一闤闠，隱隱十
洲見城市。羅刹馮夷雜沓來，鮫宮貝闕相當開」，書寫詩人眼前所見的海市，
雄偉壯闊，富麗堂皇，歷歷如繪。「潮聲人語若互答，頃刻變幻千萬同。別有
蜃樓高百尺，波臣賽酒宴河伯。十千沽酒莫辭貧，醉視茫茫海濤白」後六句
中由景象頃刻變換，點出海市蜃樓之奇。恍若在高達百尺的蜃樓之上，河伯
與波臣正在進行著酒宴。

　　　　清領前期，渡海來臺的詩人，目標就是臺南地區，他們首先要經過的海
域就是黑水溝及臺江內海，而此二區域都是凶險、陌生的區域，因此在這當
中所遭遇的場景，都是令他們相當難忘的生命體驗，古典詩中亦有所記錄，
其中敘述黑水溝的部分：「氣勢不容陳茂罵，犇騰難著謝安吟」、「巨鼇折足元
黃混，角燕揚鰭日月幽。萬斛塵心都蕩盡，蓬萊咫尺浪颮颮」、「夜久風更怒，
崩濤恣澎湃。何得萬鼓角，號呶閧深黑」之句，都是敘述浪濤凶險、可怕，
在詩人心中留下難以磨滅的記憶。而敘述臺江內海的詩句：「鐵板沙連到七
鯤，鯤身激浪海天昏」、「雪浪排空小艇橫，紅毛城勢獨崢嶸」、「鹿耳盪纓分
左路，鯤身沙線利南風」、「滔滔天上湧，栖泊未遑安」等句，書寫臺江內海
雪浪排空的震撼場景、鐵皮沉沙的天險，盪纓、沙線等專屬於此地的事物；
咸豐年間的詩句「水淺蓬萊海又乾，安平晚渡踏成阡」則是呈現滄海桑田的
臺江陸化景象。

　　　　隨著臺灣的開發次第北移、臺江陸化、航海技術的進步，同治年間，渡
海來臺的目的地已轉往臺灣中、北部，有關黑水溝及臺江內海的古典詩大幅
減少。

　　　　在此之間，對於海上各種奇特的場景，如：海上颶風、海波流火、海吼、
海市，古典詩作中亦有所紀錄。有關海上颶風的詩句：「飛廉倏來海若怒，積
飆鼓銳喧鯨鯢。南箕簸揚北斗亂，馬銜罔象隨蛟犀。暴駭鏗訇兩耳裂，金甲
格鬥交鼓鼙。倒懸不解雲動席，宛有異物來訶詆」、「洪濤洶湧九鼎沸，蛟蜃
狀匿魚龍驚。狂風喧豗簸巨浪，雲山千仞天際橫。崩騰蕩沃震雷鼓，鱗鬣磨
碎鵬與鯨」皆形象地描摹颶風來襲的海上如何恐怖、驚人。

<hr>

〔註93〕　韋國琛：〈海市〉，《全臺詩——智慧型全臺詩知識庫》，上網日期：20141102，
　　　　　網址：http://xdcm.nmtl.gov.tw/twp/b/b02.htm。收錄於徐宗幹編，海東書院刊印
　　　　　之《瀛州校士錄》。

有關海波流水的奇景詩句：「天風吹卻半邊月，波水杳然無數星」、「夜珠十斛誰拋得，欲掬微聞龍氣腥」、「宵波動焱如流火，嵐氣蒸衣似浣油」等句，將夜晚時海上波光的美景摹寫地歷歷如繪。

古典詩中書寫海吼的部分相當具體、浩大，可見初見識臺江海吼的詩人內心受到相當大的震懾：「初時起類漁陽撾，七鯤噴沫開䶁䶏（自安平七鯤身起，故俗云鯤身響）。繁響漸臻有嘘喑，萬蹄按轡行虛沙。倏如戰勝轟千軸，刮乾戾坤為起伏。灘以山摧熊虎號，砰磕成雷魔母哭」、「海若不平交鬥強，橫衝直撞聲湯湯。遙如萬馬過前岡，輪蹄分蹴競騰驤。近如雷霆奮春陽，一發迸裂爭硠硠。喧如虞業鏗宮商，鳴枹伐鼓駭龍堂。幽如風松韻遠揚，悠念隱隱轉悲涼」、「當年蛙黽爭雄處，犀甲百萬齊雲屯。一聲海吼白骨碎，潮頭戰血交流渾」。

海市蜃樓亦是海上奇景，古典詩中亦有紀錄：「戍樓矗起連朝霧，海市翻開及早春」、「殘日海門寒蚌蜃，隔江煙樹起樓臺」、「海立雲垂瀾擁紫，星房霧牖互天起。列肆駢闐一闠闤，隱隱十洲見城市」等句，詩作數量不多，或許並非為例行常見之景，又非全無紀錄，詩人們沒有那麼深刻的感受，將之發而為詩。

明鄭、清領前期，臺灣對外的交通以航運為主，臺南地區是與大陸地區往來的主要區域，所有在此往來的詩人們皆須歷經飄洋過海，面對前所未有的航海體驗，因而詩中大多都是充滿震撼、驚駭之情。唯有以航海起家的鄭經，臺海為其勢力範圍，故其詩中海洋風情，與他人迥然不同。清領前期的詩人們對於來臺時所遭遇的一切，有深刻的印象：黑水溝深黑凶險、臺江內海雪浪排空、颶風肆虐、雲山千仞、海波夜動、焰如流火、海吼雷動令人銷魂、隱約可見的城市、鮫宮、列肆的海市蜃樓，海上所呈現的形形色色，皆為詩人們難得的生命體驗。歷經如許遼闊、震撼的旅程，詩人心靈也經過了震盪、洗滌，在詩作中呈現另一種生命境界。